CODE
D'INSTRUCTION
CRIMINELLE,

ÉDITION STÉRÉOTYPE,

FAITE

AU MOYEN DE MATRICES MOBILES
EN CUIVRE,

PROCÉDÉ D'HERHAN.

—

3ᵉ. TIRAGE.

CODE

D'INSTRUCTION

CRIMINELLE,

EDITION

CONFORME A L'ÉDITION ORIGINALE DU BULLETIN
DES LOIS;

Suivi des Motifs exposés par les Conseillers d'État, et des Rapports faits par la Commission de Législation du Corps Législatif, sur chacune des lois qui composent le Code;

Avec une Table Alphabétique et Raisonnée, qui réunit sur chaque matière toutes les dispositions relatives, et qui indique, à l'article de chaque fonctionnaire ou officier public, toutes les fonctions qui lui appartiennent, ou qu'il est tenu de remplir, en matière criminelle, correctionnelle ou de simple police.

PARIS,

DE L'IMPRIMERIE DE MAME, FRÈRES,
RUE DU POT-DE-FER, N° 14.
1810.

TABLE

DES LIVRES, TITRES, CHAPITRES, etc.

LIVRE SECOND.

DE LA JUSTICE.

FIN DE LA TABLE DES LIVRES, TITRES, CHAPITRES, etc.

CODE
D'INSTRUCTION
CRIMINELLE,

(Décrété le 17 novembre 1808. Prom. le 27 du même mois.)

DISPOSITIONS PRÉLIMINAIRES.

ART. 1. L'ACTION pour l'application des peines n'appartient qu'aux fonctionnaires auxquels elle est confiée par la loi.

L'action en réparation du dommage causé par un crime, par un délit ou par une contravention, peut être exercée par tous ceux qui ont souffert de ce dommage.

2. L'action publique pour l'application de la peine s'éteint par la mort du prévenu.

L'action civile, pour la réparation du dommage, peut être exercée contre le prévenu et contre ses représentants.

L'une et l'autre action s'éteignent par la prescription, ainsi qu'il est réglé au livre II, titre VII, chapitre V, *de la Prescription.*

3. L'action civile peut être poursuivie en même temps et devant les mêmes juges que l'action publique.

Elle peut aussi l'être séparément; dans ce cas, l'exercice en est suspendu, tant qu'il n'a pas été prononcé définitivement sur l'action publique intentée avant ou pendant la poursuite de l'action civile.

1

4. La renonciation à l'action civile ne peut arrêter ni suspendre l'exercice de l'action publique.

5. Tout Français qui se sera rendu coupable, hors du territoire de France, d'un crime attentatoire à la sûreté de l'État, de contrefaction du sceau de l'État, de monnaies nationales ayant cours, de papiers nationaux, de billets de banque autorisés par la loi, pourra être poursuivi, jugé et puni en France, d'après les dispositions des lois françaises.

6. Cette disposition pourra être étendue aux étrangers qui, auteurs ou complices des mêmes crimes, seraient arrêtés en France, ou dont le Gouvernement obtiendrait l'extradition.

7. Tout Français qui se sera rendu coupable, hors du territoire de l'Empire, d'un crime contre un Français, pourra, à son retour en France, y être poursuivi et jugé s'il n'a pas été poursuivi et jugé en pays étranger, et si le Français offensé rend plainte contre lui.

LIVRE PREMIER.

DE LA POLICE JUDICIAIRE, ET DES OFFICIERS
DE POLICE QUI L'EXERCENT.

CHAPITRE PREMIER.

De la Police judiciaire.

8. La police judiciaire recherche les crimes, les délits et les contraventions, en rassemble les preuves, et en livre les auteurs aux tribunaux chargés de les punir.

9. La police judiciaire sera exercée sous l'autorité des cours impériales, et suivant les distinctions qui vont être établies,

Par les gardes champêtres et les gardes forestiers,

Par les commissaires de police,

Par les maires et les adjoints de maire,

Par les procureurs impériaux et leurs substituts,

Par les juges de paix,

Par les officiers de gendarmerie,

Par les commissaires généraux de police,

Et par les juges d'instruction.

10. Les préfets des départements, et le préfet de police à Paris, pourront faire personnellement, ou requérir les officiers de police judiciaire, chacun en ce qui le concerne, de faire tous actes nécessaires à l'effet de constater les crimes, délits et contraventions, et d'en livrer les auteurs aux tribunaux chargés de les punir, conformément à l'article 8 ci-dessus.

CHAPITRE II.

Des Maires, des Adjoints de Maire, et des Commissaires de Police.

11. Les commissaires de police, et dans les communes où il n'y en a point, les maires, au défaut de ceux-ci, les adjoints de maire, rechercheront les contraventions de police, même celles qui sont sous la surveillance spéciale des gardes forestiers et champêtres, à l'égard desquels ils auront concurrence et même prévention.

Ils recevront les rapports, dénonciations et plaintes, qui seront relatifs aux contraventions de police.

Ils consigneront dans les procès-verbaux qu'ils rédigeront à cet effet, la nature et les circonstances des contraventions, le temps et le lieu où elles auront été commises, les preuves ou indices à la charge de ceux qui en seront présumés coupables.

12. Dans les communes divisées en plusieurs arrondissements, les commissaires de police exerceront ces fonctions dans toute l'étendue de la commune où ils sont établis, sans pouvoir alléguer que les contraventions ont été commises hors de l'arrondissement particulier auquel ils sont préposés.

Ces arrondissements ne limitent ni ne circonscrivent leurs pouvoirs respectifs, mais indiquent seulement les termes dans lesquels chacun d'eux est plus spécialement astreint à un exercice constant et régulier de ses fonctions.

13. Lorsque l'un des commissaires de police d'une même commune se trouvera légitimement empêché, celui de l'arrondissement voisin est tenu de le suppléer, sans qu'il puisse retarder le service pour lequel il sera requis, sous prétexte qu'il n'est pas le plus voisin du commis-

saire empêché, ou que l'empêchement n'est pas légitime ou n'est pas prouvé.

14. Dans les communes où il n'y a qu'un commissaire de police, s'il se trouve légitimement empêché, le maire, ou, au défaut de celui-ci, l'adjoint de maire le remplacera, tant que durera l'empêchement.

15. Les maires ou adjoints de maire remettront à l'officier par qui sera rempli le ministère public près le tribunal de police, toutes les pièces et renseignements dans les trois jours au plus tard, y compris celui où ils ont reconnu le fait sur lequel ils ont procédé.

CHAPITRE III.

Des Gardes champêtres et forestiers.

16. Les gardes champêtres et les gardes forestiers, considérés comme officiers de police judiciaire, sont chargés de rechercher, chacun dans le territoire pour lequel ils auront été assermentés, les délits et les contraventions de police qui auront porté atteinte aux propriétés rurales et forestières.

Ils dresseront des procès-verbaux, à l'effet de constater la nature, les circonstances, le temps, le lieu des délits et des contraventions, ainsi que les preuves et les indices qu'ils auront pu en recueillir.

Ils suivront les choses enlevées, dans les lieux où elles auront été transportées, et les mettront en séquestre; ils ne pourront néanmoins s'introduire dans les maisons, ateliers, bâtiments, cours adjacentes et enclos, si ce n'est en présence soit du juge de paix, soit de son suppléant, soit du commissaire de police, soit du maire du lieu, soit de son adjoint; et le procès-verbal qui devra en être dressé, sera signé par celui en présence duquel il aura été fait.

1.

Ils arrêteront et conduiront devant le juge de paix ou devant le maire, tout individu qu'ils auront surpris en flagrant délit, ou qui sera dénoncé par la clameur publique, lorsque ce délit emportera la peine d'emprisonnement, ou une peine plus grave.

Ils se feront donner, pour cet effet, main-forte par le maire ou par l'adjoint de maire du lieu, qui ne pourra s'y refuser.

17. Les gardes champêtres et forestiers sont, comme officiers de police judiciaire, sous la surveillance du procureur impérial, sans préjudice de leur subordination à l'égard de leurs supérieurs dans l'administration.

18. Les gardes forestiers de l'administration, des communes et des établissements publics, remettront leurs procès-verbaux au conservateur, inspecteur ou sous-inspecteur forestier, dans le délai fixé par l'article 15.

L'officier qui aura reçu l'affirmation, sera tenu, dans la huitaine, d'en donner avis au procureur impérial.

19. Le conservateur, inspecteur ou sous-inspecteur, fera citer les prévenus ou les personnes civilement responsables devant le tribunal correctionnel.

20. Les procès-verbaux des gardes champêtres des communes, et ceux des gardes champêtres et forestiers des particuliers, seront, lorsqu'il s'agira de simples contraventions, remis par eux dans le délai fixé par l'article 15, au commissaire de police de la commune chef-lieu de la justice de paix, ou au maire dans les communes où il n'y a point de commissaire de police; et lorsqu'il s'agira d'un délit de nature à mériter une peine correctionnelle, la remise sera faite au procureur impérial.

21. Si le procès-verbal a pour objet une contravention

de police, il sera procédé par le commissaire de police de la commune chef-lieu de la justice de paix, par le maire, ou, à son défaut, par l'adjoint de maire, dans les communes où il n'y a point de commissaire de police, ainsi qu'il sera réglé au chapitre 1er, titre 1er, du livre 2 du présent Code.

CHAPITRE IV.

Des Procureurs Impériaux et de leurs substituts.

SECTION PREMIÈRE.

De la Compétence des Procureurs impériaux relativement à la Police judiciaire.

22. Les procureurs impériaux sont chargés de la recherche et de la poursuite de tous les délits dont la connaissance appartient aux tribunaux de police correctionnelle, ou aux cours spéciales, ou aux cours d'assises.

23. Sont également compétents pour remplir les fonctions déléguées par l'article précédent, le procureur impérial du lieu du crime ou délit, celui de la résidence du prévenu, et celui du lieu où le prévenu pourra être trouvé.

24. Ces fonctions, lorsqu'il s'agira de crimes ou de délits commis hors du territoire français, dans les cas énoncés aux articles 5, 6 et 7, seront remplies par le procureur impérial du lieu où résidera le prévenu, ou par celui du lieu où il pourra être trouvé, ou par celui de sa dernière résidence connue.

25. Les procureurs impériaux et tous autres officiers de police judiciaire, auront, dans l'exercice de leurs fonctions, le droit de requérir directement la force publique.

26. Le procureur impérial sera, en cas d'empêchement,

remplacé par son substitut, ou, s'il a plusieurs substituts, par le plus ancien.

S'il n'a pas de substitut, il sera remplacé par un juge commis à cet effet par le président.

27. Les procureurs impériaux seront tenus, aussitôt que les délits parviendront à leur connaissance, d'en donner avis au procureur général près la cour impériale, et d'exécuter ses ordres relativement à tous actes de police judiciaire.

28. Ils pourvoiront à l'envoi, à la notification et à l'exécution des ordonnances qui seront rendues par le juge d'instruction, d'après les règles qui seront ci-après établies au chapitre des juges d'instruction.

SECTION II.

Mode de procéder des Procureurs impériaux dans l'exercice de leurs fonctions.

29. Toute autorité constituée, tout fonctionnaire ou officier public, qui, dans l'exercice de ses fonctions, acquerra la connaissance d'un crime ou d'un délit, sera tenu d'en donner avis sur-le-champ au procureur impérial près le tribunal dans le ressort duquel ce crime ou délit aura été commis, ou dans lequel le prévenu pourrait être trouvé, et de transmettre à ce magistrat tous les renseignements, procès-verbaux et actes qui y sont relatifs.

30. Toute personne qui aura été témoin d'un attentat, soit contre la sûreté publique, soit contre la vie ou la propriété d'un individu, sera pareillement tenue d'en donner avis au procureur impérial, soit du lieu du crime ou délit, soit du lieu où le prévenu pourra être trouvé.

3 1. Les dénonciations seront rédigées par les dénonciateurs, ou par leurs fondés de procuration spéciale, ou par le procureur impérial, s'il en est requis; elles seront toujours signées par le procureur impérial à chaque feuillet, et par les dénonciateurs ou par leurs fondés de pouvoir.

Si les dénonciateurs ou leurs fondés de pouvoir ne savent ou ne veulent pas signer, il en sera fait mention.

La procuration demeurera toujours annexée à la dénonciation, et le dénonciateur pourra se faire délivrer, mais à ses frais, une copie de sa dénonciation.

32. Dans tous les cas de flagrant délit, lorsque le fait sera de nature à entraîner une peine afflictive ou infamante, le procureur impérial se transportera sur le lieu, sans aucun retard, pour y dresser les procès-verbaux nécessaires à l'effet de constater le corps du délit, son état, l'état des lieux, et pour recevoir les déclarations des personnes qui auraient été présentes, ou qui auraient des renseignements à donner.

Le procureur impérial donnera avis de son transport au juge d'instruction, sans être toutefois tenu de l'attendre, pour procéder ainsi qu'il est dit au présent chapitre.

33. Le procureur impérial pourra aussi, dans le cas de l'article précédent, appeler à son procès-verbal les parents, voisins ou domestiques présumés en état de donner des éclaircissements sur le fait; il recevra leurs déclarations, qu'ils signeront: les déclarations reçues en conséquence du présent article et de l'article précédent, seront signées par les parties, ou, en cas de refus, il en sera fait mention.

34. Il pourra défendre que qui que ce soit sorte de la

maison, ou s'éloigne du lieu, jusqu'après la clôture de son procès-verbal.

Tout contrevenant à cette défense sera, s'il peut être saisi, déposé dans la maison d'arrêt : la peine encourue pour la contravention, sera prononcée par le juge d'instruction, sur les conclusions du procureur impérial, après que le contrevenant aura été cité et entendu ; ou par défaut, s'il ne comparaît pas, sans autre formalité ni délai, et sans opposition ni appel.

La peine ne pourra excéder dix jours d'emprisonnement et cent francs d'amende.

35. Le procureur impérial se saisira des armes et de tout ce qui paraîtra avoir servi ou avoir été destiné à commettre le crime ou le délit, ainsi que de tout ce qui paraîtra en avoir été le produit, enfin de tout ce qui pourra servir à la manifestation de la vérité : il interpellera le prévenu de s'expliquer sur les choses saisies qui lui seront représentées ; il dressera du tout procès-verbal, qui sera signé par le prévenu, ou mention sera faite de son refus.

36. Si la nature du crime ou du délit est telle, que la preuve puisse vraisemblablement être acquise par les papiers ou autres pièces et effets en la possession du prévenu, le procureur impérial se transportera de suite dans le domicile du prévenu, pour y faire la perquisition des objets qu'il jugera utiles à la manifestation de la vérité.

37. S'il existe dans le domicile du prévenu des papiers ou effets qui puissent servir à conviction ou à décharge, le procureur impérial en dressera procès-verbal, et se saisira desdits effets ou papiers.

38. Les objets saisis seront clos et cachetés, si faire se peut, ou s'ils ne sont pas susceptibles de recevoir des caractères d'écriture, ils seront mis dans un vase ou dans

un sac, sur lequel le procureur impérial attachera une bande de papier qu'il scellera de son sceau.

39. Les opérations prescrites par les articles précédents seront faites en présence du prévenu, s'il a été arrêté; et s'il ne veut ou ne peut y assister, en présence d'un fondé de pouvoir qu'il pourra nommer. Les objets lui seront présentés à l'effet de les reconnaître et de les parapher, s'il y a lieu; et, au cas de refus, il en sera fait mention au procès-verbal.

40. Le procureur impérial, audit cas de flagrant délit, et lorsque le fait sera de nature à entraîner peine afflictive ou infamante, fera saisir les prévenus présents contre lesquels il existerait des indices graves.

Si le prévenu n'est pas présent, le procureur impérial rendra une ordonnance à l'effet de le faire comparaître; cette ordonnance s'appelle *mandat d'amener*.

La dénonciation seule ne constitue pas une présomption suffisante pour décerner cette ordonnance contre un individu ayant domicile.

Le procureur impérial interrogera sur-le-champ le prévenu amené devant lui.

41. Le délit qui se commet actuellement, ou qui vient de se commettre, est un flagrant délit.

Sera aussi réputé flagrant délit, le cas où le prévenu est poursuivi par la clameur publique, et celui où le prévenu est trouvé saisi d'effets, armes, instruments ou papiers faisant présumer qu'il est auteur ou complice, pourvu que ce soit dans un temps voisin du délit.

42. Les procès-verbaux du procureur impérial, en exécution des articles précédents, seront faits et rédigés en la présence et revêtus de la signature du commissaire de police de la commune dans laquelle le crime ou le délit aura été commis, ou du maire, ou de l'adjoint du

maire, ou de deux citoyens domiciliés dans la même commune.

Pourra néanmoins le procureur impérial dresser les procès-verbaux, sans assistance de témoins, lorsqu'il n'y aura pas possibilité de s'en procurer tout de suite

Chaque feuillet du procès-verbal sera signé par le procureur impérial, et par les personnes qui y auront assisté. En cas de refus ou d'impossibilité de signer de la part de celles-ci, il en sera fait mention.

43. Le procureur impérial se fera accompagner, au besoin, d'une ou de deux personnes, présumées par leur art ou profession capables d'apprécier la nature et les circonstances du crime ou délit.

44. S'il s'agit d'une mort violente, ou d'une mort dont la cause soit inconnue et suspecte, le procureur impérial se fera assister d'un ou de deux officiers de santé, qui feront leur rapport sur les causes de la mort et sur l'état d cadavre.

Les personnes appelées, dans les cas du présent article et de l'article précédent, prêteront, devant le procureur impérial, le serment de faire leur rapport et de donner leur avis en leur honneur et conscience.

45. Le procureur impérial transmettra, sans délai, au juge d'instruction, les procès-verbaux, actes, pièces et instruments dressés ou saisis en conséquence des articles précédents, pour être procédé ainsi qu'il sera dit au chapitre *des juges d'instruction*; et cependant le prévenu restera sous la main de la justice *en état de mandat d'amener.*

46. Les attributions faites ci-dessus au procureur impérial pour les cas de flagrant délit, auront lieu aussi toutes les fois que, s'agissant d'un crime ou délit, même non flagrant, commis dans l'intérieur d'une maison, le chef

de cette maison requerra le procureur impérial de le constater.

47. Hors les cas énoncés dans les articles 32 et 46, le procureur impérial, instruit, soit par une dénonciation, soit par toute autre voie, qu'il a été commis, dans son arrondissement, un crime ou un délit, ou qu'une personne qui en est prévenue se trouve dans son arrondissement, sera tenu de requérir le juge d'instruction d'ordonner qu'il en soit informé, même de se transporter, s'il est besoin, sur les lieux, à l'effet d'y dresser tous les procès-verbaux nécessaires, ainsi qu'il sera dit au chapitre *des juges d'instruction*

CHAPITRE V.

Des officiers de police auxiliaires du Procureur impérial.

48. Les juges de paix, les officiers de gendarmerie, les commissaires généraux de police, recevront les dénonciations de crimes ou de délits commis dans les lieux où ils exercent leurs fonctions habituelles.

49. Dans les cas de flagrant délit, ou dans les cas de réquisition de la part d'un chef de maison, ils dresseront les procès-verbaux, recevront les déclarations des témoins, feront les visites et les autres actes qui sont, auxdits cas, de la compétence des procureurs impériaux ; le tout dans les formes et suivant les règles établies au chapitre *des Procureurs impériaux.*

50. Les maires, adjoints de maires et les commissaires de police recevront également les dénonciations, et feront les actes énoncés en l'article précédent, en se conformant aux mêmes règles.

51. Dans les cas de concurrence entre les procureurs

impériaux et les officiers de police énoncés aux articles
précédents, le procureur impérial fera les actes attribués
à la police judiciaire; s'il a été prévenu, il pourra continuer la procédure, ou autoriser l'officier qui l'aura commencée à la suivre.

52. Le procureur impérial, exerçant son ministère
dans les cas des articles 32 et 46, pourra, s'il le juge utile
et nécessaire, charger un officier de police auxiliaire de
partie des actes de sa compétence.

53. Les officiers de police auxiliaire renverront sans
délai les dénonciations, procès-verbaux et autres actes
par eux faits dans les cas de leur compétence, au procureur impérial, qui sera tenu d'examiner sans retard les
procédures, et de les transmettre, avec les réquisitions
qu'il jugera convenables, au juge d'instruction.

54. Dans les cas de dénonciation de crimes ou délits
autres que ceux qu'ils sont directement chargés de constater, les officiers de police judiciaire transmettront aussi
sans délai au procureur impérial les dénonciations qui
leur auront été faites; et le procureur impérial les remettra au juge d'instruction avec son réquisitoire.

CHAPITRE VI.

Des Juges d'instruction.

SECTION PREMIÈRE.

Du Juge d'instruction.

55. Il y aura, dans chaque arrondissement communal,
un juge d'instruction. Il sera choisi par SA MAJESTÉ
parmi les juges du tribunal civil, pour trois ans; il
pourra être continué plus long-temps, et il conservera

séance au jugement des affaires civiles, suivant le rang de sa réception.

56. Il sera établi un second juge d'instruction dans les arrondissements où il pourrait être nécessaire ; ce juge sera membre du tribunal civil.

Il y aura à Paris six juges d'instruction.

57. Les juges d'instruction seront, quant aux fonctions de police judiciaire, sous la surveillance du procureur général impérial.

58. Dans les villes où il n'y a qu'un juge d'instruction, s'il est absent, malade, ou autrement empêché, le tribunal de première instance désignera l'un des juges de ce tribunal pour le remplacer.

SECTION II.

Fonctions du juge d'instruction.

DISTINCTION PREMIÈRE.

Des cas de flagrant délit.

59. Le juge d'instruction, dans tous les cas réputés flagrant délit, peut faire directement, et par lui-même, tous les actes attribués au procureur impérial, en se conformant aux règles établies au chapitre *des procureurs impériaux et de leurs substituts.* Le juge d'instruction peut requérir la présence du procureur impérial, sans aucun retard néanmoins des opérations prescrites dans ledit chapitre.

60. Lorsque le flagrant délit aura déjà été constaté, et que le procureur impérial transmettra les actes et pièces au juge d'instruction, celui-ci sera tenu de faire, sans délai, l'examen de la procédure.

Il peut refaire les actes ou ceux des actes qui ne lui paraîtraient pas complets.

De l'instruction.

§. Ier.

Dispositions générales.

61. Hors les cas de flagrant délit, le juge d'instruction ne fera aucun acte d'instruction et de poursuite qu'il n'ait donné communication de la procédure au procureur impérial. Il la lui communiquera pareillement lorsqu'elle sera terminée; et le procureur impérial fera les réquisitions qu'il jugera convenables, sans pouvoir retenir la procédure plus de trois jours.

Néanmoins le juge d'instruction délivrera, s'il y a lieu, le mandat d'amener, et même le mandat de dépôt, sans que ces mandats doivent être précédés des conclusions du procureur impérial.

62. Lorsque le juge d'instruction se transportera sur les lieux, il sera toujours accompagné du procureur impérial et du greffier du tribunal.

§. II.

Des Plaintes.

63. Toute personne qui se prétendra lésée par un crime ou délit, pourra en rendre plainte et se constituer partie civile devant le juge d'instruction, soit du lieu du crime ou délit, soit du lieu de la résidence du prévenu, soit du lieu où il pourra être trouvé.

64. Les plaintes qui auraient été adressées au procureur impérial, seront par lui transmises au juge d'instruction avec son réquisitoire; celles qui auraient été présentées aux officiers auxiliaires de police, seront par

eux envoyées au procureur impérial, et transmises par lui au juge d'instruction, aussi avec son réquisitoire.

Dans les matières du ressort de la police correctionnelle, la partie lésée pourra s'adresser directement au tribunal correctionnel, dans la forme qui sera ci-après réglée.

65. Les dispositions de l'article 31 concernant les dénonciations, seront communes aux plaintes.

66. Les plaignants ne seront réputés partie civile, s'ils ne le déclarent formellement, soit par la plainte, soit par acte subséquent; ou s'ils ne prennent par l'un ou par l'autre des conclusions en dommages et intérêts : ils pourront se départir dans les vingt-quatre heures : dans le cas du désistement, ils ne sont pas tenus des frais depuis qu'il aura été signifié, sans préjudice néanmoins des dommages et intérêts des prévenus, s'il y a lieu.

67. Les plaignants pourront se porter partie civile en tout état de cause, jusqu'à la clôture des débats; mais, en aucun cas, leur désistement après le jugement ne peut être valable, quoiqu'il ait été donné dans les vingt-quatre heures de leur déclaration qu'ils se portent partie civile.

68. Toute partie civile qui ne demeurera pas dans l'arrondissement communal où se fait l'instruction, sera tenue d'y élire domicile par acte passé au greffe du tribunal.

A défaut d'élection de domicile par la partie civile, elle ne pourra opposer le défaut de signification contre les actes qui auraient dû lui être signifiés, aux termes de la loi.

69. Dans le cas où le juge d'instruction ne serait ni celui du lieu du crime ou délit, ni celui de la résidence du prévenu, ni celui du lieu où il pourra être trouvé, il

renverra la plainte devant le juge d'instruction qui pourrait en connaître.

70. Le juge d'instruction compétent pour connaître de la plainte, en ordonnera la communication au procureur impérial, pour être par lui requis ce qu'il appartiendra.

§. III.

De l'audition des Témoins.

71. Le juge d'instruction fera citer devant lui les personnes qui auront été indiquées par la dénonciation, par la plainte, par le procureur impérial ou autrement, comme ayant connaissance, soit du crime ou délit, soit de ses circonstances.

72. Les témoins seront cités par un huissier, ou par un agent de la force publique, à la requête du procureur impérial.

73. Ils seront entendus séparément, et hors de la présence du prévenu, par le juge d'instruction, assisté de son greffier.

74. Ils représenteront, avant d'être entendus, la citation qui leur aura été donnée pour déposer, et il en sera fait mention dans le procès-verbal.

75. Les témoins prêteront serment de dire toute la vérité, rien que la vérité; le juge d'instruction leur demandera leurs noms, prénoms, âge, état, profession, demeure, s'ils sont domestiques, parents ou alliés des parties, et en quel degré : il sera fait mention de la demande et des réponses des témoins.

76. Les dépositions seront signées du juge, du greffier et du témoin, après que lecture lui en aura été faite, et qu'il aura déclaré y persister.

Si le témoin ne veut ou ne peut signer, il en sera fait mention.

Chaque page du cahier d'informations sera signée par le juge et par le greffier.

77. Les formalités prescrites par les trois articles précédents, seront remplies, à peine de cinquante francs d'amende contre le greffier, même, s'il y a lieu, de prise à partie contre le juge d'instruction.

78. Aucun interligne ne pourra être fait : les ratures et les renvois seront approuvés et signés par le juge d'instruction, par le greffier et par le témoin, sous les peines portées en l'article précédent. Les interlignes, ratures et renvois non approuvés, seront réputés non avenus.

79. Les enfants de l'un et de l'autre sexe, au-dessous de l'âge de quinze ans, pourront être entendus par forme de déclaration et sans prestation de serment.

80. Toute personne citée pour être entendue en témoignage, sera tenue de comparaître et de satisfaire à la citation ; sinon elle pourra y être contrainte par le juge d'instruction, qui, à cet effet, sur les conclusions du procureur impérial, sans autre formalité ni délai, et sans appel, prononcera une amende qui n'excédera pas cent francs, et pourra ordonner que la personne citée sera contrainte par corps à venir donner son témoignage.

81. Le témoin ainsi condamné à l'amende sur le premier défaut, et qui, sur la seconde citation, produira devant le juge d'instruction des excuses légitimes, pourra, sur les conclusions du procureur impérial, être déchargé de l'amende.

82. Chaque témoin qui demandera une indemnité, sara taxé par le juge d'instruction.

83. Lorsqu'il sera constaté par le certificat d'un officier

de santé, que des témoins se trouvent dans l'impossibilité de comparaître sur la citation qui leur aura été donnée, le juge d'instruction se transportera en leur demeure, quand ils habiteront dans le canton de la justice de paix du domicile du juge d'instruction.

Si les témoins habitent hors du canton, le juge d'instruction pourra commettre le juge de paix de leur habitation, à l'effet de recevoir leur déposition, et il enverra au juge de paix des notes et instructions qui feront connaître les faits sur lesquels les témoins devront déposer.

84. Si les témoins résident hors de l'arrondissement du juge d'instruction, celui-ci requerra le juge d'instruction de l'arrondissement dans lequel les témoins sont résidants, de se transporter auprès d'eux pour recevoir leurs dépositions.

Dans le cas où les témoins n'habiteraient pas le canton du juge d'instruction ainsi requis, il pourra commettre le juge de paix de leur habitation, à l'effet de recevoir leurs dépositions, ainsi qu'il est dit dans l'article précédent.

85. Le juge qui aura reçu les dépositions, en conséquence des articles 83 et 84 ci-dessus, les enverra closes et cachetées au juge d'instruction du tribunal saisi de l'affaire.

86. Si le témoin auprès duquel le juge se sera transporté, dans les cas prévus par les trois articles précédents, n'était pas dans l'impossibilité de comparaître sur la citation qui lui avait été donnée, le juge décernera un mandat de dépôt contre le témoin et l'officier de santé qui aura délivré le certificat ci-dessus mentionné.

La peine portée en pareil cas sera prononcée par le juge d'instruction du même lieu, et sur la réquisition du procureur impérial, en la forme prescrite par l'article 80.

§. IV.

Des Preuves par écrit, et des Pièces de conviction.

87. Le juge d'instruction se transportera, s'il en est requis, et pourra même se transporter d'office dans le domicile du prévenu, pour y faire la perquisition des papiers, effets, et généralement de tous les objets qui seront jugés utiles à la manifestation de la vérité.

88. Le juge d'instruction pourra pareillement se transporter dans les autres lieux où il présumerait qu'on aurait caché les objets dont il est parlé dans l'article précédent.

89. Les dispositions des articles 35, 36, 37, 38 et 39 concernant la saisie des objets dont la perquisition peut être faite par le procureur impérial, dans les cas de flagrant délit, sont communes au juge d'instruction.

90. Si les papiers ou les effets dont il y aura lieu de faire la perquisition, sont hors de l'arrondissement du juge d'instruction, il requerra le juge d'instruction du lieu où l'on peut les trouver, de procéder aux opérations prescrites par les articles précédents.

CHAPITRE VII.

Des Mandats de comparution, de dépôt, d'amener et d'arrêt.

91. Lorsque l'inculpé sera domicilié, et que le fait sera de nature à ne donner lieu qu'à une peine correctionnelle, le juge d'instruction pourra, s'il le juge convenable, ne décerner contre l'inculpé qu'un mandat de comparution, sauf, après l'avoir interrogé, à convertir le mandat en tel autre mandat qu'il appartiendra.

Si l'inculpé fait défaut, le juge d'instruction décernera contre lui un mandat d'amener.

Il décernera pareillement mandat d'amener contre toute personne, de quelque qualité qu'elle soit, inculpée d'un délit emportant peine afflictive ou infamante.

92. Il peut aussi donner des mandats d'amener contre les témoins qui refusent de comparaître sur la citation à eux donnée, conformément à l'article 80; et sans préjudice de l'amende portée en cet article.

93. Dans le cas de mandat de comparution, il interrogera de suite; dans le cas de mandat d'amener, dans les vingt-quatre heures au plus tard.

94. Il pourra, après avoir entendu les prévenus, et le procureur impérial oui, décerner, lorsque le fait emportera peine afflictive ou infamante, ou emprisonnement correctionnel, un mandat d'arrêt dans la forme qui sera ci-après présentée.

95. Les mandats de comparution, d'amener et de dépôt, seront signés par celui qui les aura décernés, et munis de son sceau.

Le prévenu y sera nommé ou désigné le plus clairement qu'il sera possible.

96. Les mêmes formalités seront observées dans le mandat d'arrêt; ce mandat contiendra de plus l'énonciation du fait pour lequel il est décerné, et la citation de la loi qui déclare que ce fait est un crime ou délit.

97. Les mandats de comparution, d'amener, de dépôt ou d'arrêt, seront notifiés par un huissier, ou par un agent de la force publique, lequel en fera l'exhibition au prévenu, et lui en délivrera copie.

Le mandat d'arrêt sera exhibé au prévenu, lors même qu'il serait déjà détenu, et il lui en sera délivré copie.

98. Les mandats d'amener, de comparution, de dépôt

et d'arrêt, seront exécutoires dans tout le territoire de l'empire.

Si le prévenu est trouvé hors de l'arrondissement de l'officier qui aura délivré le mandat de dépôt ou d'arrêt, il sera conduit devant le juge de paix ou son suppléant, et à leur défaut, devant le maire ou l'adjoint de maire, ou le commissaire de police du lieu, lequel visera le mandat, sans pouvoir en empêcher l'exécution.

99. Le prévenu qui refusera d'obéir au mandat d'amener, ou qui, après avoir déclaré qu'il est prêt à obéir, tentera de s'évader, devra être contraint.

Le porteur du mandat d'amener emploiera, au besoin, la force publique du lieu le plus voisin.

Elle sera tenue de marcher, sur la réquisition contenue dans le mandat d'amener.

100. Néanmoins, lorsqu'après plus de deux jours depuis la date du mandat d'amener, le prévenu aura été trouvé hors de l'arrondissement de l'officier qui a délivré ce mandat, et à une distance de plus de cinq myriamètres du domicile de cet officier, ce prévenu pourra n'être pas contraint de se rendre au mandat; mais alors le procureur impérial de l'arrondissement où il aura été trouvé, et devant lequel il sera conduit, décernera un mandat de dépôt, en vertu duquel il sera retenu dans la maison d'arrêt.

Le mandat d'amener devra être pleinement exécuté, si le prévenu a été trouvé muni d'effets, de papiers ou d'instruments qui feront présumer qu'il est auteur ou complice du crime ou délit pour raison duquel il est recherché, quels que soient le délai et la distance dans lesquels il aura été trouvé.

101. Dans les vingt-quatre heures de l'exécution du mandat de dépôt, le procureur impérial qui l'aura délivré

en donnera avis, et transmettra les procès-verbaux, s'il en a été dressé, à l'officier qui a décerné le mandat d'amener.

102. L'officier qui a délivré le mandat d'amener, et auquel les pièces sont ainsi transmises, communiquera le tout, dans un pareil délai, au juge d'instruction près duquel il exerce; ce juge se conformera aux dispositions de l'article 90.

103. Le juge d'instruction saisi de l'affaire directement ou par renvoi, en exécution de l'article 90, transmettra, sous cachet, au juge d'instruction du lieu où le prévenu a été trouvé, les pièces, notes et renseignements relatifs au délit, afin de faire subir interrogatoire à ce prévenu.

Toutes les pièces seront ensuite également renvoyées, avec l'interrogatoire, au juge saisi de l'affaire.

104. Si, dans le cours de l'instruction, le juge saisi de l'affaire décerne un mandat d'arrêt, il pourra ordonner, par ce mandat, que le prévenu sera transféré dans la maison d'arrêt du lieu où se fait l'instruction.

S'il n'est pas exprimé dans le mandat d'arrêt que le prévenu sera ainsi transféré, il restera en la maison d'arrêt de l'arrondissement dans lequel il aura été trouvé, jusqu'à ce qu'il ait été statué par la chambre du conseil, conformément aux articles 127, 128, 129, 130, 131, 132 et 133 ci-après.

105. Si le prévenu contre lequel il a été décerné un mandat d'amener ne peut être trouvé, ce mandat sera exhibé au maire ou à l'adjoint, ou au commissaire de police de la commune de la résidence du prévenu.

Le maire, l'adjoint ou le commissaire de police, mettra son visa sur l'original de l'acte de notification.

106. Tout dépositaire de la force publique, et même

toute personne, sera tenu de saisir le prévenu surpris en flagrant délit, ou poursuivi, soit par la clameur publique, soit dans les cas assimilés au flagrant délit; et de le conduire devant le procureur impérial, sans qu'il soit besoin de mandat d'amener, si le crime ou délit emporte peine afflictive ou infamante.

107. Sur l'exhibition du mandat de dépôt le prévenu sera reçu et gardé dans la maison d'arrêt établie près le tribunal correctionnel; et le gardien remettra à l'huissier, ou à l'agent de la force publique chargé de l'exécution du mandat, une reconnaissance de la remise du prévenu.

108. L'officier chargé de l'exécution d'un mandat de dépôt ou d'arrêt, se fera accompagner d'une force suffisante pour que le prévenu ne puisse se soustraire à la loi.

Cette force sera prise dans le lieu le plus à portée de celui où le mandat d'arrêt ou de dépôt devra s'exécuter; et elle est tenue de marcher, sur la réquisition directement faite au commandant et contenue dans le mandat.

109. Si le prévenu ne peut être saisi, le mandat d'arrêt sera notifié à sa dernière habitation; et il sera dressé procès-verbal de perquisition.

Ce procès-verbal sera dressé en présence des deux plus proches voisins du prévenu que le porteur du mandat d'arrêt pourra trouver; ils le signeront, ou, s'ils ne savent ou ne veulent pas signer, il en sera fait mention, ainsi que de l'interpellation qui en aura été faite.

Le porteur du mandat d'arrêt fera ensuite viser son procès-verbal par le juge de paix ou son suppléant, ou, à son défaut, par le maire, l'adjoint et le commissaire de police du lieu, et lui en laissera copie.

Le mandat d'arrêt et le procès-verbal seront ensuite remis au greffe du tribunal.

3

110. Le prévenu saisi en vertu d'un mandat d'arrêt ou de dépôt, sera conduit, sans délai, dans la maison d'arrêt indiquée par le mandat.

111. L'officier chargé de l'exécution du mandat d'arrêt ou de dépôt, remettra le prévenu au gardien de la maison d'arrêt, qui lui en donnera décharge; le tout dans la forme prescrite par l'article 107.

Il portera ensuite au greffe du tribunal correctionnel les pièces relatives à l'arrestation, et en prendra une reconnaissance.

Il exhibera ces décharge et reconnaissance dans les vingt-quatre heures au juge d'instruction : celui-ci mettra sur l'une et sur l'autre son vu, qu'il datera et signera.

112. L'inobservation des formalités prescrites pour les mandats de comparution, de dépôt, d'amener et d'arrêt, sera toujours punie d'une amende de cinquante francs au moins contre le greffier, et, s'il y a lieu, d'injonctions au juge d'instruction et au procureur impérial, même de prise à partie s'il y échet.

CHAPITRE VIII.

De la Liberté provisoire et du Cautionnement.

113. La liberté provisoire ne pourra jamais être accordée au prévenu lorsque le titre de l'accusation emportera une peine afflictive ou infamante.

114. Si le fait n'emporte pas une peine afflictive ou infamante, mais seulement une peine correctionnelle, la chambre du conseil pourra, sur la demande du prévenu, et sur les conclusions du procureur impérial, ordonner que le prévenu sera mis provisoirement en liberté, moyennant caution solvable de se représenter à tous les actes de la procédure, et pour l'exécution du jugement, aussitôt qu'il en sera requis.

La mise en liberté provisoire avec caution pourra être demandée et accordée en tout état de cause.

115. Néanmoins les vagabonds et les repris de justice ne pourront, en aucun cas, être mis en liberté provisoire.

116. La demande en liberté provisoire sera notifiée à la partie civile, à son domicile ou à celui qu'elle aura élu.

117. La solvabilité de la caution offerte sera discutée par le procureur impérial, et par la partie civile, dûment appelée.

Elle devra être justifiée par des immeubles libres, pour le montant du cautionnement et une moitié en sus, si mieux n'aime la caution déposer dans la caisse de l'enregistrement et des domaines le montant du cautionnement en espèces.

118. Le prévenu sera admis à être sa propre caution, soit en déposant le montant du cautionnement, soit en justifiant d'immeubles libres pour le montant du cautionnement, et une moitié en sus, et en faisant, dans l'un ou l'autre cas, la soumission dont il sera parlé ci-après.

119. Le cautionnement ne pourra être au-dessous de cinq cents francs.

Si la peine correctionnelle était à la fois l'emprisonnement et une amende dont le double excéderait cinq cents francs, le cautionnement ne pourrait pas être exigé d'une somme plus forte que le double de cette amende.

S'il avait résulté du délit un dommage civil appréciable en argent, le cautionnement sera triple de la valeur du dommage, ainsi qu'il sera arbitré, pour cet effet seulement, par le juge d'instruction, sans néanmoins que, dans ce cas, le cautionnement puisse être au-dessous de cinq cents francs.

120. La caution admise fera sa soumission, soit au greffe du tribunal, soit devant notaires, de payer entre les mains du receveur de l'enregistrement le montant du cautionnement, en cas que le prévenu soit constitué en défaut de se représenter.

Cette soumission entraînera la contrainte par corps contre la caution; une expédition en forme exécutoire en sera remise à la partie civile, avant que le prévenu soit mis en liberté provisoire.

121. Les espèces déposées et les immeubles servant de cautionnement seront affectés par privilège, 1° au paiement des réparations civiles et des frais avancés par la partie civile, 2° aux amendes; le tout néanmoins sans préjudice du privilège du trésor public, à raison des frais faits par la partie publique.

Le procureur impérial et la partie civile pourront prendre inscription hypothécaire, sans attendre le jugement définitif. L'inscription prise à la requête de l'un ou de l'autre profitera à tous les deux.

122. Le juge d'instruction rendra, le cas arrivant, sur les conclusions du procureur impérial ou sur la demande de la partie civile, une ordonnance pour le paiement de la somme cautionnée.

Ce paiement sera poursuivi à la requête du procureur impérial, et à la diligence du directeur de l'enregistrement. Les sommes recouvrées seront versées dans la caisse de l'enregistrement, sans préjudice des poursuites et des droits de la partie civile.

123. Le juge d'instruction délivrera, dans la même forme et sur les mêmes réquisitions, une ordonnance de contrainte contre la caution ou les cautions d'un individu mis sous la surveillance spéciale du Gouvernement, lorsque celui-ci aura été condamné, par un jugement

devenu irrévocable, pour un crime ou pour un délit commis dans l'intervalle déterminé par l'acte de cautionnement.

124. Le prévenu ne sera mis en liberté provisoire sous caution, qu'après avoir élu domicile dans le lieu où siège le tribunal correctionnel, par un acte reçu au greffe de ce tribunal.

125. Outre les poursuites contre la caution, s'il y a lieu, le prévenu sera saisi et écroué dans la maison d'arrêt, en exécution d'une ordonnance du juge d'instruction.

126. Le prévenu qui aurait laissé contraindre sa caution au paiement, ne sera plus, à l'avenir, recevable, en aucun cas, à demander de nouveau sa liberté provisoire, moyennant caution.

CHAPITRE IX.

Du Rapport des juges d'instruction quand la procédure est complète.

127. Le juge d'instruction sera tenu de rendre compte, au moins une fois par semaine, des affaires dont l'instruction lui est dévolue.

Le compte sera rendu à la chambre du conseil, composée de trois juges au moins, y compris le juge d'instruction; communication préalablement donnée au procureur impérial, pour être par lui requis ce qu'il appartiendra.

128. Si les juges sont d'avis que le fait ne présente ni crime, ni délit, ni contravention, ou qu'il n'existe aucune charge contre l'inculpé, il sera déclaré qu'il n'y a pas lieu à poursuivre, et si l'inculpé avait été arrêté, il sera mis en liberté.

3.

129. S'ils sont d'avis que le fait n'est qu'une simple contravention de police, l'inculpé sera renvoyé au tribunal de police, et il sera remis en liberté, s'il est arrêté.

Les dispositions du présent article et de l'article précédent ne pourront préjudicier aux droits de la partie civile ou de la partie publique, ainsi qu'il sera expliqué ci-après.

130. Si le délit est reconnu de nature à être puni par des peines correctionnelles, le prévenu sera renvoyé au tribunal de police correctionnelle.

Si, dans ce cas, le délit peut entraîner la peine d'emprisonnement, le prévenu, s'il est en arrestation, y demeurera provisoirement.

131. Si le délit ne doit pas entraîner la peine de l'emprisonnement, le prévenu sera mis en liberté, à la charge de se représenter, à jour fixe, devant le tribunal compétent.

132. Dans tous les cas de renvoi, soit à la police municipale, soit à la police correctionnelle, le procureur impérial est tenu d'envoyer, dans les vingt-quatre heures au plus tard, au greffe du tribunal qui doit prononcer, toutes les pièces, après les avoir cotées.

133. Si, sur le rapport fait à la chambre du conseil par le juge d'instruction, les juges ou l'un d'eux estiment que le fait est de nature à être puni de peines afflictives ou infamantes, et que la prévention contre l'inculpé est suffisamment établie, les pièces d'instruction, le procès-verbal constatant le corps du délit, et un état des pièces servant à conviction, seront transmis sans délai, par le procureur impérial, au procureur général de la cour impériale, pour être procédé ainsi qu'il sera dit au chapitre des *Mises en accusation*.

Les pièces de conviction resteront au tribunal d'instruction, sauf ce qui sera dit aux articles 248 et 291.

134. La chambre du conseil décernera, dans ce cas, contre le prévenu, une ordonnance de prise de corps, qui sera adressée, avec les autres pièces, au procureur général.

Cette ordonnance contiendra le nom du prévenu, son signalement, son domicile, s'ils sont connus, l'exposé du fait et la nature du délit.

135. Lorsque la mise en liberté des prévenus sera ordonnée, conformément aux articles 128, 129 et 131 ci-dessus, le procureur impérial, ou la partie civile, pourra s'opposer à leur élargissement. L'opposition devra être formée dans un délai de vingt-quatre heures, qui courra, contre le procureur impérial à compter du jour de l'ordonnance de mise en liberté, et contre la partie civile à compter du jour de la signification à elle faite de ladite ordonnance au domicile par elle élu dans le lieu où siège le tribunal. L'envoi des pièces sera fait ainsi qu'il est dit à l'article 132.

Le prévenu gardera prison jusqu'après l'expiration du susdit délai.

136. La partie civile qui succombera dans son opposition, sera condamnée aux dommages et intérêts envers le prévenu.

FIN DU LIVRE PREMIER.

LIVRE II.

DE LA JUSTICE.

(Décrété le 10 novembre 1808. Prom. le 29 du même mois.)

TITRE PREMIER.

Des Tribunaux de police.

CHAPITRE PREMIER.

Des Tribunaux de simple police.

137. Sont considérés comme contraventions de police simple, les faits qui, d'après les dispositions du quatrième livre du Code pénal, peuvent donner lieu, soit à quinze francs d'amende ou au-dessous, soit à cinq jours d'emprisonnement ou au-dessous, qu'il y ait ou non confiscation des choses saisies, quelle qu'en soit la valeur.

138. La connaissance des contraventions de police est attribuée au juge de paix et au maire, suivant les règles et les distinctions qui seront ci-après établies.

§. 1er.

Du Tribunal du Juge de paix, comme Juge de police.

139. Les juges de paix connaîtront exclusivement,

1° Des contraventions commises dans l'étendue de la commune chef-lieu du canton;

2° Des contraventions dans les autres communes de leur arrondissement, lorsque, hors les cas où les coupables auront été pris en flagrant délit, les contraventions auront été commises par des personnes non domiciliées ou non présentes dans la commune; ou lorsque les témoins qui doivent déposer n'y sont pas résidants ou présents;

3° Des contraventions à raison desquelles la partie qui réclame conclut, pour ses dommages et intérêts, à une somme indéterminée ou à une somme excédant quinze francs;

4° Des contraventions forestières poursuivies à la requête des particuliers;

5° Des injures verbales;

6° Des affiches, annonces, ventes, distributions ou débits d'ouvrages écrits ou gravures contraires aux mœurs;

7° De l'action contre les gens qui font le métier de deviner et pronostiquer, ou d'expliquer les songes.

140. Les juges de paix connaîtront aussi, mais concurremment avec les maires, de toutes autres contraventions commises dans leur arrondissement.

141. Dans les communes dans lesquelles il n'y a qu'un juge de paix, il connaîtra seul des affaires attribuées à son tribunal. Les greffiers et les huissiers de la justice de paix feront le service pour les affaires de police.

142. Dans les communes divisées en deux justices de paix ou plus, le service au tribunal de police sera fait successivement par chaque juge de paix, en commençant par le plus ancien : il y aura, dans ce cas, un greffier particulier pour le tribunal de police.

143. Il pourra aussi, dans le cas de l'article précédent, y avoir deux sections pour la police; chaque section sera tenue par un juge de paix, et le greffier aura un commis assermenté pour le suppléer.

144. Les fonctions du ministère public, pour les faits de police, seront remplies par le commissaire du lieu où siégera le tribunal; en cas d'empêchement du commissaire de police, ou s'il n'y en a point, elles seront remplies par le maire, qui pourra se faire remplacer par son adjoint.

S'il y a plusieurs commissaires de police, le procureur général près la cour impériale nommera celui où ceux d'entre eux qui feront le service.

145. Les citations pour contravention de police seront faites à la requête du ministère public ou de la partie qui réclame.

Elles seront notifiées par un huissier; il en sera laissé copie au prévenu, ou à la personne civilement responsable.

146. La citation ne pourra être donnée à un délai moindre que vingt-quatre heures, outre un jour par trois myriamètres, à peine de nullité tant de la citation que du jugement qui serait rendu par défaut. Néanmoins cette nullité ne pourra être proposée qu'à la première audience avant toute exception et défense.

Dans les cas urgents, les délais pourront être abrégés et les parties citées à comparaître même dans le jour et à heure indiquée, en vertu d'une cédule délivrée par le juge de paix.

147. Les parties pourront comparaître volontairement et sur un simple avertissement, sans qu'il soit besoin de citation.

148. Avant le jour de l'audience, le juge de paix pourra, sur la réquisition du ministère public ou de la partie civile, estimer ou faire estimer les dommages, dresser ou faire dresser des procès-verbaux, faire ou ordonner tous actes requérant célérité.

149. Si la personne citée ne comparaît pas au jour et à l'heure fixés par la citation, elle sera jugée par défaut.

150. La personne condamnée par défaut ne sera plus recevable à s'opposer à l'exécution du jugement, si elle ne se présente à l'audience indiquée par l'article suivant, sauf ce qui sera ci-après réglé sur l'appel et le recours en cassation.

151. L'opposition au jugement par défaut pourra être faite par déclaration en réponse au bas de l'acte de signification, ou par acte notifié dans les trois jours de la signification, outre un jour par trois myriamètres.

L'opposition emportera de droit citation à la première audience, après l'expiration des délais, et sera réputée non avenue si l'opposant ne comparaît pas.

152. La personne citée comparaîtra par elle-même ou par un fondé de procuration spéciale.

153. L'instruction de chaque affaire sera publique, à peine de nullité.

Elle se fera dans l'ordre suivant :

Les procès-verbaux, s'il y en a, seront lus par le greffier.

Les témoins, s'il en a été appelé par le ministère public ou la partie civile, seront entendus, s'il y a lieu ; la partie civile prendra ses conclusions.

La personne citée proposera sa défense et fera entendre ses témoins, si elle en a amené ou fait citer, et si, aux termes de l'article suivant, elle est recevable à les produire.

Le ministère public résumera l'affaire et donnera ses conclusions. La partie citée pourra proposer ses observations.

Le tribunal de police prononcera le jugement dans

l'audience où l'instruction aura été terminée, et, au plus tard, dans l'audience suivante.

154. Les contraventions seront prouvées, soit par procès-verbaux ou rapports, soit par témoins à défaut de rapports et procès-verbaux, ou à leur appui.

Nul ne sera admis, à peine de nullité, à faire preuve par témoins outre ou contre le contenu aux procès-verbaux ou rapports des officiers de police ayant reçu de la loi le pouvoir de constater les délits ou les contraventions, jusqu'à inscription de faux. Quant aux procès-verbaux et aux rapports faits par des agents, préposés ou officiers, auxquels la loi n'a pas accordé le droit d'en être crus jusqu'à inscription de faux, ils pourront être débattus par des preuves contraires, soit écrites, soit testimoniales, si le tribunal juge à propos de les admettre.

155. Les témoins feront à l'audience, sous peine de nullité, le serment de dire toute la vérité, rien que la vérité; et le greffier en tiendra note ainsi que de leurs noms, prénoms, âge, profession et demeure, et de leurs principales déclarations.

156. Les ascendants ou descendants de la personne prévenue, ses frères et sœurs ou alliés en pareil degré, la femme ou son mari, même après le divorce prononcé, ne seront ni appelés ni reçus en témoignage, sans néanmoins que l'audition des personnes ci-dessus désignées puisse opérer une nullité, lorsque, soit le ministère public, soit la partie civile, soit le prévenu, ne se sont pas opposés à ce qu'elles soient entendues.

157. Les témoins qui ne satisferont pas à la citation, pourront y être contraints par le tribunal, qui, à cet effet et sur la réquisition du ministère public, prononcera dans la même audience, sur le premier défaut,

l'amende; et en cas d'un second défaut, la contrainte par corps.

158. Le témoin ainsi condamné à l'amende sur le premier défaut, et qui, sur la seconde citation, produira, devant le tribunal, des excuses légitimes, pourra, sur les conclusions du ministère public, être déchargé de l'amende.

Si le témoin n'est pas cité de nouveau, il pourra volontairement comparaître par lui, ou par un fondé de procuration spéciale, à l'audience suivante, pour présenter ses excuses, et obtenir, s'il y a lieu, décharge de l'amende.

159. Si le fait ne présente ni délit ni contravention de police, le tribunal annullera la citation et tout ce qui aura suivi, et statuera par le même jugement sur les demandes en dommages-intérêts.

160. Si le fait est un délit qui emporte une peine correctionnelle ou plus grave, le tribunal renverra les parties devant le procureur impérial.

161. Si le prévenu est convaincu de contravention de police, le tribunal prononcera la peine et statuera par le même jugement sur les demandes en restitution et en dommages-intérêts.

162. La partie qui succombera sera condamnée aux frais, même envers la partie publique.

Les dépens seront liquidés par le jugement

163. Tout jugement définitif de condamnation sera motivé, et les termes de la loi appliquée y seront insérés, à peine de nullité.

Il y sera fait mention s'il est rendu en dernier ressort ou en première instance.

164. La minute du jugement sera signée par le juge qui aura tenu l'audience, dans les vingt-quatre heures au

plus tard, à peine de vingt-cinq francs d'amende contre le greffier, et de prise à partie, s'il y a lieu, tant contre le greffier que contre le président.

165. Le ministère public et la partie civile poursuivront l'exécution du jugement, chacun en ce qui le concerne.

§. II.

De la juridiction des Maires comme Juges de police.

166. Les maires des communes non chefs-lieux de canton, connaîtront, concurremment avec les juges de paix, des contraventions commises dans l'étendue de leur commune, par les personnes prises en flagrant délit, ou par des personnes qui résident dans la commune, ou qui y sont présentes lorsque les témoins y seront aussi résidants ou présents, et lorsque la partie réclamante conclura pour ses dommages-intérêts à une somme déterminée, qui n'excédera pas celle de quinze francs.

Ils ne pourront jamais connaître des contraventions attribuées exclusivement aux juges de paix par l'article 139, ni d'aucune des matières dont la connaissance est attribuée aux juges de paix considérés comme juges civils.

167. Le ministère public sera exercé auprès du maire, dans les matières de police, par l'adjoint; en absence de l'adjoint, ou lorsque l'adjoint remplacera le maire comme juge de police, le ministère public sera exercé par un membre du conseil municipal, qui sera désigné à cet effet par le procureur impérial, pour une année entière.

168. Les fonctions de greffier des maires dans les affaires de police, seront exercées par un citoyen que le maire proposera, et qui prêtera serment en cette qualité

au tribunal de police correctionnelle. Il recevra pour ses expéditions les émoluments attribués au greffier du juge de paix.

169. Le ministère des huissiers ne sera pas nécessaire pour les citations aux parties ; elles pourront être faites par un avertissement du maire, qui annoncera au défendeur le fait dont il est inculpé, le jour et l'heure où il doit se présenter.

170. Il en sera de même des citations aux témoins ; elles pourront être faites par avertissement qui indiquera le moment où leur déposition sera reçue.

171. Le maire donnera son audience dans la maison commune ; il entendra publiquement les parties et les témoins.

Seront, au surplus, observées les dispositions des articles 149, 150, 151, 153, 154, 155, 156, 157, 158, 159 et 160, concernant l'instruction et les jugements au tribunal du juge de paix.

§. III.

De l'Appel des Jugements de Police.

172. Les jugements rendus en matière de police pourront être attaqués par la voie de l'appel, lorsqu'ils prononceront un emprisonnement, ou lorsque les amendes, restitutions et autres réparations civiles excéderont la somme de cinq francs, outre les dépens.

173. L'appel sera suspensif.

174. L'appel des jugements rendus par le tribunal de police sera porté au tribunal correctionnel. Cet appel sera interjeté dans les dix jours de la signification de la sentence à personne ou domicile : il sera suivi et jugé dans la même forme que les appels des sentences des justices de paix.

175. Lorsque, sur l'appel, le procureur impérial ou l'une des parties le requerra, les témoins pourront être entendus de nouveau, et il pourra même en être entendu d'autres.

176. Les dispositions des articles précédents sur la solennité de l'instruction, la nature des preuves, la forme, l'authenticité et la signature du jugement définitif, et la condamnation aux frais, ainsi que les peines que ces articles prononcent, seront communes aux jugements rendus, sur l'appel, par les tribunaux correctionnels.

177. Le ministère public et les parties pourront, s'il y a lieu, se pourvoir en cassation contre les jugements rendus en dernier ressort par le tribunal de police, ou contre les jugements rendus par le tribunal correctionnel, sur l'appel des jugements de police.

Le recours aura lieu dans la forme et dans les délais qui seront prescrits.

178. Au commencement de chaque trimestre, les juges de paix et les maires transmettront au procureur impérial l'extrait des jugements de police qui auront été rendus dans le trimestre précédent, et qui auront prononcé la peine d'emprisonnement. Cet extrait sera délivré sans frais par le greffier.

Le procureur impérial le déposera au greffe du tribunal correctionnel.

Il en rendra un compte sommaire au procureur général près la cour impériale.

CHAPITRE II.

Des Tribunaux en matière correctionnelle.

179. Les tribunaux de première instance en matière civile connaîtront en outre, sous le titre de tribunaux correctionnels, de tous les délits forestiers poursuivis à la requête de l'administration, et de tous les délits dont la

peine excède cinq jours d'emprisonnement et quinze francs d'amende.

180. Ces tribunaux pourront, en matière correctionnelle, prononcer au nombre de trois juges.

181. S'il se commet un délit correctionnel dans l'enceinte et pendant la durée de l'audience, le président dressera procès-verbal du fait, entendra le prévenu et les témoins, et le tribunal appliquera, sans désemparer, les peines prononcées par la loi.

Cette disposition aura son exécution pour les délits correctionnels commis dans l'enceinte et pendant la durée des audiences de nos cours, et même des audiences du tribunal civil, sans préjudice de l'appel de droit des jugements rendus dans ces cas par les tribunaux civils ou correctionnels.

182. Le tribunal sera saisi, en matière correctionnelle, de la connaissance des délits de sa compétence, soit par le renvoi qui lui en sera fait d'après les articles 130 et 160 ci-dessus, soit par la citation donnée directement au prévenu et aux personnes civilement responsables du délit, par la partie civile, et, à l'égard des délits forestiers, par le conservateur, inspecteur ou sous-inspecteur forestier ou par les gardes généraux, et, dans tous les cas, par le procureur impérial.

183. La partie civile sera, par l'acte de citation, élection de domicile dans la ville où siège le tribunal. La citation énoncera les faits, et tiendra lieu de plainte.

184. Il y aura au moins un délai de trois jours, outre un jour par trois myriamètres, entre la citation et le jugement, à peine de nullité de la condamnation qui serait prononcée par défaut contre la personne citée.

Néanmoins cette nullité ne pourra être proposée qu'à la première audience, et avant toute exception ou défense.

4.

185. Dans les affaires relatives à des délits qui n'entraîneront pas la peine d'emprisonnement, le prévenu pourra se faire représenter par un avoué; le tribunal pourra néanmoins ordonner sa comparution en personne.

186. Si le prévenu ne comparaît pas, il sera jugé par défaut.

187. La condamnation par défaut sera comme non avenue, si, dans les cinq jours de la signification qui en aura été faite au prévenu ou à son domicile, outre un jour par cinq myriamètres, celui-ci forme opposition à l'exécution du jugement, et notifie son opposition tant au ministère public qu'à la partie civile.

Néanmoins les frais de l'expédition de la signification du jugement par défaut et de l'opposition, demeureront à la charge du prévenu.

188. L'opposition emportera de droit citation à la première audience; elle sera non avenue si l'opposant n'y comparaît pas, et le jugement que le tribunal aura rendu sur l'opposition, ne pourra être attaqué par la partie qui l'aura formée, si ce n'est par appel, ainsi qu'il sera dit ci-après.

Le tribunal pourra, s'il y échet, accorder une provision, et cette disposition sera exécutoire nonobstant l'appel.

189. La preuve des délits correctionnels se fera de la manière prescrite aux articles 154, 155 et 156 ci-dessus, concernant les contraventions de police. Les dispositions des articles 157, 158, 159, 160 et 161, sont communes aux tribunaux en matière correctionnelle.

190. L'instruction sera publique, à peine de nullité.

Le procureur impérial, la partie civile, ou son défenseur, et à l'égard des délits forestiers, le conservateur, inspecteur ou sous-inspecteur forestier, ou, à leur défaut, le garde général, exposeront l'affaire; les procès-verbaux ou rapports, s'il en a été dressé, seront lus par le greffier; les témoins pour et contre seront entendus, s'il y a lieu, et les reproches proposés et jugés; les pièces pouvant servir à conviction ou à décharge seront représentées aux témoins et aux parties; le prévenu sera interrogé; le prévenu et les personnes civilement responsables proposeront leur défense; le procureur impérial résumera l'affaire et donnera ses conclusions; le prévenu et les personnes civilement responsables du délit pourront répliquer.

Le jugement sera prononcé de suite, ou au plus tard à l'audience qui suivra celle où l'instruction aura été terminée.

191. Si le fait n'est réputé ni délit ni contravention de police, le tribunal annullera l'instruction, la citation et tout ce qui aura suivi, renverra le prévenu, et statuera sur les demandes en dommages et intérêts.

192. Si le fait n'est qu'une contravention de police, et si la partie publique ou la partie civile n'a pas demandé le renvoi, le tribunal appliquera la peine, et statuera, s'il y a lieu, sur les dommages-intérêts.

Dans ce cas, son jugement sera en dernier ressort.

193. Si le fait est de nature à mériter une peine afflictive ou infamante, le tribunal pourra décerner de suite le mandat de dépôt ou le mandat d'arrêt; et il renverra le prévenu devant le juge d'instruction compétent.

194. Tout jugement de condamnation rendu contre le prévenu et contre les personnes civilement responsables du délit, ou contre la partie civile, les condamnera aux frais, même envers la partie publique.

Les frais seront liquidés par le même jugement.

195. Dans le dispositif de tout jugement de condam-

nation, seront énoncés les faits dont les personnes citées seront jugées coupables ou responsables, la peine et les condamnations civiles.

Le texte de la loi dont on fera l'application, sera lu à l'audience par le président; il sera fait mention de cette lecture dans le jugement, et le texte de la loi y sera inséré, sous peine de cinquante francs d'amende contre le greffier.

196. La minute du jugement sera signée au plus tard dans les vingt-quatre heures, par les juges qui l'auront rendu.

Les greffiers qui délivreront expédition d'un jugement avant qu'il ait été signé, seront poursuivis comme faussaires.

Les procureurs impériaux se feront représenter tous les mois les minutes des jugements, et en cas de contravention au présent article, ils en dresseront procès-verbal, pour être procédé ainsi qu'il appartiendra.

197. Le jugement sera exécuté à la requête du procureur impérial et de la partie civile, chacun en ce qui le concerne.

Néanmoins les poursuites pour le recouvrement des amendes et confiscations seront faites au nom du procureur impérial, par le directeur de la régie des droits d'enregistrement et domaines.

198. Le procureur impérial sera tenu, dans les quinze jours qui suivront la prononciation du jugement, d'en envoyer un extrait au procureur général impérial.

199. Les jugements rendus en matière correctionnelle pourront être attaqués par la voie de l'appel.

200. Les appels des jugements rendus en police correctionnelle seront portés des tribunaux d'arrondissement au tribunal du chef-lieu du département.

Les appels des jugements rendus en police correctionnelle, au chef-lieu du département, seront portés au
tribunal du chef-lieu du département voisin, quand il
sera dans le ressort de la même cour impériale, sans
néanmoins que les tribunaux puissent, dans aucun cas,
être respectivement juges d'appel de leurs jugements.

Il sera formé un tableau des tribunaux de chef-lieu
auxquels les appels seront portés.

201. Dans le département où siège la cour impériale,
les appels des jugements rendus en police correctionnelle
seront portés à ladite cour.

Seront également portés à ladite cour les appels des
jugements rendus en police correctionnelle dans le chef-
lieu d'un département voisin, lorsque la distance de
cette cour ne sera pas plus forte que celle du chef-lieu
d'un autre département.

202. La faculté d'appeler appartiendra,

1° Aux parties prévenues ou responsables ;

2° A la partie civile, quant à ses intérêts civils seulement ;

3° A l'administration forestière ;

4° Au procureur impérial du tribunal de première
instance, lequel, dans le cas où il n'appellerait pas, sera
tenu, dans le délai de quinzaine, d'adresser un extrait
du jugement au magistrat du ministère public, près du
tribunal ou de la cour qui doit connaître de l'appel ;

5° Au ministère public près le tribunal ou la cour qui
doit prononcer sur l'appel.

203. Il y aura, sauf l'exception portée en l'article
205 ci-après, déchéance de l'appel, si la déclaration
d'appeler n'a pas été faite au greffe du tribunal qui a
rendu le jugement, dix jours au plus tard après celui où
il a été prononcé ; et si le jugement est rendu par défaut,

dix jours au plus tard après celui de la signification qui en aura été faite à la partie condamnée ou à son domicile, outre un jour par trois myriamètres.

Pendant ce délai et pendant l'instance d'appel, il sera sursis à l'exécution du jugement.

204. La requête contenant les moyens d'appel pourra être remise, dans le même délai, au même greffe; elle sera signée de l'appelant, ou d'un avoué, ou de tout autre fondé de pouvoir spécial.

Dans ce dernier cas, le pouvoir sera annexé à la requête.

Cette requête pourra aussi être remise directement au greffe du tribunal où l'appel sera porté.

205. Le ministère public près le tribunal ou la cour qui doit connaître de l'appel devra notifier son recours, soit au prévenu, soit à la personne civilement responsable du délit, dans les deux mois à compter du jour de la prononciation du jugement, ou, si le jugement lui a été légalement notifié par l'une des parties, dans le mois du jour de cette notification; sinon il sera déchu.

206. La mise en liberté du prévenu acquitté ne pourra être suspendue, lorsqu'aucun appel n'aura été déclaré ou notifié dans les dix jours de la prononciation du jugement.

207. La requête, si elle a été remise au greffe du tribunal de première instance, et les pièces, seront envoyées, par le procureur impérial, au greffe de la cour ou du tribunal auquel l'appel sera porté, dans les vingt-quatre heures après la déclaration ou la remise de la notification d'appel.

Si celui contre lequel le jugement a été rendu est en état d'arrestation, il sera, dans le même délai, et par ordre du procureur impérial, transféré dans la maison d'arrêt du lieu où siège la cour ou le tribunal qui jugera l'appel.

208. Les jugements rendus par défaut sur l'appel pourront être attaqués par la voie de l'opposition, dans la même forme et dans les mêmes délais que les jugements par défaut rendus par les tribunaux correctionnels.

L'opposition emportera de droit citation à la première audience, et sera comme non avenue, si l'opposant n'y comparaît pas. Le jugement qui interviendra sur l'opposition ne pourra être attaqué par la partie qui l'aura formée, si ce n'est devant la cour de cassation.

209. L'appel sera jugé à l'audience, dans le mois, sur un rapport fait par l'un des juges.

210. A la suite du rapport, et avant que le rapporteur et les juges émettent leur opinion, le prévenu, soit qu'il ait été acquitté, soit qu'il ait été condamné, les personnes civilement responsables du délit, la partie civile et le procureur impérial, seront entendus dans la forme et dans l'ordre prescrits par l'article 190.

211. Les dispositions des articles précédents sur la solennité de l'instruction, la nature des preuves, la forme, l'authenticité et la signature du jugement définitif de première instance, la condamnation aux frais, ainsi que les peines que ces articles prononcent, seront communes aux jugements rendus sur l'appel.

212. Si le jugement est réformé, parce que le fait n'est réputé délit ni contravention de police par aucune loi, la cour ou le tribunal renverra le prévenu, et statuera, s'il y a lieu, sur ses dommages-intérêts.

213. Si le jugement est annullé, parce que le fait ne présente qu'une contravention de police, et si la partie publique et la partie civile n'ont pas demandé le renvoi,

la cour ou le tribunal prononcera la peine, et statuera également, s'il y a lieu, sur les dommages-intérêts.

214. Si le jugement est annullé, parce que le délit est de nature à mériter une peine afflictive ou infamante, la cour ou le tribunal décernera, s'il y a lieu, le mandat de dépôt ou même le mandat d'arrêt, et renverra le prévenu devant le fonctionnaire public compétent, autre toutefois que celui qui aura rendu le jugement ou fait l'instruction.

215. Si le jugement est annullé pour violation ou omission non réparée de formes prescrites par la loi à peine de nullité, la cour ou le tribunal statuera sur le fond.

216. La partie civile, le prévenu, la partie publique, les personnes civilement responsables du délit, pourront se pourvoir en cassation contre le jugement.

TITRE SECOND.

(Décrété le 9 décembre 1808. Prom. le 19 du même mois.)

Des Affaires qui doivent être soumises au jury.

CHAPITRE PREMIER.

Des Mises en accusation.

217. LE procureur général de la cour impériale sera tenu de mettre l'affaire en état dans les cinq jours de la réception des pièces qui lui auront été transmises en exécution de l'article 133 ou de l'article 135, et de faire son rapport dans les cinq jours suivants, au plus tard.

Pendant ce temps, la partie civile et le prévenu

pourront fournir tels mémoires qu'ils estimeront convenables, sans que le rapport puisse être retardé.

218. Une section de la cour impériale, spécialement formée à cet effet, sera tenue de se réunir, au moins une fois par semaine, à la chambre du conseil, pour entendre le rapport du procureur général et statuer sur ses réquisitions.

219. Le président sera tenu de faire prononcer la section au plus tard dans les trois jours du rapport du procureur général.

220. Si l'affaire est de la nature de celles qui sont réservées à la haute-cour impériale, ou à la cour de cassation, le procureur général est tenu d'en requérir la suspension et le renvoi, et la section de l'ordonner.

221. Hors le cas prévu par l'article précédent, les juges examineront s'il existe contre le prévenu des preuves ou des indices d'un fait qualifié crime par la loi, et si ces preuves ou indices sont assez graves pour que la mise en accusation soit prononcée.

222. Le greffier donnera aux juges, en présence du procureur général, lecture de toutes les pièces du procès; elles seront ensuite laissées sur le bureau, ainsi que les mémoires que la partie civile et le prévenu auront fournis.

223. La partie civile, le prévenu, les témoins, ne paraîtront point.

224. Le procureur général, après avoir déposé sur le bureau sa réquisition écrite et signée, se retirera ainsi que le greffier.

225. Les juges délibéreront entre eux sans désemparer, et sans communiquer avec personne.

226. La cour statuera, par un seul et même arrêt, sur les délits connexes dont les pièces se trouveront en même temps produites devant elles.

227. Les délits sont connexes, soit lorsqu'ils ont été commis en même temps par plusieurs personnes réunies; soit lorsqu'ils ont été commis par différentes personnes, même en différents temps et en divers lieux, mais par suite d'un concert formé à l'avance entre elles; soit lorsque les coupables ont commis les uns pour se procurer les moyens de commettre les autres, pour en faciliter, pour en consommer l'exécution, ou pour en assurer l'impunité.

228. Les juges pourront ordonner, s'il y échet, des informations nouvelles.

Ils pourront également ordonner, s'il y a lieu, l'apport des pièces servant à conviction, qui seront restées déposées au greffe du tribunal de première instance;

Le tout dans le plus court délai.

229. Si la cour n'aperçoit aucune trace d'un délit prévu par la loi, ou si elle ne trouve pas des indices suffisants de culpabilité, elle ordonnera la mise en liberté du prévenu; ce qui sera exécuté sur-le-champ, s'il n'est retenu pour autre cause.

Dans le même cas, lorsque la cour statuera sur une opposition à la mise en liberté du prévenu prononcée par les premiers juges, elle confirmera leur ordonnance; ce qui sera exécuté comme il est dit au précédent paragraphe.

230. Si la cour estime que le prévenu doit être renvoyé à un tribunal de simple police ou à un tribunal de police correctionnelle, elle prononcera le renvoi, et indiquera le tribunal qui doit en connaître.

Dans le cas de renvoi à un tribunal de simple police, le prévenu sera mis en liberté.

231. Si le fait est qualifié crime par la loi, et que la cour trouve des charges suffisantes pour motiver la mise

en accusation, elle ordonnera le renvoi du prévenu soit aux assises, soit à la cour spéciale, dans le cas où cette cour serait compétente, d'après les règles établies au titre VI du présent livre.

Si le délit a été mal qualifié dans l'ordonnance de prise de corps, la cour l'annullera, et en décernera une nouvelle.

Si la cour, en prononçant l'accusation du prévenu, statue sur une opposition à sa mise en liberté, elle annullera l'ordonnance des premiers juges, et décernera une ordonnance de prise de corps.

232. Toutes les fois que la cour décernera des ordonnances de prise de corps, elle se conformera au second paragraphe de l'article 134.

233. L'ordonnance de prise de corps, soit qu'elle ait été rendue par les premiers juges, soit qu'elle l'ait été par la cour, sera insérée dans l'arrêt de mise en accusation, lequel contiendra l'ordre de conduire l'accusé dans la maison de justice établie près la cour où il sera renvoyé.

234. Les arrêts seront signés par chacun des juges qui les auront rendus; il y sera fait mention, à peine de nullité, tant de la réquisition du ministère public, que du nom de chacun des juges.

235. Dans toutes les affaires, les cours impériales, tant qu'elles n'auront pas décidé s'il y a lieu de prononcer la mise en accusation, pourront d'office, soit qu'il y ait ou non une instruction commencée par les premiers juges, ordonner des poursuites, se faire apporter les pièces, informer ou faire informer, et statuer ensuite ce qu'il appartiendra.

236. Dans le cas du précédent article, un des membres de la section dont il est parlé en l'article 218, fera les fonctions de juge instructeur.

237. Le juge entendra les témoins, ou commettra, pour recevoir leurs dépositions, un des juges du tribunal de première instance dans le ressort duquel ils demeurent, interrogera le prévenu, fera constater par écrit toutes les preuves ou indices qui pourront être recueillis, et décernera, suivant les circonstances, les mandats d'amener, de dépôt ou d'arrêt.

238. Le procureur général fera son rapport dans les cinq jours de la remise que le juge instructeur lui aura faite des pièces.

239. Il ne sera décerné préalablement aucune ordonnance de prise de corps; et s'il résulte de l'examen qu'il y a lieu de renvoyer le prévenu à la cour d'assises, ou à la cour spéciale, ou au tribunal de police correctionnelle, l'arrêt portera cette ordonnance, ou celle de se représenter, si le prévenu a été admis à la liberté sous caution.

240. Seront, au surplus, observées les autres dispositions du présent Code qui ne sont point contraires aux cinq articles précédents.

241. Dans tous les cas où le prévenu sera renvoyé à la cour d'assises ou à la cour spéciale, le procureur général sera tenu de rédiger un acte d'accusation.

L'acte d'accusation exposera, 1° la nature du délit qui forme la base de l'accusation, 2° le fait et toutes les circonstances qui peuvent aggraver ou diminuer la peine; le prévenu y sera dénommé et clairement désigné.

L'acte d'accusation sera terminé par le résumé suivant :

En conséquence N... est accusé d'avoir commis tel meurtre, tel vol, ou tel autre crime, avec telle et telle circonstance.

242. L'arrêt de renvoi et l'acte d'accusation seront signifiés à l'accusé: et il lui sera laissé copie du tout.

243. Dans les vingt-quatre heures qui suivront cette signification, l'accusé sera transféré de la maison d'arrêt dans la maison de justice établie près la cour où il doit être jugé.

244. Si l'accusé ne peut être saisi ou ne se présente point, on procédera contre lui par contumace, ainsi qu'il sera réglé ci-après au chapitre II du titre IV du présent livre.

245. Le procureur général donnera avis de l'arrêt de renvoi à la cour d'assises ou à la cour spéciale, tant au maire du lieu du domicile de l'accusé, s'il est connu, qu'à celui du lieu où le délit a été commis.

246. Le prévenu à l'égard duquel la cour impériale aura décidé qu'il n'y a pas lieu au renvoi à l'une de ces cours, ne pourra plus y être traduit à raison du même fait, à moins qu'il ne survienne de nouvelles charges.

247. Sont considérés comme charges nouvelles, les déclarations des témoins, pièces et procès-verbaux, qui, n'ayant pu être soumis à l'examen de la cour impériale, sont cependant de nature, soit à fortifier les preuves que la cour aurait trouvées trop faibles, soit à donner aux faits de nouveaux développements utiles à la manifestation de la vérité.

248. En ce cas, l'officier de police judiciaire, ou le juge d'instruction, adressera, sans délai, copie des pièces et charges au procureur général de la cour impériale; et sur la réquisition du procureur général, le président de la section criminelle indiquera le juge devant lequel il sera, à la poursuite de l'officier du ministère public, procédé à une nouvelle instruction conformément à ce qui a été prescrit.

Pourra toutefois le juge d'instruction décerner, s'il y a lieu, sur les nouvelles charges, et avant leur envoi au

5.

procureur général, un mandat de dépôt contre le prévenu qui aurait été déjà mis en liberté d'après les dispositions de l'article 229.

249. Le procureur impérial enverra, tous les huit jours, au procureur général, une notice de toutes les affaires criminelles, de police correctionnelle ou de simple police, qui seront survenues.

250. Lorsque, dans la notice des causes de police correctionnelle ou de simple police, le procureur général trouvera qu'elles présentent des caractères plus graves, il pourra ordonner l'apport des pièces dans la quinzaine seulement de la réception de la notice, pour ensuite être par lui fait, dans un autre délai de quinzaine du jour de la réception des pièces, telles réquisitions qu'il estimera convenables, et par la cour être ordonné, dans le délai de trois jours, ce qu'il appartiendra.

CHAPITRE II.

De la Formation des Cours d'assises.

251. Il sera tenu des assises dans chaque département, pour juger les individus que la cour impériale y aura renvoyés.

252. Dans le département où siège la cour impériale, les assises seront tenues par cinq de ses membres, dont l'un sera président.

Le procureur général, ou l'un de ses substituts, y remplira les fonctions du ministère public.

Le greffier de la cour y exercera ses fonctions.

253. Dans les autres départements, la cour d'assises sera composée, 1° d'un membre de la cour impériale, délégué à cet effet, et qui sera le président des assises; 2° de quatre juges pris parmi les présidents et les juges

plus anciens du tribunal de première instance du lieu de
la tenue des assises; 3° d'un substitut du procureur
général, qui portera le titre de procureur impérial criminel; 4° du greffier du tribunal de première instance.

254. La cour impériale pourra cependant déléguer un
ou plusieurs de ses membres, pour compléter le nombre
des quatre juges de la cour d'assises.

255. Si le nombre de ces délégués est au-dessous de
celui des juges qui, avec le président, doivent composer
la cour, ce nombre sera complété dans le tribunal de
première instance, suivant la règle établie en l'article 253.

256. Dans tous les cas, les juges auditeurs pourront
être envoyés à la cour d'assises, pour y faire le service de
juges, si toutefois ils ont l'âge requis.

257. Les membres de la cour impériale qui auront
voté sur la mise en accusation, ne pourront, dans la
même affaire, ni présider les assises, ni assister le président, à peine de nullité.

Il en sera de même à l'égard du juge d'instruction.

258. Les assises se tiendront ordinairement dans le
chef-lieu de chaque département.

La cour impériale pourra néanmoins désigner un tribunal autre que celui du chef-lieu.

259. La tenue des assises aura lieu tous les trois mois.

Elles pourront se tenir plus souvent, si le besoin
l'exige.

260. Le jour où les assises doivent s'ouvrir sera fixé
par le président de la cour d'assises.

Les assises ne seront closes qu'après que toutes les
affaires criminelles qui étoient en état lors de leur ouverture, y auront été portées.

261. Les accusés qui ne seront arrivés dans la maison
de justice qu'après l'ouverture des assises, ne pourront y

être jugés que lorsque le procureur général l'aura requis, lorsque les accusés y auront consenti, et lorsque le président l'aura ordonné.

En ce cas, le procureur général et les accusés seront considérés comme ayant renoncé à la faculté de se pourvoir en nullité contre l'arrêt portant renvoi à la cour d'assises.

262. Les arrêts de la cour d'assises ne pourront être attaqués que par la voie de la cassation et dans les formes déterminées par la loi.

263. Si depuis la notification faite aux jurés, en exécution de l'article 389 du présent Code, le président de la cour d'assises se trouve dans l'impossibilité de remplir ses fonctions, il sera remplacé par le plus ancien des autres juges de la cour impériale nommés ou délégués pour l'assister; et, s'il n'a pour assesseur aucun juge de la cour impériale, par le président du tribunal de première instance.

264. Les juges de la cour impériale seront, en cas d'absence ou de tout autre empêchement, remplacés par d'autres juges de la même cour, et, à leur défaut, par des juges de première instance; ceux de première instance le seront par les suppléants.

Les juges auditeurs qui seront présents et auront l'âge requis, concourront pour le remplacement, avec les juges de première instance, suivant l'ordre de leur réception.

265. Le procureur général pourra, même étant présent, déléguer ses fonctions à l'un de ses substituts.

Cette disposition est commune à la cour impériale et à la cour d'assises.

§. 1er.

Fonctions du Président.

266. Le président est chargé, 1° d'entendre l'accusé lors de son arrivée dans la maison de justice; 2° de convoquer les jurés, et de les tirer au sort.

Il pourra déléguer ces fonctions à l'un des juges.

267. Il sera de plus chargé personnellement de diriger les jurés dans l'exercice de leurs fonctions, de leur exposer l'affaire sur laquelle ils auront à délibérer, même de leur rappeler leur devoir, de présider à toute l'instruction, et de déterminer l'ordre entre ceux qui demanderont à parler.

Il aura la police de l'audience.

268. Le président est investi d'un pouvoir discrétionnaire, en vertu duquel il pourra prendre sur lui tout ce qu'il croira utile pour découvrir la vérité; et la loi charge son honneur et sa conscience d'employer tous ses efforts pour en favoriser la manifestation.

269. Il pourra, dans le cours des débats, appeler, même par mandat d'amener, et entendre toutes personnes, ou se faire apporter toutes nouvelles pièces qui lui paraîtraient, d'après les nouveaux développements donnés à l'audience, soit par les accusés, soit par les témoins, pouvoir répandre un jour utile sur le fait contesté.

Les témoins ainsi appelés ne prêteront point serment, et leurs déclarations ne seront considérées que comme renseignements.

270. Le président devra rejeter tout ce qui tendrait à prolonger les débats sans donner lieu d'espérer plus de certitude dans les résultats.

§. II.

Fonctions du Procureur général impérial.

271. Le procureur général impérial poursuivra, soit par lui-même, soit par son substitut, toute personne mise en accusation suivant les formes prescrites au chapitre premier du présent titre. Il ne pourra porter à la cour aucune autre accusation, à peine de nullité, et, s'il y a lieu, de prise à partie.

272. Aussitôt que le procureur général ou son substitut aura reçu les pièces, il apportera tous ses soins à ce que les actes préliminaires soient faits, et que tout soit en état, pour que les débats puissent commencer à l'époque de l'ouverture des assises.

273. Il assistera aux débats, il requerra l'application de la peine, il sera présent à la prononciation de l'arrêt.

274. Le procureur général, soit d'office, soit par les ordres du grand-juge, ministre de la justice, charge le procureur impérial de poursuivre les délits dont il a connaissance.

275. Il reçoit les dénonciations et les plaintes qui lui sont adressées directement, soit par la cour impériale, soit par un fonctionnaire public, soit par un simple citoyen, et il en tient registre.

Il les transmet aux procureurs impériaux.

276. Il fait, au nom de la loi, toutes les réquisitions qu'il juge utiles ; la cour est tenue de lui en donner acte et d'en délibérer.

277. Les réquisitions du procureur général doivent être de lui signées ; celles faites dans le cours d'un débat seront retenues par le greffier sur son procès-verbal, et elles seront aussi signées par le procureur général : toutes les décisions auxquelles auront donné lieu ces réquisi-

tions, seront signées par le juge qui aura présidé et par le greffier.

278. Lorsque la cour ne déférera pas à la réquisition du procureur général, l'instruction ni le jugement ne seront arrêtés ni suspendus, sauf après l'arrêt, s'il y a lieu, le recours en cassation par le procureur général.

279. Tous les officiers de police judiciaire, même les juges d'instruction, sont soumis à la surveillance du procureur général.

Tous ceux qui, d'après l'article 9 du présent Code, sont, à raison de fonctions même administratives, appelés par la loi à faire quelques actes de la police judiciaire, sont, sous ce rapport seulement, soumis à la même surveillance.

280. En cas de négligence des officiers de police judiciaire et des juges d'instruction, le procureur général les avertira : cet avertissement sera consigné par lui sur un registre tenu à cet effet.

281. En cas de récidive, le procureur général les dénoncera à la cour.

Sur l'autorisation de la cour, le procureur général les fera citer à la chambre du conseil.

La cour leur enjoindra d'être plus exacts à l'avenir, et les condamnera aux frais tant de la citation que de l'expédition et de la signification de l'arrêt.

282. Il y aura récidive, lorsque le fonctionnaire sera repris, pour quelque affaire que ce soit, avant l'expiration d'une année, à compter du jour de l'avertissement consigné sur le registre.

283. Dans tous les cas où les procureurs impériaux et les présidents sont autorisés à remplir les fonctions d'officier de police judiciaire ou de juge d'instruction, ils pourront déléguer au procureur impérial, au juge d'instruction,

et au juge de paix même d'un arrondissement communal voisin du lieu du délit, les fonctions qui leur sont respectivement attribuées, autres que le pouvoir de délivrer les mandats d'amener, de dépôt et d'arrêt contre les prévenus.

§. III.

Fonctions du Procureur impérial criminel.

284. Le procureur impérial criminel dont il est parlé en l'article 253, remplacera, près la cour d'assises, le procureur général impérial dans les départements autres que celui où siège la cour impériale, sans préjudice de la faculté que le procureur général aura toujours de s'y rendre lui-même pour y exercer ses fonctions.

285. Ce substitut résidera dans le chef-lieu du département.

286. Si les assises se tiennent dans une autre ville que le chef-lieu, il s'y transportera.

287. Le procureur impérial criminel remplira aussi les fonctions du ministère public dans l'instruction et dans le jugement des appels de police correctionnelle.

288. En cas d'empêchement momentané, il sera remplacé par le procureur impérial du tribunal de première instance du chef-lieu.

289. Il surveillera les officiers de police judiciaire du département.

290. Il rendra compte au procureur général impérial, une fois tous les trois mois, et plus souvent s'il en est requis, de l'état de la justice du département, en matière criminelle, de police correctionnelle et de simple police.

CHAPITRE III.

De la Procédure devant la Cour d'assises.

291. Quand l'accusation aura été prononcée, si l'affaire ne doit pas être jugée dans le lieu où siège la cour impériale, le procès sera, par les ordres du procureur général, envoyé, dans les vingt-quatre heures, au greffe du tribunal de première instance du chef-lieu du département, ou au greffe du tribunal qui pourrait avoir été désigné.

Dans tous les cas, les pièces servant à conviction, qui seront restées déposées au greffe du tribunal d'instruction, ou qui auraient été apportées à celui de la cour impériale, seront réunies dans le même délai au greffe où doivent être remises les pièces du procès.

292. Les vingt-quatre heures courront du moment de la signification faite à l'accusé de l'arrêt de renvoi devant la cour d'assises.

L'accusé, s'il est détenu, sera, dans le même délai, envoyé dans la maison de justice du lieu où doivent se tenir les assises.

293. Vingt-quatre heures au plus tard après la remise des pièces au greffe et l'arrivée de l'accusé dans la maison de justice, celui-ci sera interrogé par le président de la cour d'assises, ou par le juge qu'il aura délégué.

294. L'accusé sera interpellé de déclarer le choix qu'il aura fait d'un conseil pour l'aider dans sa défense, sinon le juge lui en désignera un sur-le-champ, à peine de nullité de tout ce qui suivra.

Cette désignation sera comme non avenue, et la nullité ne sera pas prononcée, si l'accusé choisit un conseil.

6

295. Le conseil de l'accusé ne pourra être choisi par lui ou désigné par le juge que parmi les avocats ou avoués de la cour impériale ou de son ressort, à moins que l'accusé n'obtienne du président de la cour d'assises la permission de prendre pour conseil un de ses parents ou amis.

296. Le juge avertira de plus l'accusé, que, dans le cas où il se croirait fondé à former une demande en nullité, il doit faire sa déclaration dans les cinq jours suivants; et qu'après l'expiration de ce délai, il n'y sera plus recevable.

L'exécution du présent article et des deux précédents sera constatée par un procès-verbal que signeront l'accusé, le juge et le greffier. Si l'accusé ne sait ou ne veut pas signer, le procès-verbal en fera mention.

297. Si l'accusé n'a point été averti, conformément au précédent article, la nullité ne sera pas couverte par son silence; ses droits seront conservés, sauf à les faire valoir après l'arrêt définitif.

298. Le procureur général est tenu de faire sa déclaration dans le même délai à compter de l'interrogatoire, et sous la même peine de déchéance portée en l'art. 296.

299. La déclaration de l'accusé et celle du procureur général doivent énoncer l'objet de la demande en nullité.

Cette demande ne peut être formée que contre l'arrêt de renvoi à la cour d'assises, et dans les trois cas suivants :

1° Si le fait n'est pas qualifié crime par la loi ;

2° Si le ministère public n'a pas été entendu ;

3° Si l'arrêt n'a pas été rendu par le nombre de juges fixé par la loi.

300. La déclaration doit être faite au greffe.

Aussitôt qu'elle aura été reçue par le greffier, l'expédition de l'arrêt sera transmise par le procureur général de la cour impériale au procureur général de la cour de cassation, laquelle sera tenue de prononcer, toutes affaires cessantes.

301. Nonobstant la demande en nullité, l'instruction sera continuée jusqu'aux débats exclusivement.

302. Le conseil pourra communiquer avec l'accusé après son interrogatoire.

Il pourra aussi prendre communication de toutes les pièces, sans déplacement et sans retarder l'instruction.

303. S'il y a de nouveaux témoins à entendre et qu'ils résident hors du lieu où se tient la cour d'assises, le président ou le juge qui le remplace pourra commettre, pour recevoir leurs dépositions, le juge d'instruction de l'arrondissement où ils résident, ou même d'un autre arrondissement : celui-ci, après les avoir reçues, les enverra closes et cachetées au greffier qui doit exercer ses fonctions à la cour d'assises.

304. Les témoins qui n'auront pas comparu sur la citation du président ou du juge commis par lui, et qui n'auront pas justifié qu'ils en étoient légitimement empêchés, ou qui refuseront de faire leurs dépositions, seront jugés par la cour d'assises, et punis conformément à l'art. 80.

305. Les conseils des accusés pourront prendre ou faire prendre, à leurs frais, copie de telles pièces du procès qu'ils jugeront utiles à leur défense.

Il ne sera délivré gratuitement aux accusés, en quelque nombre qu'ils puissent être, et dans tous les cas, qu'une seule copie des procès-verbaux constatant le délit, et des déclarations écrites des témoins.

Les présidents, les juges et le procureur général sont tenus de veiller à l'exécution du présent article.

306. Si le procureur général ou l'accusé ont des motifs pour demander que l'affaire ne soit pas portée à la première assemblée du jury, ils présenteront au président de la cour d'assises une requête en prorogation de délai.

Le président décidera si cette prorogation doit être accordée; il pourra, aussi d'office, proroger le délai.

307. Lorsqu'il aura été formé, à raison du même délit, plusieurs actes d'accusation contre différents accusés, le procureur général pourra en requérir la jonction, et le président pourra l'ordonner, même d'office.

308. Lorsque l'acte d'accusation contiendra plusieurs délits non connexes, le procureur général pourra requérir que les accusés ne soient mis en jugement, quant à présent, que sur l'un ou quelques-uns de ces délits, et le président pourra l'ordonner d'office.

309. Au jour fixé pour l'ouverture des assises, la cour ayant pris séance, douze jurés se placeront, dans l'ordre désigné par le sort, sur des sièges séparés du public, des parties et des témoins, en face de celui qui est destiné à l'accusé.

CHAPITRE IV.

De l'Examen, du Jugement et de l'Exécution.

SECTION PREMIÈRE.

De l'Examen.

310. L'accusé comparaîtra libre, et seulement accompagné de gardes, pour l'empêcher de s'évader. Le président lui demandera son nom, ses prénoms, son âge, sa profession, sa demeure et le lieu de sa naissance.

311. Le président avertira le conseil de l'accusé, qu'il ne peut rien dire contre sa conscience ou contre le respect dû aux lois, et qu'il doit s'exprimer avec décence et modération.

312. Le président adressera aux jurés debout et découverts le discours suivant :

« Vous jurez et promettez, devant Dieu et devant les « hommes, d'examiner avec l'attention la plus scrupu- « leuse les charges qui seront portées contre N. ; de ne « trahir ni les intérêts de l'accusé, ni ceux de la société « qui l'accuse ; de ne communiquer avec personne jus- « qu'après votre déclaration ; de n'écouter ni la haine ou « la méchanceté, ni la crainte ou l'affection ; de vous dé- « cider d'après les charges et les moyens de défense, sui- « vant votre conscience et votre intime conviction, avec « l'impartialité et la fermeté qui conviennent à un « homme probe et libre. »

Chacun des jurés, appelé individuellement par le président, répondra, en levant la main, *Je le jure*; à peine de nullité.

313. Immédiatement après, le président avertira l'accusé d'être attentif à ce qu'il va entendre.

Il ordonnera au greffier de lire l'arrêt de la cour impériale portant renvoi à la cour d'assises, et l'acte d'accusation.

Le greffier fera cette lecture à haute voix.

314. Après cette lecture, le président rappellera à l'accusé ce qui est contenu en l'acte d'accusation, et lui dira : « Voilà de quoi vous êtes accusé ; vous allez enten- « dre les charges qui seront produites contre vous. »

315. Le procureur général exposera le sujet de l'accusation ; il présentera ensuite la liste des témoins qui devront être entendus, soit à sa requête, soit à la requête de la partie civile, soit à celle de l'accusé.

6.

Cette liste sera lue à haute voix par le greffier.

Elle ne pourra contenir que les témoins dont les noms, profession et résidence auront été notifiés, vingt-quatre heures au moins avant l'examen de ces témoins, à l'accusé, par le procureur général ou la partie civile, et au procureur général par l'accusé, sans préjudice de la faculté accordée au président par l'article 269.

L'accusé et le procureur général pourront, en conséquence, s'opposer à l'audition d'un témoin qui n'aurait pas été indiqué, ou qui n'aurait pas été clairement désigné dans l'acte de notification.

La cour statuera de suite sur cette opposition.

316. Le président ordonnera aux témoins de se retirer dans la chambre qui leur sera destinée. Ils n'en sortiront que pour déposer. Le président prendra des précautions, s'il en est besoin, pour empêcher les témoins de conférer entre eux du délit et de l'accusé, avant leur déposition.

317. Les témoins déposeront séparément l'un de l'autre, dans l'ordre établi par le procureur général. Avant de déposer, ils prêteront, à peine de nullité, le serment de parler sans haine et sans crainte, de dire toute la vérité, et rien que la vérité.

Le président leur demandera leurs nom, prénoms, âge, profession, leur domicile ou résidence, s'ils connaissaient l'accusé avant le fait mentionné dans l'acte d'accusation, s'ils sont parents ou alliés, soit de l'accusé, soit de la partie civile, et à quel degré; il leur demandera encore s'ils ne sont pas attachés au service de l'un ou de l'autre : cela fait, les témoins déposeront oralement.

318. Le président fera tenir note par le greffier, des additions, changements ou variations qui pourraient

exister entre la déposition d'un témoin et ses précédentes déclarations.

Le procureur général et l'accusé pourront requérir le président de faire tenir les notes de ces changements, additions et variations.

319. Après chaque déposition, le président demandera au témoin si c'est de l'accusé présent qu'il a entendu parler ; il demandera ensuite à l'accusé s'il veut répondre à ce qui vient d'être dit contre lui.

Le témoin ne pourra être interrompu ; l'accusé ou son conseil pourront le questionner par l'organe du président, après sa déposition, et dire, tant contre lui que contre son témoignage, tout ce qui pourra être utile à la défense de l'accusé.

Le président pourra également demander au témoin et à l'accusé tous les éclaircissements qu'il croira nécessaires à la manifestation de la vérité.

Les juges, le procureur général et les jurés auront la même faculté, en demandant la parole au président. La partie civile ne pourra faire de questions, soit au témoin, soit à l'accusé, que par l'organe du président.

320. Chaque témoin, après sa déposition, restera dans l'auditoire, si le président n'en a ordonné autrement, jusqu'à ce que les jurés se soient retirés pour donner leur déclaration.

321. Après l'audition des témoins produits par le procureur général et par la partie civile, l'accusé fera entendre ceux dont il aura notifié la liste, soit sur des faits mentionnés dans l'acte d'accusation, soit pour attester qu'il est homme d'honneur, de probité et d'une conduite irréprochable.

Les citations faites à la requête des accusés seront à leurs frais, ainsi que les salaires des témoins cités, s'ils en requièrent, sauf au procureur général impérial à faire citer à sa requête les témoins qui lui seront indiqués par l'accusé, dans le cas où il jugerait que leur déclaration pût être utile pour la découverte de la vérité.

322. Ne pourront être reçues les dépositions,

1° Du père, de la mère, de l'aïeul, de l'aïeule, ou de tout autre ascendant de l'accusé, ou de l'un des coaccusés présents et soumis au même débat;

2° Du fils, fille, petit-fils, petite-fille, ou de tout autre descendant;

3° Des frères et sœurs;

4° Des alliés aux mêmes degrés;

5° Du mari ou de la femme, même après le divorce prononcé;

6° Des dénonciateurs dont la dénonciation est récompensée pécuniairement par la loi:

Sans néanmoins que l'audition des personnes ci-dessus désignées puisse opérer une nullité, lorsque, soit le procureur général, soit la partie civile, soit les accusés, ne se sont pas opposés à ce qu'elles soient entendues.

323. Les dénonciateurs, autres que ceux récompensés pécuniairement par la loi, pourront être entendus en témoignage; mais le jury sera averti de leur qualité de dénonciateurs.

324. Les témoins produits par le procureur général ou par l'accusé, seront entendus dans le débat, même lorsqu'ils n'auraient pas préalablement déposé par écrit, lorsqu'ils n'auraient reçu aucune assignation, pourvu, dans tous les cas, que ces témoins soient portés sur la liste mentionnée dans l'article 315.

325. Les témoins, par quelque partie qu'ils soient produits, ne pourront jamais s'interpeller entre eux.

326. L'accusé pourra demander, après qu'ils auront

déposé, que ceux qu'il désignera se retirent de l'auditoire, et qu'un ou plusieurs d'entre eux soient introduits
et entendus de nouveau, soit séparément, soit en présence les uns des autres.

Le procureur général aura la même faculté.

Le président pourra aussi l'ordonner d'office.

327. Le président pourra, avant, pendant ou après
l'audition d'un témoin, faire retirer un ou plusieurs
accusés, et les examiner séparément sur quelques circonstances du procès; mais il aura soin de ne reprendre la
suite des débats généraux, qu'après avoir instruit chaque
accusé de ce qui se sera fait en son absence, et de ce qui
en sera résulté.

328. Pendant l'examen, les jurés, le procureur général et les juges pourront prendre note de ce qui leur
paraîtra important, soit dans les dépositions des témoins,
soit dans la défense de l'accusé, pourvu que la discussion
n'en soit pas interrompue.

329. Dans le cours ou à la suite des dépositions, le
président fera représenter à l'accusé toutes les pièces
relatives au délit, et pouvant servir à conviction; il l'interpellera de répondre personnellement s'il les reconnaît : le président les fera aussi représenter aux témoins,
s'il y a lieu.

330. Si, d'après les débats, la déposition d'un témoin
paraît fausse, le président pourra, sur la réquisition, soit
du procureur général, soit de la partie civile, soit de
l'accusé, et même d'office, faire sur-le-champ mettre le
témoin en état d'arrestation. Le procureur général et le
président, ou l'un des juges par lui commis, rempliront,
à son égard, le premier, les fonctions d'officier de police
judiciaire, le second, les fonctions attribuées aux juges
d'instruction dans les autres cas.

Les pièces d'instruction seront ensuite transmises à la cour impériale, pour y être statué sur la mise en accusation.

331. Dans le cas de l'article précédent, le procureur général, la partie civile ou l'accusé, pourront immédiatement requérir, et la cour ordonner, même d'office, le renvoi de l'affaire à la prochaine session.

332. Dans le cas où l'accusé, les témoins ou l'un d'eux ne parleraient pas la même langue ou le même idiome, le président nommera d'office, à peine de nullité, un interprète âgé de vingt et un ans au moins, et lui fera, sous la même peine, prêter serment de traduire fidèlement les discours à transmettre entre ceux qui parlent des langages différents.

L'accusé et le procureur général pourront récuser l'interprète, en motivant leur récusation.

La cour prononcera.

L'interprète ne pourra, à peine de nullité, même du consentement de l'accusé ni du procureur général, être pris parmi les témoins, les juges et les jurés.

333. Si l'accusé est sourd-muet, et ne sait pas écrire, le président nommera d'office pour son interprète la personne qui aura le plus d'habitude de converser avec lui.

Il en sera de même à l'égard du témoin sourd-muet.

Le surplus des dispositions du précédent article sera exécuté.

Dans le cas où le sourd-muet saurait écrire, le greffier écrira les questions et observations qui lui seront faites; elles seront remises à l'accusé ou au témoin, qui donneront par écrit leurs réponses ou déclarations. Il sera fait lecture du tout par le greffier.

334. Le président déterminera celui des accusés qui

devra être soumis le premier aux débats, en commençant par le principal accusé, s'il y en a un.

Il se fera ensuite un débat particulier sur chacun des autres accusés.

335. A la suite des dépositions des témoins, et des dires respectifs auxquels elles auront donné lieu, la partie civile ou son conseil et le procureur général seront entendus, et développeront les moyens qui appuient l'accusation.

L'accusé et son conseil pourront leur répondre.

La réplique sera permise à la partie civile et au procureur général; mais l'accusé ou son conseil auront toujours la parole les derniers.

Le président déclarera ensuite que les débats sont terminés.

336. Le président résumera l'affaire.

Il fera remarquer aux jurés les principales preuves pour ou contre l'accusé.

Il leur rappellera les fonctions qu'ils auront à remplir.

Il posera les questions ainsi qu'il sera dit ci-après.

337. La question résultant de l'acte d'accusation se a posée en ces termes :

« L'accusé est-il coupable d'avoir commis tel meur-
« tre, tel vol, ou tel autre crime, avec toutes les cir-
« constances comprises dans le résumé de l'acte d'accu-
« sation ? »

338. S'il résulte des débats une ou plusieurs circonstances aggravantes, non mentionnées dans l'acte d'accusation, le président ajoutera la question suivante :

« L'accusé a-t-il commis le crime avec telle ou telle
« circonstance ? »

339. Lorsque l'accusé aura proposé pour excuse un fait admis comme tel par la loi, la question sera ainsi posée :

« Tel fait est-il constant? »

340. Si l'accusé a moins de seize ans, le président posera cette question :

« L'accusé a-t-il agi avec discernement? »

341. Le président, après avoir posé les questions, les remettra aux jurés dans la personne du chef du jury ; il leur remettra en même temps l'acte d'accusation, les procès-verbaux qui constatent le délit, et les pièces du procès, autres que les déclarations écrites des témoins.

Il avertira les jurés que, si l'accusé est déclaré coupable du fait principal à la simple majorité, ils doivent en faire mention en tête de leur déclaration.

Il fera retirer l'accusé de l'auditoire.

342. Les questions étant posées et remises aux jurés, ils se rendront dans leur chambre pour y délibérer.

Leur chef sera le premier juré sorti par le sort, ou celui qui sera désigné par eux et du consentement de ce dernier.

Avant de commencer la délibération, le chef des jurés leur fera lecture de l'instruction suivante, qui sera, en outre, affichée en gros caractères dans le lieu le plus apparent de leur chambre :

« La loi ne demande pas compte aux jurés des moyens
« par lesquels ils se sont convaincus ; elle ne leur prescrit
« point de règles desquelles ils doivent faire particuliè-
« rement dépendre la plénitude et la suffisance d'une
« preuve : elle leur prescrit de s'interroger eux-mêmes
« dans le silence et le recueillement, et de chercher dans
« la sincérité de leur conscience, quelle impression ont
« faite sur leur raison les preuves rapportées contre l'ac-
« cusé, et les moyens de sa défense. La loi ne leur dit
« point : Vous tiendrez pour vrai tout fait attesté par
« tel ou tel nombre de témoins ; elle ne leur dit pas non

« plus : *Vous ne regarderez pas comme suffisamment*
« *établie, toute preuve qui ne sera pas formée de tel*
« *procès-verbal, de telles pièces, de tant de témoins*
« *ou de tant d'indices*; elle ne leur fait que cette seule
« question, qui renferme toute la mesure de leurs de-
« voirs : *Avez-vous une intime conviction?*

« Ce qu'il est bien essentiel de ne pas perdre de vue,
« c'est que toute la délibération du jury porte sur l'acte
« d'accusation; c'est aux faits qui le constituent et qui en
« dépendent, qu'ils doivent uniquement s'attacher; et ils
« manquent à leur premier devoir, lorsque, pensant aux
« dispositions des lois pénales, ils considèrent les suites
« que pourra avoir, par rapport à l'accusé, la déclaration
« qu'ils ont à faire. Leur mission n'a pas pour objet la
« poursuite ni la punition des délits; ils ne sont appelés
« que pour décider si l'accusé est ou non coupable du
« crime qu'on lui impute. »

343. Les jurés ne pourront sortir de leur chambre
qu'après avoir formé leur déclaration.

L'entrée n'en pourra être permise pendant leur délibération, pour quelque cause que ce soit, que par le président et par écrit.

Le président est tenu de donner au chef de la gendarmerie de service l'ordre spécial et par écrit de faire
garder les issues de leur chambre. Ce chef sera dénommé
et qualifié dans l'ordre.

La cour pourra punir le juré contrevenant, d'une
amende de cinq cents francs au plus. Tout autre qui aura
enfreint l'ordre, ou celui qui ne l'aura pas fait exécuter,
pourra être puni d'un emprisonnement de vingt-quatre
heures.

344. Les jurés délibéreront sur le fait principal, et
ensuite sur chacune des circonstances.

345. Le chef du jury les interrogera d'après les questions posées, et chacun d'eux répondra ainsi qu'il suit.

1° Si le juré pense que le fait n'est pas constant ou que l'accusé n'en est pas convaincu, il dira :

Non, l'accusé n'est pas coupable.

En ce cas, le juré n'aura rien de plus à répondre.

2° S'il pense que le fait est constant, et que l'accusé en est convaincu, il dira :

Oui, l'accusé est coupable d'avoir commis le crime, avec toutes les circonstances comprises dans la position des questions.

3° S'il pense que le fait est constant, que l'accusé en est convaincu, mais que la preuve n'existe qu'à l'égard de quelques-unes des circonstances, il dira :

Oui, l'accusé est coupable d'avoir commis le crime avec telle circonstance, mais il n'est pas constant qu'il l'ait fait avec telle autre.

4° S'il pense que le fait est constant, que l'accusé en est convaincu, mais qu'aucune des circonstances n'est prouvée, il dira :

Oui, l'accusé est coupable, mais sans aucune des circonstances.

346. Le juré fera de plus, s'il y a lieu, une réponse particulière pour les cas prévus par les articles 339 et 340.

347. La décision du jury se formera pour ou contre l'accusé, à la majorité, à peine de nullité.

En cas d'égalité de voix, l'avis favorable à l'accusé prévaudra.

348. Les jurés rentreront ensuite dans l'auditoire, et reprendront leur place.

Le président leur demandera quel est le résultat de leur délibération.

Le chef du jury se lèvera, et la main placée sur son cœur, il dira : *Sur mon honneur et ma conscience, devant Dieu et devant les hommes, la déclaration du jury est :* Oui, *l'accusé, etc.* Non, *l'accusé, etc.*

349. La déclaration du jury sera signée par le chef et remise par lui au président, le tout en présence des jurés.

Le président la signera et la fera signer par le greffier.

350. La déclaration du jury ne pourra jamais être soumise à aucun recours.

351. Si néanmoins l'accusé n'est déclaré coupable du fait principal qu'à une simple majorité, les juges délibèreront entre eux sur le même point; et si l'avis de la minorité des jurés est adopté par la majorité des juges, de telle sorte qu'en réunissant le nombre des voix, ce nombre excède celui de la majorité des jurés et de la minorité des juges, l'avis favorable à l'accusé prévaudra.

352. Si, hors le cas prévu par le précédent article, les juges sont unanimement convaincus que les jurés, tout en observant les formes, se sont trompés au fond, la cour déclarera qu'il est sursis au jugement, et renverra l'affaire à la session suivante, pour être soumise à un nouveau jury, dont ne pourra faire partie aucun des premiers jurés.

Nul n'aura le droit de provoquer cette mesure ; la cour ne pourra l'ordonner que d'office, et immédiatement après que la déclaration du jury aura été prononcée publiquement, et dans le cas où l'accusé aura été convaincu, jamais lorsqu'il n'aura pas été déclaré coupable.

La cour sera tenue de prononcer immédiatement après la déclaration du second jury, même quand elle serait conforme à la première.

353. L'examen et les débats, une fois entamés, de-

vront être continués sans interruption, et sans aucune espèce de communication au dehors, jusqu'après la déclaration du jury inclusivement. Le président ne pourra les suspendre que pendant les intervalles nécessaires pour le repos des juges, des jurés, des témoins et des accusés.

354. Lorsqu'un témoin qui aura été cité, ne comparaîtra pas, la cour pourra, sur la réquisition du procureur général, et avant que les débats soient ouverts par la déposition du premier témoin inscrit sur la liste, renvoyer l'affaire à la prochaine session.

355. Si, à raison de la non-comparution du témoin, l'affaire est renvoyée à la session suivante, tous les frais de citation, actes, voyages de témoins, et autres ayant pour objet de faire juger l'affaire, seront à la charge de ce témoin, et il y sera contraint, même par corps, sur la réquisition du procureur général, par l'arrêt qui renverra les débats à la session suivante.

Le même arrêt ordonnera, de plus, que ce témoin sera amené par la force publique devant la cour, pour y être entendu.

Et néanmoins, dans tous les cas, le témoin qui ne comparaîtra pas, ou qui refusera, soit de prêter serment, soit de faire sa déposition, sera condamné à la peine portée en l'article 80.

356. La voie de l'opposition sera ouverte contre ces condamnations, dans les dix jours de la signification qui en aura été faite au témoin condamné ou à son domicile, outre un jour par cinq myriamètres ; et l'opposition sera reçue, s'il prouve qu'il a été légitimement empêché, ou que l'amende contre lui prononcée doit être modérée.

SECTION II.

Du Jugement et de l'Exécution.

357. Le président fera comparaître l'accusé, et le greffier lira en sa présence la déclaration du jury.

358. Lorsque l'accusé aura été déclaré non coupable, le président prononcera qu'il est acquitté de l'accusation, et ordonnera qu'il soit mis en liberté, s'il n'est retenu pour autre cause.

La cour statuera ensuite sur les dommages-intérêts respectivement prétendus, après que les parties auront proposé leurs fins de non-recevoir ou leurs défenses, et que le procureur général aura été entendu.

La cour pourra néanmoins, si elle le juge convenable, commettre l'un des juges pour entendre les parties, prendre connaissance des pièces, et faire son rapport à l'audience, où les parties pourront encore présenter leurs observations, et où le ministère public sera entendu de nouveau.

L'accusé acquitté pourra aussi obtenir des dommages-intérêts contre ses dénonciateurs, pour fait de calomnie, sans néanmoins que les membres des autorités constituées puissent être ainsi poursuivis à raison des avis qu'ils sont tenus de donner concernant les délits dont ils ont cru acquérir la connaissance dans l'exercice de leurs fonctions, et sauf contre eux la demande en prise à partie, s'il y a lieu.

Le procureur général sera tenu, sur la réquisition de l'accusé, de lui faire connaître ses dénonciateurs.

359. Les demandes en dommages-intérêts, formées soit par l'accusé contre ses dénonciateurs ou la partie civile, soit par la partie civile contre l'accusé ou le condamné, seront portées à la cour d'assises.

7.

La partie civile est tenue de former sa demande en dommages-intérêts avant le jugement; plus tard, elle sera non recevable.

Il en est de même de l'accusé, s'il a connu son dénonciateur.

Dans le cas où l'accusé n'aurait connu son dénonciateur que depuis le jugement, mais avant la fin de la session, il sera tenu, sous peine de déchéance, de porter sa demande à la cour d'assises; s'il ne l'a connu qu'après la clôture de la session, sa demande sera portée au tribunal civil.

A l'égard des tiers qui n'auraient pas été parties au procès, ils s'adresseront au tribunal civil.

360. Toute personne acquittée légalement ne pourra plus être reprise ni accusée à raison du même fait.

361. Lorsque dans le cours des débats, l'accusé aura été inculpé sur un autre fait, soit par des pièces, soit par les dépositions des témoins, le président, après avoir prononcé qu'il est acquitté de l'accusation, ordonnera qu'il soit poursuivi à raison du nouveau fait : en conséquence, il le renverra en état de mandat de comparution ou d'amener, suivant les distinctions établies par l'article 91, et même en état de mandat d'arrêt, s'il y échet, devant le juge d'instruction de l'arrondissement où siège la cour, pour être procédé à une nouvelle instruction.

Cette disposition ne sera toutefois exécutée que dans le cas où, avant la clôture des débats, le ministère public aura fait des réserves à fin de poursuite.

362. Lorsque l'accusé aura été déclaré coupable, le procureur général fera sa réquisition à la cour pour l'application de la loi.

La partie civile fera la sienne pour restitution et dommages-intérêts.

363. Le président demandera à l'accusé s'il n'a rien à dire pour sa défense.

L'accusé ni son conseil né pourront plus plaider que le fait est faux, mais seulement qu'il n'est pas défendu ou qualifié délit par la loi, ou qu'il ne mérite pas la peine dont le procureur général a requis l'application, ou qu'il n'emporte pas de dommages-intérêts au profit de la partie civile, ou enfin que celle-ci élève trop haut les dommages-intérêts qui lui sont dus.

364. La cour prononcera l'absolution de l'accusé, si le fait dont il est déclaré coupable n'est pas défendu par une loi pénale.

365. Si ce fait est défendu, la cour prononcera la peine établie par la loi, même dans le cas où, d'après les débats, il se trouverait n'être plus de la compétence de la cour d'assises.

En cas de conviction de plusieurs crimes ou délits, la peine la plus forte sera seule prononcée.

366. Dans le cas d'absolution comme dans celui d'acquittement ou de condamnation, la cour statuera sur les dommages-intérêts prétendus par la partie civile ou par l'accusé; elle les liquidera par le même arrêt, ou commettra l'un des juges pour entendre les parties, prendre connaissance des pièces, et faire du tout son rapport, ainsi qu'il est dit article 358.

La cour ordonnera aussi que les effets pris seront restitués au propriétaire.

Néanmoins, s'il y a eu condamnation, cette restitution ne sera faite qu'en justifiant par le propriétaire que le condamné a laissé passer les délais sans se pourvoir en cassation, ou, s'il s'est pourvu, que l'affaire est définitivement terminée.

367. Lorsque l'accusé aura été déclaré excusable, la

pour prononcera conformément au Code des délits et des peines,

368. L'accusé ou la partie civile, qui succombera, sera condamné aux frais envers l'État et envers l'autre partie.

369. Les juges délibéreront et opineront à voix basse : ils pourront, pour cet effet, se retirer dans la chambre du conseil; mais l'arrêt sera prononcé à haute voix, par le président, en présence du public et de l'accusé.

Avant de le prononcer, le président est tenu de lire le texte de la loi sur laquelle il est fondé.

Le greffier écrira l'arrêt; il y insérera le texte de la loi appliquée, sous peine de cent francs d'amende.

370. La minute de l'arrêt sera signée par les juges qui l'auront rendu, à peine de cent francs d'amende contre le greffier; et, s'il y a lieu, de prise à partie tant contre le greffier que contre les juges.

Elle sera signée dans les vingt-quatre heures de la prononciation de l'arrêt.

371. Après avoir prononcé l'arrêt, le président pourra, selon les circonstances, exhorter l'accusé à la fermeté, à la résignation, ou à réformer sa conduite.

Il l'avertira de la faculté qui lui est accordée de se pourvoir en cassation, et du terme dans lequel l'exercice de cette faculté est circonscrit.

372. Le greffier dressera un procès-verbal de la séance, à l'effet de constater que les formalités prescrites ont été observées.

Il ne sera fait mention au procès-verbal, ni des réponses des accusés, ni du contenu aux dépositions; sans préjudice toutefois de l'exécution de l'art. 318, concernant les changements, variations et contradictions dans les déclarations des témoins.

Le procès-verbal sera signé par le président et par le greffier.

Le défaut de procès-verbal sera puni de cinq cents francs d'amende contre le greffier.

373. Le condamné aura trois jours francs après celui où son arrêt lui aura été prononcé, pour déclarer au greffe qu'il se pourvoit en cassation.

Le procureur général pourra, dans le même délai, déclarer au greffe qu'il demande la cassation de l'arrêt.

La partie civile aura aussi le même délai; mais elle ne pourra se pourvoir que quant aux dispositions relatives à ses intérêts civils.

Pendant ces trois jours, et s'il y a eu recours en cassation, jusqu'à la réception de l'arrêt de la cour de cassation, il sera sursis à l'exécution de l'arrêt de la cour.

374. Dans les cas prévus par les articles 409 et 412 du présent Code, le procureur général ou la partie civile n'auront que vingt-quatre heures pour se pourvoir.

375. La condamnation sera exécutée dans les vingt-quatre heures qui suivront les délais mentionnés en l'article 373, s'il n'y a point de recours en cassation, ou en cas de recours, dans les vingt-quatre heures de la réception de l'arrêt de la cour de cassation qui aura rejeté la demande.

376. La condamnation sera exécutée par les ordres du procureur général; il aura le droit de requérir directement, pour cet effet, l'assistance de la force publique.

377. Si le condamné veut faire une déclaration, elle sera reçue par un des juges du lieu de l'exécution assisté du greffier.

378. Le procès-verbal d'exécution sera, sous peine de cent francs d'amende, dressé par le greffier, et transcrit par lui, dans les vingt-quatre heures, au pied de la

minute de l'arrêt. La transcription sera signée par lui, et il fera mention du tout, sous la même peine, en marge du procès-verbal. Cette mention sera également signée, et la transcription fera preuve comme le procès-verbal même.

379. Lorsque, pendant les débats qui auront précédé l'arrêt de condamnation, l'accusé aura été inculpé, soit par des pièces, soit par des dépositions de témoins, sur d'autres crimes que ceux dont il était accusé; si ces crimes nouvellement manifestés méritent une peine plus grave que les premiers, ou si l'accusé a des complices en état d'arrestation, la cour ordonnera qu'il soit poursuivi à raison de ces nouveaux faits, suivant les formes prescrites par le présent Code.

Dans ces deux cas, le procureur général surseoira à l'exécution de l'arrêt qui a prononcé la première condamnation, jusqu'à ce qu'il ait été statué sur le second procès.

380. Toutes les minutes des arrêts rendus aux assises seront réunies et déposées au greffe du tribunal de première instance du chef-lieu du département.

Sont exceptées les minutes des arrêts rendus par la cour d'assises du département où siège la cour impériale, lesquelles resteront déposées au greffe de ladite cour.

CHAPITRE V.

Du Jury et de la manière de le former.

SECTION PREMIÈRE.

Du Jury.

381. Nul ne peut remplir les fonctions de juré, s'il n'a trente ans accomplis, et s'il ne jouit des droits politiques et civils, à peine de nullité.

382. Les jurés seront pris,

1.º Parmi les membres des collèges électoraux;

2º Parmi les trois cents plus imposés domiciliés dans le département;

3º Parmi les fonctionnaires de l'ordre administratif à la nomination de l'Empereur;

4º Parmi les docteurs et licenciés de l'une ou de plusieurs des quatre facultés de droit, médecine, sciences et belles-lettres, les membres et correspondants de l'Institut et des autres sociétés savantes reconnues par le Gouvernement;

5º Parmi les notaires;

6º Parmi les banquiers, agents de change, négociants et marchands payant patente de l'une des deux premières classes;

7º Parmi les employés des administrations jouissant d'un traitement de quatre mille francs au moins.

Aucun juré ne pourra être pris que parmi les citoyens susdésignés, sauf toutefois ce qui est dit article 386.

383. Nul ne peut être juré dans la même affaire où il aura été officier de police judiciaire, témoin, interprète, expert ou partie, à peine de nullité.

384. Les fonctions de juré sont incompatibles avec celles de ministre, de préfet, de sous-préfet, de juge, de procureur général et impérial près les cours et tribunaux, et de leurs substituts.

Elles sont également incompatibles avec celles de ministre d'un culte quelconque.

385. Les conseillers d'État chargés d'une partie d'administration, les commissaires impériaux près les administrations ou régies, les septuagénaires, seront dispensés, s'ils le requièrent.

386. Quiconque, ne se trouvant dans aucune des classes désignées en l'article 382, désirerait être admis à

l'honneur de remplir les fonctions de juré, pourra être compris dans la liste, s'il le demande au préfet, et si, après que le préfet aura obtenu des renseignements avantageux sur le compte du requérant, et les aura transmis au ministre de l'intérieur, le ministre accorde une autorisation à cet égard.

Le préfet pourra également faire d'office la proposition au ministre.

387. Les préfets formeront, sous leur responsabilité, une liste de jurés, toutes les fois qu'ils en seront requis par les présidents des cours d'assises. Cette réquisition sera faite quinze jours au moins avant l'ouverture de la session.

Si la cour est divisée en une ou plusieurs sections, chaque président pourra, dans le cas où le nombre des affaires l'exigerait, requérir une liste de jurés pour la section qu'il préside.

Dans tous les cas, la liste sera composée de soixante citoyens ; elle sera adressée de suite au président de la cour d'assises ou de section, qui sera tenu de la réduire à trente-six dans les vingt-quatre heures à compter du jour de sa réception, et de la renvoyer, dans le même délai, au préfet, qui la fera parvenir, ainsi qu'il sera dit ci-après, à tous ceux qui doivent la recevoir.

388. Chaque préfet enverra la liste ainsi réduite au grand-juge ministre de la justice, au premier président de la cour impériale, au procureur général près de la même cour, au président de la cour d'assises ou de section, et de plus au procureur impérial criminel, s'il y en a un dans le département pour lequel la liste est destinée.

389. La liste entière ne sera point envoyée aux citoyens qui la composent ; mais le préfet notifiera à chacun

d'eux l'extrait de la liste qui constate que son nom y est porté. Cette notification leur sera faite huit jours au moins avant celui où la liste doit servir.

Ce jour sera mentionné dans la notification, laquelle contiendra aussi une sommation de se trouver au jour indiqué, sous les peines portées par le présent Code.

Au défaut de notification à la personne, elle sera faite à son domicile, ainsi qu'à celui du maire ou de l'adjoint du lieu : celui-ci est tenu de lui en donner connaissance.

390. La liste des jurés sera comme non avenue après le service pour lequel elle aura été formée.

391. Le juré qui aura été porté sur une liste, et aura satisfait aux réquisitions à lui faites, ne pourra être compris sur les listes des quatre sessions suivantes, à moins toutefois qu'il n'y consente.

En adressant les nouvelles listes de jurés au grand juge ministre de la justice, les préfets y joindront la note de ceux qui, portés sur la liste précédente, n'auraient pas satisfait aux réquisitions. Le grand-juge fera, tous les ans, un rapport sur la manière dont les citoyens inscrits sur les listes auront rempli leurs fonctions.

Si quelque fonctionnaire appelé comme juré n'a point répondu à l'appel, le rapport l'indiquera particulièrement.

Sa Majesté impériale se réserve de donner aux jurés qui auront montré un zèle louable, des témoignages honorables de sa satisfaction.

392. Nul citoyen, âgé de plus de trente ans, ne pourra être admis aux places administratives et judiciaires, s'il ne prouve, par un certificat de l'officier du ministère public près la cour d'assises dans le ressort de laquelle il a résidé, qu'il a satisfait aux réquisitions qui lui ont été faites toutes les fois qu'il a été inscrit sur une liste de jurés, ou que les excuses par lui proposées ont été

8

jugées valables, ou qu'il ne lui a encore été fait aucune réquisition.

Nulle pétition ne sera admise, si elle n'est accompagnée de ce certificat.

SECTION II.

De la Manière de former et de convoquer le Jury.

393. Le nombre de douze jurés est nécessaire pour former un jury

394. La liste des jurés sera notifiée à chaque accusé la veille du jour déterminé pour la formation du tableau : cette notification sera nulle, ainsi que tout ce qui aura suivi, si elle est faite plus tôt ou plus tard.

395. Dans tous les cas, s'il y a, au jour indiqué, moins de trente jurés présents non excusés ou non dispensés, le nombre de trente jurés sera complété par le président de la cour d'assises : ils seront pris publiquement et par la voie du sort entre les citoyens des classes désignées en l'article 382, et résidant dans la commune ; à l'effet de quoi, le préfet adressera tous les ans, à la cour, un tableau desdites personnes.

396. Tout juré qui ne se sera pas rendu à son poste sur la citation qui lui aura été notifiée, sera condamné par la cour d'assises à une amende, laquelle sera,

Pour la première fois, de cinq cents francs ;

Pour la seconde, de mille francs ;

Et pour la troisième, de quinze cents francs.

Cette dernière fois, il sera de plus déclaré incapable d'exercer à l'avenir les fonctions de juré. L'arrêt sera imprimé et affiché à ses frais.

Dans tous les cas, le nom du juré condamné sera envoyé au préfet, pour être compris dans la note prescrite par l'article 391.

397. Seront exceptés ceux qui justifieront qu'ils étaient dans l'impossibilité de se rendre au jour indiqué.

La cour prononcera sur la validité de l'excuse.

398. Les peines portées en l'article 396 sont applicables à tout juré qui, même s'étant rendu à son poste, se retirerait avant l'expiration de ses fonctions, sans une excuse valable, qui sera également jugée par la cour.

399. Au jour indiqué, et pour chaque affaire, l'appel des jurés non excusés et non dispensés sera fait avant l'ouverture de l'audience, en leur présence, en présence de l'accusé et du procureur général.

Le nom de chaque juré répondant à l'appel sera déposé dans une urne.

L'accusé premièrement et le procureur général récuseront tels jurés qu'ils jugeront à propos, à mesure que leurs noms sortiront de l'urne, sauf la limitation exprimée ci-après.

L'accusé ni le procureur général ne pourront exposer leurs motifs de récusation.

Le jury de jugement sera formé à l'instant où il sera sorti de l'urne douze noms de jurés non récusés.

400. Les récusations que pourront faire l'accusé et le procureur général, s'arrêteront lorsqu'il ne restera que douze jurés.

401. L'accusé et le procureur général pourront exercer un égal nombre de récusations ; et cependant, si les jurés sont en nombre impair, les accusés pourront exercer une récusation de plus que le procureur général.

402. S'il y a plusieurs accusés, ils pourront se concerter pour exercer leurs récusations ; ils pourront les exercer séparément.

Dans l'un et l'autre cas, ils ne pourront excéder le

nombre des récusations déterminées pour un seul accusé par les articles précédents.

403. Si les accusés ne se concertent pas pour récuser, le sort règlera entre eux le rang dans lequel ils feront les récusations. Dans ce cas, les jurés récusés par un seul, et dans cet ordre, le seront pour tous, jusqu'à ce que le nombre des récusations soit épuisé.

404. Les accusés pourront se concerter pour exercer une partie des récusations, sauf à exercer le surplus suivant le rang fixé par le sort.

405. L'examen de l'accusé commencera immédiatement après la formation du tableau.

406. Si, par quelque évènement, l'examen des accusés sur les délits ou sur quelques-uns des délits compris dans l'acte ou dans les actes d'accusation, est renvoyé à la session suivante, il sera fait une autre liste, il sera procédé à de nouvelles récusations, et à la formation d'un nouveau tableau de douze jurés, d'après les règles prescrites ci-dessus, à peine de nullité.

(Décrété le 10 décembre 1808. Prom. le 20 du même mois.)

TITRE TROISIÈME.

Des Manières de se pourvoir contre les Arrêts ou Jugements.

CHAPITRE PREMIER.

Des Nullités de l'Instruction et du Jugement.

407. LES arrêts et jugements rendus en dernier ressort, en matière criminelle, correctionnelle ou de police, ainsi que l'instruction et les poursuites qui les auront

précédés, pourront être annullés dans les cas suivants, et sur des recours dirigés d'après les distinctions qui vont être établies.

§. Ier.

Matières criminelles.

408. Lorsque l'accusé aura subi une condamnation, et que, soit dans l'arrêt de la cour impériale qui aura ordonné son renvoi devant une cour d'assises, soit dans l'instruction et la procédure qui auront été faites devant cette dernière cour, soit dans l'arrêt même de condamnation, il y aura eu violation ou omission de quelques-unes des formalités que le présent Code prescrit sous peine de nullité, cette omission ou violation donnera lieu, sur la poursuite de la partie condamnée ou du ministère public, à l'annullation de l'arrêt de condamnation et de ce qui l'a précédé, à partir du plus ancien acte nul.

Il en sera de même, tant dans les cas d'incompétence que lorsqu'il aura été omis ou refusé de prononcer, soit sur une ou plusieurs demandes de l'accusé, soit sur une ou plusieurs réquisitions du ministère public, tendant à user d'une faculté ou d'un droit accordé par la loi, bien que la peine de nullité ne fût pas textuellement attachée à l'absence de la formalité dont l'exécution aura été demandée ou requise.

409. Dans le cas d'acquittement de l'accusé, l'annullation de l'ordonnance qui l'aura prononcé, et de ce qui l'aura précédé, ne pourra être poursuivie par le ministère public que dans l'intérêt de la loi et sans préjudicier à la partie acquittée.

410. Lorsque la nullité procédera de ce que l'arrêt aura prononcé une peine autre que celle appliquée par la loi à la nature du crime, l'annullation de l'arrêt

pourra être poursuivie tant par le ministère public que par la partie condamnée.

La même action appartiendra au ministère public contre les arrêts d'absolution mentionnés en l'article 364, si l'absolution a été prononcée sur le fondement de la non-existence d'une loi pénale, qui pourtant aurait existé.

411. Lorsque la peine prononcée sera la même que celle portée par la loi qui s'applique au crime, nul ne pourra demander l'annullation de l'arrêt, sous le prétexte qu'il y aurait erreur dans la citation du texte de la loi.

412. Dans aucun cas, la partie civile ne pourra poursuivre l'annullation d'une ordonnance d'acquittement ou d'un arrêt d'absolution; mais, si l'arrêt a prononcé contre elle des condamnations civiles, supérieures aux demandes de la partie acquittée ou absoute, cette disposition de l'arrêt pourra être annullée sur la demande de la partie civile.

§. II.

Matières correctionnelles et de police.

413. Les voies d'annullation exprimées en l'art. 408 sont, en matière correctionnelle et de police, respectivement ouvertes à la partie poursuivie pour un délit ou une contravention, au ministère public et à la partie civile, s'il y en a une, contre tous arrêts ou jugements en dernier ressort, sans distinction de ceux qui ont prononcé le renvoi de la partie ou sa condamnation.

Néanmoins, lorsque le renvoi de cette partie aura été prononcé, nul ne pourra se prévaloir contre elle de la violation où omission des formes prescrites pour assurer sa défense.

414. La disposition de l'article 411 est applicable aux

arrêts et jugements en dernier ressort rendus en matière correctionnelle et de police.

§. III.

Dispositions communes aux deux paragraphes précédents.

415. Dans le cas où, soit la cour de cassation, soit une cour impériale, annullera une instruction, elle pourra ordonner que les frais de la procédure à recommencer seront à la charge de l'officier ou juge instructeur qui aura commis la nullité.

Néanmoins la présente disposition n'aura lieu que pour des fautes très graves, et à l'égard seulement des nullités qui seront commises deux ans après la mise en activité du présent Code.

CHAPITRE II.

Des Demandes en cassation.

416. Le recours en cassation contre les arrêts préparatoires et d'instruction, ou les jugements en dernier ressort de cette qualité, ne sera ouvert qu'après l'arrêt ou jugement définitif; l'exécution volontaire de tels arrêts ou jugements préparatoires ne pourra, en aucun cas, être opposée comme fin de non-recevoir.

La présente disposition ne s'applique point aux arrêts ou jugements rendus sur la compétence.

417. La déclaration de recours sera faite au greffier par la partie condamnée, et signée d'elle et du greffier; et si le déclarant ne peut ou ne veut signer, le greffier en fera mention.

Cette déclaration pourra être faite, dans la même forme, par l'avoué de la partie condamnée ou par un-

fondé de pouvoir spécial ; dans ce dernier cas, le pouvoir demeurera annexé à la déclaration.

Elle sera inscrite sur un registre à ce destiné ; ce registre sera public, et toute personne aura le droit de s'en faire délivrer des extraits.

418. Lorsque le recours en cassation contre un arrêt ou jugement en dernier ressort, rendu en matière criminelle, correctionnelle ou de police, sera exercé soit par la partie civile, s'il y en a une, soit par le ministère public, ce recours, outre l'inscription énoncée dans l'article précédent, sera notifié à la partie contre laquelle il sera dirigé, dans le délai de trois jours.

Lorsque cette partie sera actuellement détenue, l'acte contenant la déclaration de recours lui sera lu par le greffier ; elle le signera ; et si elle ne le peut ou ne le veut, le greffier en fera mention.

Lorsqu'elle sera en liberté, le demandeur en cassation lui notifiera son recours, par le ministère d'un huissier, soit à sa personne, soit au domicile par elle élu : le délai sera, en ce cas, augmenté d'un jour par chaque distance de trois myriamètres.

419. La partie civile qui se sera pourvue en cassation, est tenue de joindre aux pièces une expédition authentique de l'arrêt.

Elle est tenue, à peine de déchéance, de consigner une amende de cent cinquante francs, ou de la moitié de cette somme, si l'arrêt est rendu par contumace ou par défaut.

420. Sont dispensés de l'amende, 1° les condamnés en matière criminelle ; 2° les agents publics, pour affaires qui concernent directement l'administration et les domaines ou revenus de l'État.

A l'égard de toutes autres personnes, l'amende sera

encourue par celles qui succomberont dans leur recours : seront néanmoins dispensées de la consigner, celles qui joindront à leur demande en cassation, 1° un extrait du rôle des contributions, constatant qu'elles payent moins de six francs, ou un certificat du percepteur de leur commune, portant qu'elles ne sont point imposées; 2° un certificat d'indigence à elles délivré par le maire de la commune de leur domicile ou par son adjoint, visé par le sous-préfet et approuvé par le préfet de leur département.

421. Les condamnés, même en matière correctionnelle ou de police, à une peine emportant privation de la liberté, ne seront pas admis à se pourvoir en cassation, lorsqu'ils ne seront pas actuellement en état, ou lorsqu'ils n'auront pas été mis en liberté sous caution.

L'acte de leur écrou ou de leur mise en liberté sous caution, sera annexé à l'acte de recours en cassation.

Néanmoins, lorsque le recours en cassation sera motivé sur l'incompétence, il suffira au demandeur, pour que son recours soit reçu, de justifier qu'il s'est actuellement constitué dans la maison de justice du lieu où siège la cour de cassation; le gardien de cette maison pourra l'y recevoir sur la représentation de sa demande adressée au procureur général près cette cour, et visée par ce magistrat.

422. Le condamné ou la partie civile, soit en faisant sa déclaration, soit dans les dix jours suivants, pourra déposer au greffe de la cour ou du tribunal qui aura rendu l'arrêt ou le jugement attaqué, une requête contenant ses moyens de cassation. Le greffier lui en donnera reconnaissance, et remettra sur-le-champ cette requête au magistrat chargé du ministère public.

423. Après les dix jours qui suivront la déclaration,

ce magistrat fera passer au grand-juge ministre de la justice les pièces du procès et les requêtes des parties, si elles en ont déposé.

Le greffier de la cour ou du tribunal qui aura rendu l'arrêt ou le jugement attaqué, rédigera sans frais et joindra un inventaire des pièces, sous peine de cent francs d'amende, laquelle sera prononcée par la cour de cassation.

424. Dans les vingt-quatre heures de la réception de ces pièces, le grand-juge ministre de la justice les adressera à la cour de cassation, et il en donnera avis au magistrat qui les lui aura transmises.

Les condamnés pourront aussi transmettre directement au greffe de la cour de cassation, soit leur requête, soit les expéditions ou copies signifiées, tant de l'arrêt ou jugement que de leurs demandes en cassation. Néanmoins la partie civile ne pourra user du bénéfice de la présente disposition, sans le ministère d'un avocat à la cour de cassation.

425. La cour de cassation, en toute affaire criminelle, correctionnelle ou de police, pourra statuer sur le recours en cassation, aussitôt après l'expiration des délais portés au présent chapitre, et devra y statuer, dans le mois au plus tard, à compter du jour où ces délais seront expirés.

426. La cour de cassation rejettera la demande ou annullera l'arrêt ou le jugement, sans qu'il soit besoin d'un arrêt préalable d'admission.

427. Lorsque la cour de cassation annullera un arrêt ou un jugement rendu, soit en matière correctionnelle, soit en matière de police, elle renverra le procès et les parties devant une cour ou un tribunal de même qualité que celui qui aura rendu l'arrêt ou le jugement annullé.

428. Lorsque la cour de casssation annullera un arrêt rendu en matière criminelle, il sera procédé comme il est dit aux sept articles suivants.

429. La cour de cassation prononcera le renvoi du procès, savoir:

Devant une cour impériale autre que celle qui aura réglé la compétence et prononcé la mise en accusation, si l'arrêt est annullé pour l'une des causes exprimées en l'art. 299;

Devant une cour d'assises autre que celle qui aura rendu l'arrêt, si l'arrêt et l'instruction sont annullés pour cause de nullités commises à la cour d'assises;

Devant un tribunal de première instance autre que celui auquel aura appartenu le juge d'instruction, si l'arrêt et l'instruction sont annullés aux chefs seulement qui concernent les intérêts civils : dans ce cas, le tribunal sera saisi sans citation préalable en conciliation.

Si l'arrêt et la procédure sont annullés pour cause d'incompétence, la cour de cassation renverra le procès devant les juges qui en doivent connaître et les désignera, toutefois, si la compétence se trouvait appartenir au tribunal de première instance où siège le juge qui aurait fait la première instruction, le renvoi sera fait à un autre tribunal de première instance.

Lorsque l'arrêt sera annullé, parce que le fait qui aura donné lieu à une condamnation se trouvera n'être pas un délit qualifié par la loi, le renvoi, s'il y a une partie civile, sera fait devant un tribunal de première instance autre que celui auquel aura appartenu le juge d'instruction, et, s'il n'y a pas de partie civile, aucun renvoi ne sera prononcé.

430. Dans tous les cas où la cour de cassation est autorisée à choisir une cour ou un tribunal pour le juge-

ment d'une affaire renvoyée, ce choix ne pourra résulter que d'une délibération spéciale, prise en la chambre du conseil, immédiatement après la prononciation de l'arrêt de cassation, et dont il sera fait mention expresse dans cet arrêt.

431. Les nouveaux juges d'instruction auxquels il pourrait être fait des délégations pour compléter l'instruction des affaires renvoyées, ne pourront être pris parmi les juges d'instruction établis dans le ressort de la cour dont l'arrêt aura été annullé.

432. Lorsque le renvoi sera fait à une cour impériale, celle-ci, après avoir réparé l'instruction en ce qui le concerne, désignera, dans son ressort, la cour d'assises par laquelle le procès devra être jugé.

433. Lorsque le procès aura été renvoyé devant une cour d'assises, et qu'il y aura des complices qui ne seront pas en état d'accusation, cette cour commettra un juge d'instruction, et le procureur général l'un de ses substituts, pour faire, chacun en ce qui le concerne, l'instruction dont les pièces seront ensuite adressées à la cour impériale, qui prononcera s'il y a lieu ou non à la mise en accusation.

434. Si l'arrêt a été annullé pour avoir prononcé une peine autre que celle que la loi applique à la nature du crime, la cour d'assises, à qui le procès sera renvoyé, rendra son arrêt sur la déclaration déja faite par le jury.

Si l'arrêt a été annullé pour autre cause, il sera procédé à de nouveaux débats devant la cour d'assises à laquelle le procès sera renvoyé.

La cour de cassation n'annullera qu'une partie de l'arrêt, lorsque la nullité ne viciera qu'une ou quelques-unes de ses dispositions.

435. L'accusé dont la condamnation aura été annullée,

et qui devra subir un nouveau jugement au criminel, sera traduit, soit en état d'arrestation, soit en exécution de l'ordonnance de prise de corps, devant la cour impériale ou d'assises, à qui son procès sera renvoyé.

436. La partie civile qui succombera dans son recours, soit en matière criminelle, soit en matière correctionnelle ou de police, sera condamnée à une indemnité de cent cinquante francs, et aux frais envers la partie acquittée, absoute ou renvoyée : la partie civile sera de plus condamnée, envers l'État, à une amenée de cent cinquante francs; ou de soixante-quinze francs seulement, si l'arrêt ou le jugement a été rendu par contumace ou défaut.

Les administrations ou régies de l'État, et les agents publics qui succomberont, ne seront condamnés qu'aux frais et à l'indemnité.

437. Lorsque l'arrêt ou le jugement aura été annullé, l'amende consignée sera rendue sans aucun délai, en quelques termes que soit conçu l'arrêt qui aura statué sur le recours, et quand même il aurait omis d'en ordonner la restitution.

438. Lorsqu'une demande en cassation aura été rejetée, la partie qui l'avait formée ne pourra plus se pourvoir en cassation contre le même arrêt ou jugement, sous quelque prétexte et par quelque moyen que ce soit.

439. L'arrêt qui aura rejeté la demande en cassation sera délivré dans les trois jours au procureur général près la cour de cassation, par simple extrait signé du greffier, lequel sera adressé au grand-juge ministre de la justice, et envoyé par celui-ci au magistrat chargé du ministère public près la cour ou le tribunal qui aura rendu l'arrêt ou le jugement attaqué.

440. Lorsqu'après une première cassation le second arrêt ou le jugement sur le fond sera attaqué par les

9

mêmes moyens, il sera procédé selon les formes prescrites par la loi du 16 septembre 1807. *

441. Lorsque, sur l'exhibition d'un ordre formel à lui donné par le grand-juge ministre de la justice, le procureur général près la cour de cassation dénoncera à la section criminelle des actes judiciaires, arrêts ou jugements contraires à la loi, ces actes, arrêts ou jugements pourront être annullés, et les officiers de police ou les juges poursuivis, s'il y a lieu, de la manière exprimée au chapitre III du titre IV du présent Livre.

442. Lorsqu'il aura été rendu par une cour impériale ou d'assises, ou par un tribunal correctionnel ou de police, un arrêt ou jugement en dernier ressort sujet à cassation, et contre lequel néanmoins aucune des parties n'aurait réclamé dans le délai déterminé, le procureur général près la cour de cassation pourra aussi d'office, et nonobstant l'expiration du délai, en donner connaissance

* Loi du 16 septembre. Art. 1er. « Il y a lieu à inter-
« prétation de la loi, si la cour de cassation annulle deux
« arrêts ou jugements en dernier ressort, rendus dans la
« même affaire entre les mêmes parties, et qui ont été
« attaqués par les mêmes moyens.

2. « Cette interprétation est donnée dans la forme des
« réglements d'administration publique.

3. « Elle peut être demandée par la cour de cassation
« avant de prononcer le second arrêt.

4. « Si elle n'est pas demandée, la cour de cassation
« ne peut rendre le second arrêt, que les sections
« réunies et sous la présidence du grand-juge.

5. « Dans le cas déterminé en l'article précédent, si
« le troisième arrêt est attaqué, l'interprétation est de
« droit, et il sera procédé comme il est dit à l'art. 2. »

à la cour de cassation; l'arrêt ou le jugement sera cassé, sans que les parties puissent s'en prévaloir pour s'opposer à son exécution.

CHAPITRE III.

Des demandes en révision.

443. Lorsqu'un accusé aura été condamné pour un crime, et qu'un autre accusé aura aussi été condamné par un autre arrêt comme auteur du même crime; si les deux arrêts ne peuvent se concilier, et sont la preuve de l'innocence de l'un ou de l'autre condamné, l'exécution des deux arrêts sera suspendue, quand même la demande en cassation de l'un ou de l'autre arrêt aurait été rejetée.

Le grand-juge ministre de la justice, soit d'office, soit sur la réclamation des condamnés ou de l'un d'eux, ou du procureur général, chargera le procureur général près la cour de cassation de dénoncer les deux arrêts à cette cour.

Ladite cour, section criminelle, après avoir vérifié que les deux condamnations ne peuvent se concilier, cassera les deux arrêts, et renverra les accusés, pour être procédé sur les actes d'accusation subsistants, devant une cour autre que celles qui auront rendu les deux arrêts.

444. Lorsqu'après une condamnation pour homicide, il sera, de l'ordre exprès du grand-juge ministre de la justice, adressé à la cour de cassation, section criminelle, des pièces représentées postérieurement à la condamnation et propres à faire naître de suffisants indices sur l'existence de la personne dont la mort supposée aurait donné lieu à la condamnation, cette cour pourra préparatoirement désigner une cour impériale, pour reconnaître l'existence et l'identité de la personne prétendue

homicidée, et les constater par l'interrogatoire de cette personne, par audition de témoins, et par tous les moyens propres à mettre en évidence le fait destructif de la condamnation.

L'exécution de la condamnation sera de plein droit suspendue par l'ordre du grand-juge, jusqu'à ce que la cour de cassation ait prononcé, et, s'il y a lieu ensuite, par l'arrêt préparatoire de cette cour.

La cour désignée par celle de cassation prononcera simplement sur l'identité ou non-identité de la personne; et après que son arrêt aura été, avec la procédure, transmis à la cour de cassation, celle-ci pourra casser l'arrêt de condamnation, et même renvoyer, s'il y a lieu, l'affaire à une cour d'assises autre que celles qui en auraient primitivement connu.

445. Lorsqu'après une condamnation contre un accusé, l'un ou plusieurs des témoins qui avaient déposé à charge contre lui, seront poursuivis pour avoir porté un faux témoignage dans le procès, et si l'accusation en faux témoignage est admise contre eux, ou même s'il est décerné contre eux des mandats d'arrêt, il sera sursis à l'exécution de l'arrêt de condamnation, quand même la cour de cassation aurait rejeté la requête du condamné.

Si les témoins sont ensuite condamnés pour faux témoignage à charge, le grand-juge ministre de la justice, soit d'office, soit sur la réclamation de l'individu condamné par le premier arrêt, ou du procureur général, chargera le procureur général près la cour de cassation, de dénoncer le fait à cette cour.

Ladite cour, après avoir vérifié la déclaration du jury, sur laquelle le second arrêt aura été rendu, annullera le premier arrêt, si par cette déclaration les témoins sont convaincus de faux témoignage à charge contre le premier condamné; et pour être procédé contre l'accusé sur l'acte d'accusation subsistant, elle le renverra devant une cour d'assises autre que celles qui auront rendu, soit le premier, soit le second arrêt.

Si les accusés de faux témoignage sont acquittés, le sursis sera levé de droit, et l'arrêt de condamnation sera exécuté.

446. Les témoins condamnés pour faux témoignage ne pourront pas être entendus dans les nouveaux débats.

447. Lorsqu'il y aura lieu de réviser une condamnation pour la cause exprimée en l'article 414, et que cette condamnation aura été portée contre un individu mort depuis, la cour de cassation créera un curateur à sa mémoire, avec lequel se fera l'instruction, et qui exercera tous les droits du condamné.

Si, par le résultat de la nouvelle procédure, la première condamnation se trouve avoir été portée injustement, le nouvel arrêt déchargera la mémoire du condamné de l'accusation qui avait été portée contre lui.

(Décrété le 12 décembre 1808, du chapitre 1 à V; le 13, les chapitres VI et VII. Prom. lés 22 et 23 du même mois.)

TITRE QUATRIÈME.
De quelques Procédures particulières.
CHAPITRE PREMIER.
Du Faux.

448. Dans tous les procès pour faux en écriture, la pièce arguée de faux, aussitôt qu'elle aura été produite, sera déposée au greffe, signée et paraphée à toutes les pages par le greffier, qui dressera un procès-verbal détaillé

9.

de l'état matériel de la pièce, et par la personne qui l'aura déposée, si elle sait signer, ce dont il sera fait mention; le tout à peine de cinquante francs d'amende contre le greffier qui l'aura reçue sans que cette formalité ait été remplie.

449. Si la pièce arguée de faux est tirée d'un dépôt public, le fonctionnaire qui s'en dessaisira, la signera aussi et la paraphera comme il vient d'être dit, sous peine d'une pareille amende.

450. La pièce arguée de faux sera de plus signée par l'officier de police judiciaire et par la partie civile ou son avoué, si ceux-ci se présentent.

Elle le sera également par le prévenu, au moment de sa comparution.

Si les comparants, ou quelques-uns d'entre eux, ne peuvent pas ou ne veulent pas signer, le procès-verbal en fera mention.

En cas de négligence ou d'omission, le greffier sera puni de cinquante francs d'amende.

451. Les plaintes et dénonciations en faux pourront toujours être suivies, lors même que les pièces qui en sont l'objet auraient servi de fondement à des actes judiciaires ou civils.

452. Tout dépositaire public ou particulier de pièces arguées de faux est tenu, sous peine d'y être contraint par corps, de les remettre, sur l'ordonnance donnée par l'officier du ministère public ou par le juge d'instruction.

Cette ordonnance et l'acte de dépôt lui serviront de décharge envers tous ceux qui auront intérêt à la pièce.

453. Les pièces qui seront fournies pour servir de comparaison, seront signées et paraphées, comme il est dit aux trois premiers articles du présent chapitre, pour la pièce arguée de faux, et sous les mêmes peines.

454. Tous dépositaires publics pourront être contraints, même par corps, à fournir les pièces de comparaison qui seront en leur possession : l'ordonnance par écrit et l'acte de dépôt leur serviront de décharge envers ceux qui pourraient avoir intérêt à ces pièces.

455. S'il est nécessaire de déplacer une pièce authentique, il en sera laissé au dépositaire une copie collationnée, laquelle sera vérifiée sur la minute où l'original par le président du tribunal de son arrondissement, qui en dressera procès-verbal; et si le dépositaire est une personne publique, cette copie sera par lui mise au rang de ses minutes, pour en tenir lieu jusqu'au renvoi de la pièce, et il pourra en délivrer des grosses ou expéditions, en faisant mention du procès-verbal.

Néanmoins, si la pièce se trouve faire partie d'un registre de manière à ne pouvoir en être momentanément distraite, le tribunal pourra, en ordonnant l'apport du registre, dispenser de la formalité établie par le présent article.

456. Les écritures privées peuvent aussi être produites pour pièces de comparaison, et être admises à ce titre, si les parties intéressées les reconnaissent.

Néanmoins les particuliers qui, même de leur aveu, en sont possesseurs, ne peuvent être immédiatement contraints à les remettre; mais si, après avoir été cités devant le tribunal saisi pour faire cette remise, ou déduire les motifs de leur refus, ils succombent, l'arrêt ou le jugement pourra ordonner qu'ils y seront contraints par corps.

457. Lorsque les témoins s'expliqueront sur une pièce du procès, ils la parapheront et la signeront; et s'ils ne peuvent signer, le procès-verbal en fera mention.

458. Si, dans le cours d'une instruction ou d'une

procédure, une pièce produite est arguée de faux par l'une des parties, elle sommera l'autre de déclarer si elle entend se servir de la pièce.

459. La pièce sera rejetée du procès, si la partie déclare qu'elle ne veut pas s'en servir, ou si, dans le délai de huit jours, elle ne fait aucune déclaration, et il sera passé outre à l'instruction et au jugement.

Si la partie déclare qu'elle entend se servir de la pièce, l'instruction sur le faux sera suivie incidemment devant la cour ou le tribunal saisi de l'affaire principale.

460. Si la partie qui a argué de faux la pièce, soutient que celui qui l'a produite est l'auteur ou le complice du faux, ou s'il résulte de la procédure que l'auteur ou le complice du faux soit vivant, et la poursuite du crime non éteinte par la prescription, l'accusation sera suivie criminellement dans les formes ci-dessus prescrites.

Si le procès est engagé au civil, il sera sursis au jugement jusqu'à ce qu'il ait été prononcé sur le faux.

S'il s'agit de crimes, délits ou contraventions, la cour ou le tribunal saisi est tenu de décider préalablement, et après avoir entendu l'officier chargé du ministère public, s'il y a lieu ou non à surseoir.

461. Le prévenu ou l'accusé pourra être requis de produire et de former un corps d'écriture; en cas de refus ou de silence, le procès-verbal en fera mention.

462. Si une cour ou un tribunal trouve dans la visite d'un procès, même civil, des indices sur un faux et sur la personne qui l'a commis, l'officier chargé du ministère public ou le président transmettra les pièces au substitut du procureur général près le juge d'instruction, soit du lieu où le délit paraîtra avoir été commis, soit du lieu où le prévenu pourra être saisi, et il pourra même délivrer le mandat d'amener.

463. Lorsque des actes authentiques auront été déclarés faux en tout ou en partie, la cour ou le tribunal qui aura connu du faux, ordonnera qu'ils soient rétablis, rayés ou réformés, et du tout il sera dressé procès-verbal.

Les pièces de comparaison seront renvoyées dans les dépôts d'où elles auront été tirées, ou seront remises aux personnes qui les auront communiquées, le tout dans le délai de quinzaine à compter du jour de l'arrêt ou jugement, à peine d'une amende de cinquante francs contre le greffier.

464. Le surplus de l'instruction sur le faux se fera comme sur les autres délits, sauf l'exception suivante :

Les présidents des cours d'assises ou spéciales, les procureurs généraux ou leurs substituts, les juges d'instruction et les juges de paix, pourront continuer, hors de leur ressort, les visites nécessaires chez les personnes soupçonnées d'avoir fabriqué, introduit, distribué de faux papiers nationaux, de faux billets de la banque de France, ou des banques des départements.

La présente disposition a lieu également pour le crime de fausse monnaie ou de contrefaction du sceau de l'État.

CHAPITRE II.

Des Contumaces.

465. Lorsqu'après un arrêt de mise en accusation l'accusé n'aura pu être saisi ou ne se présentera pas dans les dix jours de la notification qui en aura été faite à son domicile ;

Ou, lorsqu'après s'être présenté ou avoir été saisi, il se sera évadé ;

Le président de la cour d'assises ou celui de la cour

spéciale, chacun dans les affaires de leur compétence respective, ou, en leur absence, le président du tribunal de
première instance, et, à défaut de l'un et de l'autre, le plus
ancien juge de ce tribunal, rendra une ordonnance portant qu'il sera tenu de se représenter dans un nouveau
délai de dix jours, sinon qu'il sera déclaré rebelle à la loi,
qu'il sera suspendu de l'exercice des droits de citoyen,
que ses biens seront séquestrés pendant l'instruction de
la contumace, que toute action en justice lui sera interdite pendant le même temps, qu'il sera procédé contre lui,
et que toute personne est tenue d'indiquer le lieu où il se
trouve.

Cette ordonnance fera de plus mention du crime et de
l'ordonnance de prise de corps.

466. Cette ordonnance sera publiée à son de trompe
ou de caisse le dimanche suivant, et affichée à la porte du
domicile de l'accusé, à celle du maire, et à celle de l'auditoire de la cour d'assises ou de la cour spéciale.

Le procureur général ou son substitut adressera aussi
cette ordonnance au directeur des domaines et droits
d'enregistrement du domicile du contumax.

467. Après un délai de dix jours, il sera procédé au
jugement de la contumace.

468. Aucun conseil, aucun avoué, ne pourra se présenter pour défendre l'accusé contumax.

Si l'accusé est absent du territoire européen de l'Empire, ou s'il est dans l'impossibilité absolue de se rendre,
ses parents ou ses amis pourront présenter son excuse et
en plaider la légitimité.

469. Si la cour trouve l'excuse légitime, elle ordonnera qu'il sera sursis au jugement de l'accusé et au séquestre de ses biens, pendant un temps qui sera fixé, eu
égard à la nature de l'excuse et à la distance des lieux.

470. Hors ce cas, il sera procédé de suite à la lecture de l'arrêt de renvoi à la cour d'assises, ou à la cour spéciale, de l'acte de notification de l'ordonnance ayant pour objet la représentation du contumax, et des procès-verbaux dressés pour en constater la publication et l'affiche.

Après cette lecture, la cour, sur les conclusions du procureur général impérial ou de son substitut, prononcera sur la contumace.

Si l'instruction n'est pas conforme à la loi, la cour la déclarera nulle, et ordonnera qu'elle sera recommencée à partir du plus ancien acte illégal.

Si l'instruction est régulière, la cour prononcera sur l'accusation, et statuera sur les intérêts civils, le tout sans assistance ni intervention de jurés.

471. Si le contumax est condamné, ses biens seront, à partir de l'exécution de l'arrêt, considérés et régis comme biens d'absent, et le compte du séquestre sera rendu à qui il appartiendra, après que la condamnation sera devenue irrévocable par l'expiration du délai donné pour purger la contumace.

472. Extrait du jugement de condamnation sera, dans les trois jours de la prononciation, à la diligence du procureur général impérial ou de son substitut, affiché par l'exécuteur des jugements criminels, à un poteau qui sera planté au milieu de l'une des places publiques de la ville chef-lieu de l'arrondissement où le crime aura été commis.

Pareil extrait sera, dans le même délai, adressé au directeur des domaines et droits d'enregistrement du domicile du contumax.

473. Le recours en cassation ne sera ouvert contre les jugements de contumace qu'au procureur général impérial et à la partie civile, en ce qui la regarde.

474. En aucun cas, la contumace d'un accusé ne suspendra ni ne retardera de plein droit l'instruction à l'égard de ses coaccusés présents.

La cour pourra ordonner, après le jugement de ceux-ci, la remise des effets déposés au greffe comme pièces de conviction, lorsqu'ils seront réclamés par des propriétaires ou ayants-droit. Elle pourra aussi ne l'ordonner qu'à charge de représenter, s'il y a lieu.

Cette remise sera précédée d'un procès-verbal de description, dressé par le greffier, à peine de cent francs d'amende.

475. Durant le séquestre, il peut être accordé des secours à la femme, aux enfants, au père ou à la mère de l'accusé, s'ils sont dans le besoin.

Ces secours seront réglés par l'autorité administrative.

476. Si l'accusé se constitue prisonnier ou s'il est arrêté avant que la peine soit éteinte par prescription, le jugement rendu par contumace, et les procédures faites contre lui depuis l'ordonnance de prise de corps ou de se représenter, seront anéantis de plein droit, et il sera procédé à son égard dans la forme ordinaire.

Si cependant la condamnation par contumace était de nature à emporter la mort civile, et si l'accusé n'a été arrêté ou ne s'est représenté qu'après les cinq ans qui ont suivi l'exécution du jugement de contumace, ce jugement, conformément à l'article 30 du Code Napoléon, conservera, pour le passé, les effets que la mort civile aurait produits dans l'intervalle écoulé depuis l'expiration des cinq ans, jusqu'au jour de la comparution de l'accusé en justice.

477. Dans les cas prévus par l'article précédent, si, pour quelque cause que ce soit, des témoins ne peuvent

être produits aux débats, leurs dépositions écrites et les réponses écrites des autres accusés du même délit, seront lues à l'audience : il en sera de même de toutes les autres pièces qui seront jugées par le président être de nature à répandre la lumière sur le délit et les coupables.

478. Le contumax qui, après s'être représenté, obtiendrait son renvoi de l'accusation, sera toujours condamné aux frais occasionnés par sa contumace.

CHAPITRE III.

Des Crimes commis par des Juges, hors de leurs fonctions et dans l'exercice de leurs fonctions.

SECTION PREMIÈRE.

De la poursuite et instruction contre des juges pour crimes et délits par eux commis hors de leurs fonctions.

479. Lorsqu'un juge de paix, un membre de tribunal correctionnel ou de première instance, ou un officier chargé du ministère public près l'un de ces tribunaux, sera prévenu d'avoir commis, hors de ses fonctions, un délit emportant une peine correctionnelle, le procureur général près la cour impériale le fera citer devant cette cour, qui prononcera sans qu'il puisse y avoir appel.

480. S'il s'agit d'un crime emportant peine afflictive ou infamante, le procureur général près la cour impériale et le premier président de cette cour désigneront, le premier, le magistrat qui exercera les fonctions d'officier de police judiciaire; le second, le magistrat qui exercera les fonctions de juge d'instruction.

481. Si c'est un membre de cour impériale ou un officier

exerçant près d'elle le ministère public, qui soit prevenu d'avoir commis un délit ou un crime hors de ses fonctions, l'officier qui aura reçu les dénonciations ou les plaintes, sera tenu d'en envoyer de suite des copies au grand-juge ministre de la justice, sans aucun retard de l'instruction qui sera continuée comme il est précédemment réglé, et il adressera pareillement au grand-juge une copie des pièces.

482. Le grand-juge transmettra les pièces à la cour de cassation, qui renverra l'affaire, s'il y a lieu, soit à un tribunal de police correctionnelle, soit à un juge d'instruction, pris l'un et l'autre hors du ressort de la cour à laquelle appartient le membre inculpé.

S'il s'agit de prononcer la mise en accusation, le renvoi sera fait à une autre cour impériale.

SECTION II.

De la poursuite et instruction contre des juges et tribunaux autres que ceux désignés par l'article 101 du sénatus-consulte du 28 floréal an 12, pour forfaiture et autres crimes ou délits relatifs à leurs fonctions.

483. Lorsqu'un juge de paix ou de police, ou un juge faisant partie d'un tribunal de commerce, un officier de police judiciaire, un membre de tribunal correctionnel ou de première instance, ou un officier chargé du ministère public près l'un de ces juges ou tribunaux, sera prévenu d'avoir commis, dans l'exercice de ses fonctions, un délit emportant une peine correctionnelle, ce délit sera poursuivi et jugé comme il est dit à l'article 479.

484. Lorsque des fonctionnaires de la qualité exprimée en l'article précédent seront prévenus d'avoir commis un crime emportant la peine de forfaiture ou autre plus

grave, les fonctions ordinairement dévolues au juge d'instruction et au procureur impérial seront immédiatement
remplies par le premier président et le procureur général
près la cour impériale, chacun en ce qui le concerne, ou
par tels autres officiers qu'ils auront respectivement et
spécialement désignés à cet effet.

Jusqu'à cette délégation, et dans le cas où il existerait
un corps de délit, il pourra être constaté par tout officier
de police judiciaire ; et pour le surplus de la procédure, on suivra les dispositions générales du présent
Code.

485. Lorsque le crime commis dans l'exercice des
fonctions et emportant la peine de forfaiture ou autre
plus grave, sera imputé, soit à un tribunal entier de
commerce, correctionnel ou de première instance, soit
individuellement à un ou plusieurs membres des cours
impériales, et aux procureurs généraux et substituts près
ces cours, il sera procédé comme il suit.

486. Le crime sera dénoncé au grand juge ministre de
la justice, qui donnera, s'il y a lieu, ordre au procureur
général impérial près la cour de cassation, de le poursuivre sur la dénonciation.

Le crime pourra aussi être dénoncé directement à la
cour de cassation par les personnes qui se prétendront lé-
sées, mais seulement lorsqu'elles demanderont à prendre
le tribunal ou le juge à partie, ou lorsque la dénonciation
sera incidente à une affaire pendante à la cour de cassation.

487. Si le procureur général près la cour de cassation
ne trouve pas dans les pièces à lui transmises par le
grand-juge, ou produites par les parties, tous les renseignements qu'il jugera nécessaires, il sera, sur son réquisitoire, désigné par le premier président de cette cour,

un de ses membres pour l'audition des témoins, et tous autres actes d'instruction qu'il peut y avoir lieu de faire dans la ville où siége la cour de cassation.

488. Lorsqu'il y aura des témoins à entendre ou des actes d'instruction à faire hors de la ville où siége la cour de cassation, le premier président de cette cour fera à ce sujet toutes délégations nécessaires à un juge d'instruction, même d'un département ou d'un arrondissement autres que ceux du tribunal ou du juge prévenu.

489. Après avoir entendu les témoins et terminé l'instruction qui lui aura été déléguée, le juge d'instruction mentionné en l'article précédent renverra les procès-verbaux et les autres actes clos et cachetés au premier président de la cour de cassation.

490. Sur le vu soit des pièces qui auront été transmises par le grand-juge, ou produites par les parties, soit des renseignemens ultérieurs qu'il se sera procurés, le premier président décernera, s'il y a lieu, le mandat de dépôt.

Ce mandat désignera la maison d'arrêt dans laquelle le prévenu devra être déposé.

491. Le premier président de la cour de cassation ordonnera de suite la communication de la procédure au procureur général, qui, dans les cinq jours suivants, adressera à la section des requêtes son réquisitoire contenant la dénonciation du prévenu.

492. Soit que la dénonciation portée à la section des requêtes, ait été ou non précédée d'un mandat de dépôt, cette section y statuera, toutes affaires cessantes.

Si elle la rejette, elle ordonnera la mise en liberté du prévenu.

Si elle l'admet, elle renverra le tribunal ou le juge

prévenu, devant les juges de la section civile, qui prononceront sur la mise en accusation.

493. La dénonciation incidente à une affaire pendante à la cour de cassation, sera portée devant la section saisie de l'affaire ; et si elle est admise, elle sera renvoyée de la section criminelle ou de celle des requêtes à la section civile, et de la section civile à celle des requêtes.

494. Lorsque, dans l'examen d'une demande en prise à partie ou de toute autre affaire, et sans qu'il y ait de dénonciation directe ni incidente, l'une des sections de la cour de cassation apercevra quelque délit de nature à faire poursuivre criminellement un tribunal ou un juge de la qualité exprimée en l'article 479, elle pourra d'office ordonner le renvoi, conformément à l'article précédent.

495. Lorsque l'examen d'une affaire portée devant les sections réunies donnera lieu au renvoi d'office exprimé dans l'article qui précède, ce renvoi sera fait à la section civile.

496. Dans tous les cas, la section à laquelle sera fait le renvoi sur dénonciation ou d'office, prononcera sur la mise en accusation.

Son président remplira les fonctions que la loi attribue aux juges d'instruction.

497. Ce président pourra déléguer l'audition des témoins et l'interrogatoire des prévenus à un autre juge d'instruction, pris même hors de l'arrondissement et du département où se trouvera le prévenu.

498. Le mandat d'arrêt que délivrera le président, désignera la maison d'arrêt dans laquelle le prévenu devra être conduit.

499. La section de la cour de cassation, saisie de l'affaire, délibérera sur la mise en accusation, en séance non publique : les juges devront être en nombre impair.

Si la majorité des juges trouve que la mise en accusation ne doit pas avoir lieu, la dénonciation sera rejetée par un arrêt, et le procureur général fera mettre le prévenu en liberté.

500. Si la majorité des juges est pour la mise en accusation, cette mise en accusation sera prononcée par un arrêt, qui portera en même temps ordonnance de prise de corps.

En exécution de cet arrêt, l'accusé sera transféré dans la maison de justice de la cour d'assises qui sera désignée par celle de cassation, dans l'arrêt même.

501. L'instruction ainsi faite devant la cour de cassation, ne pourra être attaquée quant à la forme.

Elle sera commune aux complices du tribunal ou du juge poursuivi, lors même qu'ils n'exerceraient point de fonctions judiciaires.

502. Seront au surplus observées les autres dispositions du présent Code qui ne sont pas contraires aux formes de procéder prescrites par le présent chapitre.

503. Lorsqu'il se trouvera, dans la section criminelle saisie du recours en cassation dirigé contre l'arrêt de la cour d'assises à laquelle l'affaire aura été renvoyée, des juges qui auront concouru à la mise en accusation dans l'une des autres sections, ils s'abstiendront.

Et néanmoins, dans le cas d'un second recours qui donnera lieu à la réunion des sections, tous les juges en pourront connaître.

CHAPITRE IV.

Des délits contraires au respect dû aux autorités constituées.

504. Lorsqu'à l'audience où en tout autre lieu où se fait publiquement une instruction judiciaire, l'un ou plu-

sieurs des assistants donneront des signes publics, soit d'approbation, soit d'improbation, ou exciteront du tumulte, de quelque manière que ce soit, le président ou le juge les fera expulser; s'ils résistent à ses ordres, ou s'ils rentrent, le président ou le juge ordonnera de les arrêter et conduire dans la maison d'arrêt : il sera fait mention de cet ordre dans le procès-verbal; et sur l'exhibition qui en sera faite au gardien de la maison d'arrêt, les perturbateurs y seront reçus et retenus pendant vingt-quatre heures.

5o5. Lorsque le tumulte aura été accompagné d'injures ou voies de fait donnant lieu à l'application ultérieure des peines correctionnelles ou de police, ces peines pourront être, séance tenante et immédiatement après que les faits auront été constatés, prononcées, savoir :

Celles de simple police, sans appel, de quelque tribunal ou juge qu'elles émanent;

Et celles de police correctionnelle, à la charge de l'appel, si la condamnation a été portée par un tribunal sujet à appel, ou par un juge seul.

5o6. S'il s'agit d'un crime commis à l'audience d'un juge seul, ou d'un tribunal sujet à appel, le juge ou le tribunal, après avoir fait arrêter le délinquant et dressé procès-verbal des faits, enverra les pièces et le prévenu devant les juges compétents.

5o7. A l'égard des voies de fait qui auraient dégénéré en crimes, ou de tous autres crimes flagrants et commis à l'audience de la cour de cassation, d'une cour impériale ou d'une cour d'assises ou spéciale, la cour procèdera au jugement de suite et sans désemparer.

Elle entendra les témoins, le délinquant et le conseil qu'il aura choisi ou qui lui aura été désigné par le président; et, après avoir constaté les faits et ouï le procureur général ou son substitut, le tout publiquement, elle appliquera la peine par un arrêt, qui sera motivé.

508. Dans le cas de l'article précédent, si les juges présents à l'audience sont au nombre de cinq ou six, il faudra quatre voix pour opérer la condamnation.

S'ils sont au nombre de sept, il faudra cinq voix pour condamner.

Au nombre de huit et au-delà, l'arrêt de condamnation sera prononcé aux trois quarts des voix, de manière toutefois que, dans le calcul de ces trois quarts, les fractions, s'il s'en trouve, soient appliquées en faveur de l'absolution.

509. Les préfets, sous-préfets, maires et adjoints, officiers de police administrative ou judiciaire, lorsqu'ils rempliront publiquement quelques actes de leur ministère, exerceront aussi les fonctions de police réglées par l'article 504 ; et, après avoir fait saisir les perturbateurs, ils dresseront procès-verbal du délit, et enverront ce procès-verbal, s'il y a lieu, ainsi que les prévenus, devant les juges compétents.

CHAPITRE V.

De la Manière dont seront reçues, en matière crimi-
nelle, correctionnelle et de police, les dépositions
des princes et de certains fonctionnaires de l'État.

510. Les princes ou princesses du sang impérial, les grands dignitaires de l'Empire et le grand-juge ministre de la justice, ne pourront jamais être cités comme témoins, même pour les débats qui ont lieu en présence du jury, si ce n'est dans le cas où l'Empereur, sur la demande d'une partie et le rapport du grand-juge, aurait, par un décret spécial, autorisé cette comparution.

511. Les dépositions des personnes de cette qualité, seront, sauf l'exception ci-dessus prévue, rédigées par écrit et reçues par le premier président de la cour impériale, si les personnes dénommées en l'article précédent résident ou se trouvent au chef-lieu d'une cour impériale, sinon par le président du tribunal de première instance de l'arrondissement dans lequel elles auraient leur domicile ou se trouveraient accidentellement.

Il sera, à cet effet, adressé par la cour ou le juge d'instruction saisi de l'affaire, au président ci-dessus nommé, un état des faits, demandes et questions sur lesquels le témoignage est requis.

Ce président se transportera aux demeures des personnes dont il s'agit, pour recevoir leurs dépositions.

512. Les dépositions ainsi reçues seront immédiatement remises au greffe, ou envoyées closes et cachetées à celui de la cour ou du juge requérant, et communiquées sans délai à l'officier chargé du ministère public.

Dans l'examen devant le jury, elles seront lues publiquement aux jurés et soumises aux débats, sous peine de nullité.

513. Dans le cas où l'Empereur aurait porté un décret ordonnant ou autorisant la comparution de quelques-unes des personnes ci-dessus désignées, devant le jury, le même décret impérial désignera le cérémonial à observer à leur égard.

514. A l'égard des ministres autres que le grand-juge, grands officiers de l'Empire, conseillers d'État chargés d'une partie de l'administration publique, généraux en chef, actuellement en service, ambassadeurs ou autres agents de l'Empereur accrédités près les cours étrangères il sera procédé comme il suit :

Si leur déposition est requise devant la cour d'assises

ou devant le juge d'instruction du lieu de leur résidence, ou de celui où ils se trouveraient accidentellement, ils devront la fournir dans les formes ordinaires.

S'il s'agit d'une déposition relative à une affaire poursuivie hors du lieu où ils résident pour l'exercice de leurs fonctions, et de celui où ils se trouveraient accidentellement, et si cette déposition n'est pas requise devant le jury, le président ou le juge d'instruction saisi de l'affaire adressera à celui du lieu où résident ces fonctionnaires, à raison de leurs fonctions, un état des faits, demandes et questions sur lesquels leur témoignage est requis.

S'il s'agit du témoignage d'un agent résidant auprès d'un Gouvernement étranger, cet état sera adressé au grand-juge ministre de la justice, qui en fera le renvoi sur les lieux, et désignera la personne qui recevra la déposition.

515. Le président ou le juge d'instruction auquel sera adressé l'état mentionné en l'article précédent, fera assigner le fonctionnaire devant lui, et recevra sa déposition par écrit.

516. Cette déposition sera envoyée close et cachetée au greffe de la cour ou du juge requérant, communiquée et lue comme il est dit en l'article 512, et sous les mêmes peines.

517. Si les fonctionnaires de la qualité exprimée dans l'article 514, sont cités à comparaître comme témoins devant un jury assemblé hors du lieu où ils résident pour l'exercice de leurs fonctions, ou de celui où ils se trouveraient accidentellement, ils pourront en être dispensés par un décret de l'Empereur.

Dans ce cas, ils déposeront par écrit, et l'on observera les dispositions prescrites par les art. 514, 515 et 516.

CHAPITRE VI.

De la Reconnaissance de l'Identité des individus condamnés, évadés et repris.

518. La reconnaissance de l'identité d'un individu condamné, évadé et repris, sera faite par la cour qui aura prononcé sa condamnation.

Il en sera de même de l'identité d'un individu condamné à la déportation ou au bannissement, qui aura enfreint son ban et sera repris; et la cour, en prononçant l'identité, lui appliquera, de plus, la peine attachée par la loi à son infraction.

519. Tous ces jugements seront rendus sans assistance de jurés, après que la cour aura entendu les témoins appelés tant à la requête du procureur général qu'à celle de l'individu repris, si ce dernier en a fait citer.

L'audience sera publique, et l'individu repris sera présent, à peine de nullité.

520. Le procureur général impérial et l'individu repris pourront se pourvoir en cassation, dans la forme et dans le délai déterminés par le présent Code, contre l'arrêt rendu sur la poursuite en reconnaissance d'identité

CHAPITRE VII.

Manière de procéder en cas de destruction ou d'enlèvement des pièces ou du jugement d'une affaire.

521. Lorsque, par l'effet d'un incendie, d'une inondation ou de toute autre cause extraordinaire, des minutes d'arrêts rendus en matière criminelle ou correctionnelle, et non encore exécutés, ou des procédures encore indécises, auront été détruites, enlevées, ou se trouveront

égarées, et qu'il n'aura pas été possible de les rétablir, il sera procédé ainsi qu'il suit.

522. S'il existe une expédition ou copie authentique de l'arrêt, elle sera considérée comme minute, et en conséquence remise dans le dépôt destiné à la conservation des arrêts.

A cet effet, tout officier public ou tout individu dépositaire d'une expédition ou d'une copie authentique de l'arrêt, est tenu, sous peine d'y être contraint par corps, de la remettre au greffe de la cour qui l'a rendu, sur l'ordre qui en sera donné par le président de cette cour.

Cet ordre lui servira de décharge envers ceux qui auront intérêt à la pièce.

Le dépositaire de l'expédition ou copie authentique de la minute détruite, enlevée ou égarée, aura la liberté, en la remettant dans le dépôt public, de s'en faire délivrer une expédition sans frais.

523. Lorsqu'il n'existera plus, en matière criminelle, d'expédition ni de copie authentique de l'arrêt, si la déclaration du jury existe encore en minute ou en copie authentique, on procédera, d'après cette déclaration, à un nouveau jugement.

524. Lorsque la déclaration du jury ne pourra plus être représentée, ou lorsque l'affaire aura été jugée sans jurés, et qu'il n'en existera aucun acte par écrit, l'instruction sera recommencée, à partir du point où les pièces se trouveront manquer, tant en minute qu'en expédition ou copie authentique.

(Décrété le 14 décembre 1808. Prom. le 24 du même mois.)

TITRE CINQUIÈME.

Des Règlements de Juges et des Renvois d'un Tribunal à un autre.

CHAPITRE PREMIER.

Des Règlements de Juges.

525. TOUTES demandes en règlement de juges seront instruites et jugées sommairement et sur simples mémoires.

526. Il y aura lieu à être réglé de juges par la cour de cassation, en matière criminelle, correctionnelle ou de police, lorsque des cours, tribunaux, ou juges d'instruction, ne ressortissant point les uns aux autres, seront saisis de la connaissance du même délit ou de délits connexes, ou de la même contravention.

527. Il y aura lieu également à être réglé de juges par la cour de cassation, lorsqu'un tribunal militaire ou maritime, ou un officier de police militaire, ou tout autre tribunal d'exception, d'une part; une cour impériale ou d'assises, ou spéciale, un tribunal jugeant correctionnellement, un tribunal de police ou un juge d'instruction, d'autre part; seront saisis de la connaissance du même délit, ou de délits connexes, ou de la même contravention.

528. Sur le vu de la requête et des pièces, la cour de cassation, section criminelle, ordonnera que le tout soit communiqué aux parties, ou statuera définitivement, sauf l'opposition.

529. Dans le cas où la communication serait ordonnée sur le pourvoi en conflit du prévenu, de l'accusé ou de la partie civile, l'arrêt enjoindra à l'un et à l'autre des officiers chargés du ministère public près les autorités judiciaires concurremment saisies, de transmettre les pièces du procès et leur avis motivé sur le conflit.

530. Lorsque la communication sera ordonnée sur le pourvoi de l'un de ces officiers, l'arrêt ordonnera à l'autre de transmettre les pièces et son avis motivé.

531. L'arrêt de *soit communiqué* fera mention sommaire des actes d'où naîtra le conflit, et fixera, selon la distance des lieux, le délai dans lequel les pièces et les avis motivés seront apportés au greffe.

La notification qui sera faite de cet arrêt aux parties, emportera de plein droit sursis au jugement du procès; et, en matière criminelle, à la mise en accusation, ou, si elle a déjà été prononcée, à la formation du jury dans les cours d'assises, et à l'examen dans les cours spéciales, mais non aux actes et aux procédures conservatoires ou d'instruction.

Le prévenu ou l'accusé, et la partie civile, pourront présenter leurs moyens sur le conflit, dans la forme réglée par le chapitre II du titre III du présent livre pour le recours en cassation.

532. Lorsque, sur la simple requête, il sera intervenu arrêt qui aura statué sur la demande en règlement de juges, cet arrêt sera, à la diligence du procureur général près la cour de cassation, et par l'intermédiaire du grand-juge ministre de la justice, notifié à l'officier chargé du ministère public près la cour, le tribunal ou le magistrat dessaisi.

Il sera notifié de même au prévenu ou à l'accusé, et à la partie civile, s'il y en a une.

533. Le prévenu ou l'accusé et la partie civile pourront former opposition à l'arrêt dans le délai de trois jours, et dans les formes prescrites par le chapitre II du titre III du présent livre pour le recours en cassation.

534. L'opposition dont il est parlé au précédent article, entraînera de plein droit sursis au jugement du procès, comme il est dit en l'article 531.

535. Le prévenu qui ne sera pas en arrestation, l'accusé qui ne sera pas retenu dans la maison de justice, et la partie civile, ne seront point admis au bénéfice de l'opposition, s'ils n'ont antérieurement, ou dans le délai fixé par l'article 533, élu domicile dans le lieu où siège l'une des autorités judiciaires en conflit.

A défaut de cette élection, ils ne pourront non plus exciper de ce qu'il ne leur aurait été fourni aucune communication, dont le poursuivant sera dispensé à leur égard.

536. La cour de cassation, en jugeant le conflit, statuera sur tous les actes qui pourraient avoir été faits par la cour, le tribunal ou le magistrat qu'elle dessaisira.

537. Les arrêts rendus sur des conflits ne pourront pas être attaqués par la voie de l'opposition, lorsqu'ils auront été précédés d'un arrêt de *soit communiqué* dûment exécuté.

538. L'arrêt rendu, ou après un *soit communiqué*, ou sur une opposition, sera notifié aux mêmes parties et dans la même forme que l'arrêt qui l'aura précédé.

539. Lorsque le prévenu ou l'accusé, l'officier chargé du ministère public, ou la partie civile, aura excipé de l'incompétence d'un tribunal de première instance, ou d'un juge d'instruction, ou proposé un déclinatoire; soit que l'exception ait été admise ou rejetée, nul ne pourra recourir à la cour de cassation pour être réglé de juges,

sauf à se pourvoir devant la cour impériale contre la décision portée par le tribunal de première instance ou le
juge d'instruction, et à se pourvoir en cassation, s'il y a
lieu, contre l'arrêt rendu par la cour impériale.

540. Lorsque deux juges d'instruction ou deux tribunaux de première instance, établis dans le ressort de la
même cour impériale, seront saisis de la connaissance du
même délit ou de délits connexes, les parties seront réglées de juges par cette cour, suivant la forme prescrite
au présent chapitre, sauf le recours, s'il y a lieu, à la
cour de cassation.

Lorsque deux tribunaux de police simple seront saisis
de la connaissance de la même contravention, ou de contraventions connexes, les parties seront réglées de juges
par le tribunal auquel ils ressortissent l'un et l'autre; et
s'ils ressortissent à différents tribunaux, elles seront réglées par la cour impériale, sauf le recours, s'il y a lieu,
à la cour de cassation.

541. La partie civile, le prévenu ou l'accusé qui succombera dans la demande en règlement de juges qu'il
aura introduite, pourra être condamné à une amende qui
toutefois n'excédera point la somme de trois cent francs,
dont moitié sera pour la partie.

CHAPITRE II.

Des renvois d'un tribunal à un autre.

542. En matière criminelle, correctionnelle et de police, la cour de cassation peut, sur la réquisition du procureur général près cette cour, renvoyer la connaissance
d'une affaire, d'une cour impériale ou d'assises, ou spéciale, à une autre, d'un tribunal correctionnel ou de
police à un autre tribunal de même qualité, d'un juge

d'instruction à un autre juge d'instruction, pour cause de sûreté publique ou de suspicion légitime.

Ce renvoi peut aussi être ordonné sur la réquisition des parties intéressées, mais seulement pour cause de suspicion légitime.

543. La partie intéressée qui aura procédé volontairement devant une cour, un tribunal ou un juge d'instruction, ne sera reçue à demander le renvoi qu'à raison des circonstances survenues depuis, lorsqu'elles seront de nature à faire naître une suspicion légitime.

544. Les officiers chargés du ministère public pourront se pourvoir immédiatement devant la cour de cassation, pour demander le renvoi pour cause de suspicion légitime ; mais, lorsqu'il s'agira d'une demande en renvoi pour cause de sûreté publique, ils seront tenus d'adresser leurs réclamations, leurs motifs et les pièces à l'appui, au grand-juge ministre de la justice, qui les transmettra, s'il y a lieu, à la cour de cassation.

545. Sur le vu de la requête et des pièces, la cour de cassation, section criminelle, statuera définitivement, sauf l'opposition, ou ordonnera que le tout soit communiqué.

546. Lorsque le renvoi sera demandé par le prévenu, l'accusé ou la partie civile, et que la cour de cassation ne jugera à propos ni d'accueillir ni de rejeter cette demande sur-le-champ, l'arrêt en ordonnera la communication à l'officier chargé du ministère public près la cour, le tribunal ou le juge d'instruction saisi de la connaissance du délit, et enjoindra à cet officier de transmettre les pièces avec son avis motivé sur la demande en renvoi ; l'arrêt ordonnera de plus, s'il y a lieu, que la communication sera faite à l'autre partie.

547. Lorsque la demande en renvoi sera formée par

11.

l'officier chargé du ministère public, et que la cour de cassation n'y statuera point définitivement, elle ordonnera, s'il y a lieu, que la communication sera faite aux parties, ou prononcera telle autre disposition préparatoire qu'elle jugera nécessaire.

548. Tout arrêt qui, sur le vu de la requête et des pièces, aura définitivement statué sur une demande en renvoi, sera, à la diligence du procureur général près la cour de cassation, et par l'intermédiaire du grand-juge ministre de la justice, notifié soit à l'officier chargé du ministère public près la cour, le tribunal ou le juge d'instruction dessaisi, soit à la partie civile, au prévenu ou à l'accusé en personne ou au domicile élu.

549. L'opposition ne sera pas reçue, si elle n'est pas formée d'après les règles et dans le délai fixés au chapitre premier du présent titre.

550. L'opposition reçue emporte de plein droit sursis au jugement du procès, comme il est dit en l'article 531.

551. Les articles 525, 530, 531, 534, 535, 536, 537, 538 et 541 seront communs aux demandes en renvoi d'un tribunal à un autre.

552. L'arrêt qui aura rejeté une demande en renvoi, n'exclura pas une nouvelle demande en renvoi fondée sur des faits survenus depuis.

(Décrété le 15 décembre 1808. Prom. le 25 du même mois.)

TITRE SIXIÈME.

DES COURS SPÉCIALES.

CHAPITRE UNIQUE.

De la Compétence, de la Composition des Cours spéciales, et de la Procédure.

SECTION PREMIÈRE.

Compétence de la Cour spéciale.

553. LES crimes commis par des vagabonds, gens sans aveu, et par des condamnés à des peines afflictives ou infamantes, seront jugés, sans jurés, par les juges ci-après désignés, et dans les formes ci-après prescrites.

554. Le crime de rébellion armée à la force armée, celui de contrebande armée, le crime de fausse monnaie et les assassinats, s'ils ont été préparés par des attroupements armés, seront jugés par les mêmes juges et dans les mêmes formes.

555. Si, parmi les prévenus des crimes spécifiés en l'article 553, et qui sont, par la simple qualité des personnes, attribués à la cour spéciale, il s'en trouve qui ne soient point par ladite qualité justiciables de cette cour, le procès et les parties seront renvoyés devant les cours d'assises.

§. Ier.

Composition de la Cour spéciale.

556. La cour spéciale ne pourra juger qu'au nombre de huit juges ; elle sera composée, 1° du président de la

cour d'assises, lorsqu'il sera sur les lieux: en son absence, ou en cas d'empêchement, d'un des membres de la cour impériale qui aurait été délégué à la cour d'assises; et, à leur défaut, du président du tribunal de première instance dans le ressort duquel la cour spéciale tiendra ses séances; 2° des quatre juges formant, aux termes des articles 253 et 254, avec le président, la cour d'assises; 3° de trois militaires ayant au moins le grade de capitaine.

Une loi particulière réglera l'organisation de la cour spéciale du département de la Seine

557. Dans le département où siège la cour impériale, le procureur général, ou l'un de ses substituts, remplira, auprès de la cour spéciale, les fonctions du ministère public.

Le greffier de la cour, ou un de ses commis assermentés, y exercera ses fonctions.

558. Dans les autres départements, les fonctions du ministère public seront exercées par le procureur impérial criminel;

Et les fonctions de greffier seront remplies par le greffier du tribunal de première instance, ou par un de ses commis assermentés.

559. Les trois militaires seront âgés d'au moins trente ans, et nommés chaque année par SA MAJESTÉ. Ils auront trois suppléants du même grade, nommés également par SA MAJESTÉ.

§. II.

Epoques et Lieux des Sessions de la Cour spéciale.

560. La cour spéciale sera convoquée toutes les fois que l'instruction d'une affaire de sa compétence sera complétée.

561. Le jour et le lieu où la session devra s'ouvrir, seront fixés par la cour impériale.

La session ne sera terminée qu'après que toutes les affaires de sa compétence qui étaient en état lors de son ouverture, y auront été portées.

562. Les dispositions contenues aux articles 254, 255, 256, 257, 258, 261, 264 et 265, relatifs aux cours d'assises, reçoivent leur application pour les cours spéciales.

§. III.

Fonctions du Président.

563. Le président est chargé d'entendre l'accusé lors de son arrivée dans la maison de justice.

Il pourra déléguer ces fonctions à l'un des juges.

Il dirige l'instruction et les débats.

Il détermine l'ordre entre ceux qui demandent à parler.

Il a la police de l'audience.

564. Les dispositions contenues aux articles 268, 269 et 270, relatifs aux autres attributions du président de la cour d'assises, sont communes au président de la cour spéciale.

§. IV.

Fonctions du Procureur général impérial et du Procureur impérial criminel.

565. Le procureur général impérial et son substitut le procureur impérial criminel exercent respectivement, dans les cours spéciales, les fonctions qui leur sont attribuées pour la poursuite, l'instruction, le jugement, dans les affaires de la compétence des cours d'assises, et qui sont réglées par les articles 271, 272, 273, 274, 275,

276, 277, par la première disposition de l'article 278, par l'article 279 et suivants, jusques et compris l'article 290.

SECTION II.

Instruction et Procédure antérieure à l'ouverture des débats.

566. La poursuite des crimes qui sont de la compétence de la cour spéciale, sera faite suivant les formes établies pour la poursuite des crimes dont le jugement est de la compétence des tribunaux ordinaires.

567. L'arrêt de la cour impériale qui renvoie à la cour spéciale, et l'acte d'accusation, seront, dans les trois jours, signifiés à l'accusé.

568. Le procureur général impérial adressera, dans le même délai, expédition de l'arrêt au grand-juge ministre de la justice, pour être transmise à la cour de cassation.

569. La section criminelle de cette cour prendra connaissance de tous les arrêts de renvoi aux cours spéciales qui lui auront été déférés, et y statuera, toutes affaires cessantes.

570. La cour de cassation, en prononçant sur la compétence, prononcera en même temps et par le même arrêt sur les nullités qui, d'après l'article 299, pourraient se trouver dans l'arrêt de renvoi.

571. Aussitôt que l'accusation aura été prononcée, et sans attendre l'arrêt de la cour de cassation, l'instruction sera continuée sans délai jusqu'à l'ouverture des débats exclusivement, et dans les formes ci-après.

572. Les dispositions contenues aux articles 291, 292, 293, 294, 295, au dernier paragraphe de l'article 296 et aux articles 302, 303, 304, 305, 307 et 308, relatifs à l'instruction des procès de la compétence

des cours d'assises , sont applicables à l'instruction des procès de la competence des cours spéciales.

SECTION III.

De l'Examen.

573. Dans les trois jours de la réception de l'arrêt de la cour de cassation, le ministère public près la cour impériale fera ses diligences pour la convocation la plus prompte de la cour spéciale.

574. Les dispositions contenues aux articles 310, 311, 313, 314, 315, 316, 317, 318, 319, 320, 321, 322, 323, 324, 325, 326 et 327, relatifs à l'examen et aux débats devant la cour d'assises, seront observées dans l'examen et les débats devant la cour spéciale.

Chaque témoin, après sa déposition, restera dans l'auditoire, si le président n'en a ordonné autrement, jusqu'à ce que la cour se soit retirée en la chambre du conseil pour y délibérer le jugement.

575. Pendant l'examen, le ministère public et les juges pourront prendre note de ce qui leur paraîtra important, soit dans les dépositions des témoins, soit dans la défense de l'accusé, pourvu que la discussion n'en soit pas interrompue.

576. Les dispositions contenues aux articles 329, 330, 331, 332, 333, 334 et 335, seront observées dans l'examen devant la cour spéciale.

Le ministère public donnera des conclusions motivées, et requerra, s'il y a lieu, l'application de la peine.

577. Le président fera retirer l'accusé de l'auditoire.

578. L'examen et les débats, une fois entamés, devront être continués sans interruption. Le président ne

pourra les suspendre que pendant les intervalles nécessaires pour le repos des juges, des témoins et des accusés.

579. Les dispositions contenues aux articles 354,
355 et 356 seront exécutées.

SECTION IV.

Du Jugement.

580. La cour se retirera en la chambre du conseil,
pour y délibérer.

581. Le président posera les questions, et recueillera
les voix.

Les trois juges militaires opineront les premiers, en
commençant par le plus jeune.

482 Le jugement de la cour se formera à la majorité.

583. En cas d'égalité de voix, l'avis favorable à l'accusé prévaudra.

584. L'arrêt qui acquittera l'accusé, statuera sur les
dommages-intérêts respectivement prétendus, après que
les parties auront proposé leurs fins de non-recevoir ou
leurs défenses, et que le procureur général aura été entendu.

La cour pourra néanmoins, si elle le juge convenable,
commettre l'un des juges pour entendre les parties, prendre connaissance des pièces, et faire son rapport à l'audience, où les parties pourront encore présenter leurs
observations, et où le ministère public sera de nouveau
entendu.

585. Les demandes en dommages-intérêts, formées,
soit par l'accusé contre ses dénonciateurs ou la partie civile, soit par la partie civile contre l'accusé ou le condamné, seront portées à la cour spéciale.

La partie civile est tenue de former sa demande en

dommages-intérêts avant le jugement; plus tard, elle sera non recevable.

Il en est de même de l'accusé, s'il a connu son dénonciateur;

Dans le cas où l'accusé n'aurait connu son dénonciateur que depuis le jugement, mais avant la fin de la session, il sera tenu, sous peine de déchéance, de porter sa demande à la cour spéciale. S'il ne l'a connu qu'après la clôture de la session, sa demande sera portée au tribunal civil.

A l'égard des tiers qui n'auraient pas été parties au procès, ils s'adresseront au tribunal civil.

586. Les articles 36o et 36ı recevront leur exécution.

587. Si la cour déclare l'accusé convaincu du crime porté en l'accusation, son arrêt prononcera la peine établie par la loi, et statuera en même temps sur les dommages-intérêts prétendus par la partie civile.

588. La cour pourra, dans les cas prévus par la loi, déclarer l'accusé excusable.

589. Si, par le résultat des débats, le fait dont l'accusé est convaincu était dépouillé des circonstances qui le rendaient justiciable de la cour spéciale, ou n'était pas de nature à entraîner peine afflictive ou infamante; au premier cas, la cour renverra, par un arrêt motivé, l'accusé et le procès devant la cour d'assises, qui prononcera, quel que soit ensuite le résultat des débats; au deuxième cas, la cour pourra appliquer, s'il y a lieu, les peines correctionnelles ou de police encourues par l'accusé.

590. L'article 367 sera exécuté.

591. L'arrêt sera prononcé à haute voix par le président, en présence du public et de l'accusé.

592. L'arrêt contiendra, sous les peines prononcées

par l'article 309, le texte de la loi sur lequel il est fondé : ce texte sera lu à l'accusé.

593. La minute de l'arrêt sera signée par les juges qui l'auront rendu, à peine de cent francs d'amende contre le greffier, et de prise à partie tant contre le greffier que contre les juges. Elle sera signée dans les vingt-quatre heures de la prononciation de l'arrêt.

594. Après avoir prononcé l'arrêt, le président pourra, selon les circonstances, exhorter l'accusé à la fermeté, à la résignation ou à réformer sa conduite.

595. La cour, après la prononciation de l'arrêt, pourra, pour des motifs graves, recommander l'accusé à la commisération de l'Empereur.

Cette recommandation ne sera point insérée dans l'arrêt, mais dans un procès-verbal séparé, secret et motivé, dressé en la chambre du conseil, le ministère public entendu, et signé comme la minute de l'arrêt de condamnation.

Expédition dudit procès-verbal, ensemble de l'arrêt de condamnation, sera adressée de suite par le procureur général impérial au grand-juge ministre de la justice.

596. Les dispositions contenues en l'article 372 seront applicables à la cour spéciale.

597. L'arrêt ne pourra être attaqué par voie de cassation.

SECTION V.

De l'Exécution de l'Arrêt.

598. L'arrêt sera exécuté dans les vingt-quatres heures, à moins que le tribunal n'eût usé de la faculté qui lui est accordée par l'article 595.

599. Les articles 376, 377, 378, 379 et 380 seront exécutés.

(Décrété le 16 décembre 1808. Prom. le 26 du même mois.)

TITRE SEPTIÈME.

De quelques objets d'Intérêt public et de Sûreté générale.

CHAPITRE PREMIER.

Du Dépôt général de la notice des Jugements.

600. Les greffiers des tribunaux correctionnels et des cour d'assises et spéciales, seront tenus de consigner, par ordre alphabétique, sur un registre particulier, les noms, prénoms, professions, âge et résidence de tous les individus condamnés à un emprisonnement correctionnel ou à une plus forte peine : ce registre contiendra une notice sommaire de chaque affaire et de la condamnation, à peine de cinquante francs d'amende pour chaque omission.

601. Tous les trois mois, les greffiers enverront, sous peine de cent francs d'amende, copie de ces registres au grand-juge ministre de la justice et au ministre de la police générale.

602. Ces deux ministres feront tenir, dans la même forme, un registre général composé de ces diverses copies.

CHAPITRE II.

Des Prisons, Maisons d'arrêt et de justice.

603. Indépendamment des prisons établies pour peines, il y aura dans chaque arrondissement, près du tribunal de première instance, une maison d'arrêt pour y retenir les prévenus; et près de chaque cour d'assises,

une maison de justice pour y retenir ceux contre lesquels il aura été rendu une ordonnance de prise de corps.

604. Les maisons d'arrêt et de justice seront entièrement distinctes des prisons établies pour peines.

605. Les préfets veilleront à ce que ces différentes maisons soient non seulement sûres, mais propres, et telles que la santé des prisonniers ne puisse être aucunement altérée.

606. Les gardiens de ces maisons seront nommés par les préfets.

607. Les gardiens des maisons d'arrêt, des maisons de justice et des prisons, seront tenus d'avoir un registre.

Ce registre sera signé et paraphé, à toutes les pages, par le juge d'instruction, pour les maisons d'arrêt; par le président de la cour d'assises, ou, en son absence, par le président du tribunal de première instance, pour les maisons de justice; et par le préfet, pour les prisons pour peines.

608. Tout exécuteur de mandat d'arrêt, d'ordonnance de prise de corps, d'arrêt ou de jugement de condamnation, est tenu, avant de remettre au gardien la personne qu'il conduira, de faire inscrire sur le registre l'acte dont il sera porteur; l'acte de remise sera écrit devant lui.

Le tout sera signé tant par lui que par le gardien.

Le gardien lui en remettra une copie signée de lui, pour sa décharge.

609. Nul gardien ne pourra, à peine d'être poursuivi et puni comme coupable de détention arbitraire, recevoir ni retenir aucune personne qu'en vertu soit d'un mandat de dépôt, soit d'un mandat d'arrêt décerné selon les formes prescrites par la loi, soit d'un arrêt de renvoi devant une cour d'assises ou une cour spéciale, d'un décret d'accusation ou d'un arrêt ou jugement de condamnation

à peine afflictive ou à un emprisonnement, et sans que la transcription en ait été faite sur son registre.

610. Le registre ci-dessus mentionné contiendra également, en marge de l'acte de remise, la date de la sortie du prisonnier, ainsi que l'ordonnance, l'arrêt ou le jugement en vertu duquel elle aura lieu.

611. Le juge d'instruction est tenu de visiter, au moins une fois par mois, les personnes retenues dans la maison d'arrêt de l'arrondissement.

Une fois au moins dans le cours de chaque session de la cour d'assises, le président de cette cour est tenu de visiter les personnes retenues dans la maison de justice.

Le préfet est tenu de visiter, au moins une fois par an, toutes les maisons de justice et prisons, et tous les prisonniers du département.

612. Indépendamment des visites ordonnées par l'article précédent, le maire de chaque commune où il y aura soit une maison d'arrêt, soit une maison de justice, soit une prison, et, dans les communes où il y aura plusieurs maires, le préfet de police, ou le commissaire général de police, est tenu de faire, au moins une fois par mois, la visite de ces maisons.

613. Le maire, le préfet de police ou le commissaire général de police, veillera à ce que la nourriture des prisonniers soit suffisante et saine : la police de ces maisons lui appartiendra.

Le juge d'instruction et le président des assises pourront néanmoins donner respectivement tous les ordres qui devront être exécutés dans les maisons d'arrêt et de justice, et qu'ils croiront nécessaires, soit pour l'instruction, soit pour le jugement.

614. Si quelque prisonnier use de menaces, injures ou violences, soit à l'égard du gardien ou de ses préposés,

12.

soit à l'égard des autres prisonniers, il sera, sur les ordres de qui il appartiendra, resserré plus étroitement, enfermé seul, même mis aux fers, en cas de fureur ou de violence grave, sans préjudice des poursuites auxquelles il pourrait avoir donné lieu.

CHAPITRE III.

Des Moyens d'assurer la liberté individuelle contre les détentions illégales, ou d'autres actes arbitraires.

615. En exécution des articles 77, 78, 79, 80, 81 et 82 de l'acte des constitutions de l'Empire, du 22 frimaire an 8 (1), quiconque aura connaissance qu'un

---

(1) Art. 77. « Pour que l'acte qui ordonne l'arresta- « tion d'une personne puisse être exécuté, il faut 1° qu'il « exprime formellement le motif de l'arrestation, et la « loi en exécution de laquelle elle est ordonnée; 2° qu'il « émane d'un fonctionnaire à qui la loi ait donné formel- « lement ce pouvoir; 3° qu'il soit notifié à la personne « arrêtée, et qu'il lui en soit laissé copie. »

Art. 78. « Un gardien ou geolier ne peut recevoir ou « détenir aucune personne qu'après avoir transcrit sur « son registre l'acte qui ordonne l'arrestation; cet acte « doit être un mandat donné dans les formes prescrites « par l'article précédent, ou une ordonnance de prise de « corps, ou un décret d'accusation, ou un jugement. »

Art. 79. « Tout gardien ou geolier est tenu, sans « qu'aucun ordre puisse l'en dispenser, de représenter la « personne détenue à l'officier civil ayant la police de la « maison de détention, toutes les fois qu'il en sera requis « par cet officier. »

individu est détenu dans un lieu qui n'a pas été destiné à servir de maison d'arrêt, de justice ou de prison, est tenu d'en donner avis au juge de paix, au procureur impérial, ou à son substitut, ou au juge d'instruction, ou au procureur général près la cour impériale.

616. Tout juge de paix, tout officier chargé du ministère public, tout juge d'instruction, est tenu d'office, ou sur l'avis qu'il en aura reçu, sous peine d'être poursuivi comme complice de détention arbitraire, de s'y transporter aussitôt, et de faire mettre en liberté la personne détenue; ou, s'il est allégué quelque cause légale de détention, de la faire conduire sur-le-champ devant le magistrat compétent.

Art. 80. « La représentation de la personne détenue « ne pourra être refusée à ses parents et amis, porteurs « de l'ordre de l'officier civil, lequel sera toujours tenu de « l'accorder, à moins que le gardien ou le geôlier ne re- « présente une ordonnance du juge pour tenir la per- « sonne au secret. »

Art. 81. « Tous ceux qui, n'ayant point reçu de la loi « le pouvoir de faire arrêter, donneront, signeront, exé- « cuteront l'arrestation d'une personne quelconque; tous « ceux qui, même dans le cas de l'arrestation autorisée « par la loi, recevront ou retiendront la personne arrêtée « dans un lieu de détention non publiquement et lé- « galement désigné comme tel, et tous les gardiens ou « geôliers qui contreviendront aux dispositions des trois « articles précédents, seront coupables du crime de dé- « tention arbitraire. »

Art. 82. « Toutes rigueurs employées dans les arres- « tations, détentions ou exécutions, autres que celles au- « torisées par les lois, sont des crimes. »

Il dressera du tout son procès-verbal.

617. Il rendra, au besoin, une ordonnance dans la forme prescrite par l'article 93 du présent Code.

En cas de résistance, il pourra se faire assister de la force nécessaire; et toute personne requise est tenue de prêter main-forte.

618. Tout gardien qui aura refusé ou de montrer au porteur de l'ordre de l'officier civil ayant la police de la maison d'arrêt, de justice, ou de la prison, la personne du détenu, sur la réquisition qui en sera faite, ou de montrer l'ordre qui le lui défend, ou de faire au juge de paix l'exhibition de ses registres, ou de lui laisser prendre telle copie que celui-ci croira nécessaire de partie de ses registres, sera poursuivi comme coupable ou complice de détention arbitraire.

CHAPITRE IV.

De la Réhabilitation des Condamnés.

619. Tout condamné à une peine afflictive ou infamante qui aura subi sa peine, pourra être réhabilité.

La demande en réhabilitation ne pourra être formée par les condamnés aux travaux forcés à temps ou à la réclusion, que cinq ans après l'expiration de leur peine; et par les condamnés à la peine du carcan, que cinq ans à compter du jour de l'exécution de l'arrêt.

620. Nul ne sera admis à demander sa réhabilitation, s'il ne demeure depuis cinq ans dans le même arrondissement communal, s'il n'est pas domicilié depuis deux ans accomplis dans le territoire de la municipalité à laquelle sa demande est adressée, et s'il ne joint à sa demande des attestations de bonne conduite qui lui auront été données par les conseils municipaux et par les muni-

cipalités dans le territoire desquelles il aura demeuré ou résidé pendant le temps qui aura précédé sa demande.

Ces attestations de bonne conduite ne pourront lui être délivrées qu'à l'instant où il quitterait son domicile ou son habitation.

Les attestations exigées ci-dessus devront être approuvées par le sous-préfet et le procureur impérial ou son substitut, et par les juges de paix des lieux où il aura demeuré ou résidé.

621. La demande en réhabilitation, les attestations exigées par l'article précédent, et l'expédition du jugement de condamnation, seront déposées au greffe de la cour impériale dans le ressort de laquelle résidera le condamné.

622. La requête et les pièces seront communiquées au procureur général impérial : il donnera des conclusions motivées et par écrit.

623. L'affaire sera rapportée à la chambre criminelle.

624. La cour et le ministère public pourront, en tout état de cause, ordonner de nouvelles informations.

625. La notice de la demande en réhabilitation sera insérée au journal judiciaire du lieu où siège la cour qui devra donner son avis, et du lieu où la condamnation aura été prononcée.

626. La cour, le procureur général impérial entendu, donnera son avis.

627. Cet avis ne pourra être donné que trois mois au moins après la présentation de la demande en réhabilitation.

628. Si la cour est d'avis que la demande en réhabilitation ne peut être admise, le condamné pourra se pourvoir de nouveau après un nouvel intervalle de cinq ans.

629. Si la cour pense que la demande en réhabilitation peut être admise, son avis, ensemble les pièces exigées par l'article 620, seront, par le procureur général impérial, et dans le plus bref délai, transmis au grand-juge ministre de la justice, qui pourra consulter le tribunal qui aura prononcé la condamnation.

630. Il en sera fait rapport à SA MAJESTÉ par le grand-juge, dans un conseil privé, formé aux termes de l'article 86 de l'acte des constitutions de l'Empire du 16 thermidor an 10.

631. Si la réhabilitation est prononcée, il en sera expédié des lettres où l'avis de la cour sera inséré.

632. Les lettres de réhabilitation seront adressées à la cour qui aura délibéré l'avis : il en sera envoyé copie authentique à la cour qui aura prononcé la condamnation, et transcription des lettres sera faite en marge de la minute de l'arrêt de condamnation.

633. La réhabilitation fera cesser, pour l'avenir, dans la personne du condamné toutes les incapacités qui résulteraient de la condamnation.

634. Le condamné pour récidive ne sera jamais admis à la réhabilitation.

CHAPITRE V.
De la Prescription.

635. Les peines portées par les arrêts ou jugements rendus en matière criminelle se prescriront par vingt années révolues, à compter de la date des arrêts ou jugements.

Néanmoins, le condamné ne pourra résider dans le département où demeurerait, soit celui sur lequel ou contre la propriété duquel le crime aurait été commis, soit ses héritiers directs.

Le Gouvernement pourra assigner au condamné le lieu de son domicile.

636. Les peines portées par les arrêts ou jugements rendus en matière correctionnelle se prescriront par cinq années révolues, à compter de la date de l'arrêt ou jugement rendu en dernier ressort; et à l'égard des peines prononcées par les tribunaux de première instance, à compter du jour où ils ne pourront plus être attaqués par la voie de l'appel.

637. L'action publique et l'action civile résultant d'un crime de nature à entraîner la peine de mort, ou des peines afflictives perpétuelles, ou de tout autre crime emportant peine afflictive ou infamante, se prescriront après dix années révolues, à compter du jour où le crime aura été commis, si dans cet intervalle il n'a été fait aucun acte d'instruction ni de poursuite.

S'il a été fait, dans cet intervalle, des actes d'instruction ou de poursuite non suivis de jugement, l'action publique et l'action civile ne se prescriront qu'après dix années révolues, à compter du dernier acte, à l'égard même des personnes qui ne seraient pas impliquées dans cet acte d'instruction ou de poursuite.

638. Dans les deux cas exprimés en l'article précédent, et suivant les distinctions d'époques qui y sont établies, la durée de la prescription sera réduite à trois années révolues, s'il s'agit d'un délit de nature à être puni correctionnellement.

639. Les peines portées par les jugements rendus pour contraventions de police seront prescrites après deux années révolues, savoir, pour les peines prononcées par arrêt ou jugement en dernier ressort; à compter du jour de l'arrêt; et à l'égard des peines prononcées par les tri-

bunaux de première instance, à compter du jour où ils ne pourront plus être attaqués par la voie de l'appel.

640. L'action publique et l'action civile pour une contravention de police seront prescrites après une année révolue, à compter du jour où elle aura été commise, même lorsqu'il y aura eu procès-verbal, saisie, instruction ou poursuite, si, dans cet intervalle, il n'est point intervenu de condamnation; s'il y a eu un jugement définif de première instance, de nature à être attaqué par la voie de l'appel, l'action publique et l'action civile se prescriront après une année revolue, à compter de la notification de l'appel qui en aura été interjeté.

641. En aucun cas, les condamnés par défaut ou par contumace, dont la peine est prescrite, ne pourront être admis à se présenter pour purger le défaut ou la contumace.

642. Les condamnations civiles portées par les arrêts ou par les jugements rendus en matière criminelle, correctionnelle ou de police, et devenus irrévocables, se prescriront d'après les règles établies par le Code Napoléon.

643. Les dispositions du présent chapitre ne dérogent point aux lois particulières relatives à la prescription des actions résultant de certains délits ou de certaines contraventions.

FIN DU CODE D'INSTRUCTION CRIMINELLE.

MOTIFS

DU LIVRE Ier, CHAPITRE I A VIII,

DU

CODE

D'INSTRUCTION CRIMINELLE,

PRÉSENTÉS AU CORPS LÉGISLATIF

PAR MM. TREILHARD, RÉAL ET FAURE,
Conseillers d'État.

Séance du 7 novembre 1808.

MESSIEURS,

Vous êtes appelés par SA MAJESTÉ Impériale à donner au peuple français, dans le cours de votre session, un Code d'instruction criminelle, et nous vous en présentons le premier livre.

Il ne suffit pas que nos lois sur l'instruction publique fassent espérer une grande amélioration en préparant le développement des vertus et des talents que la nature a placés dans nos âmes ; des règlements sages dirigeront, il est vrai, les premiers pas du citoyen dans la ligne de ses devoirs ; il apprendra de bonne heure cette grande vérité, qu'il n'est pas pour ceux qui s'écartent de cette ligne, de vraie prospérité ni de bonheur durable.

Mais, lorsque les barrières qui doivent nous séparer

a

du crime sont une fois rompues, il faut bien qu'on se saisisse des méchants pour les ramener à l'ordre, s'il est possible, ou pour effrayer par l'exemple de leur punition tous ceux qui seraient tentés de les imiter.

Voilà, Messieurs, l'objet des lois criminelles : ils seraient imparfaits, ces monuments de législation que SA MAJESTÉ élève à la raison et à la philosophie pour le bonheur de l'humanité, si l'on n'y trouvait pas des moyens de répression contre les pervers.

Constater les atteintes portées à l'ordre social, convaincre les coupables, appliquer les peines, voilà le devoir du magistrat.

Le devoir du législateur est de tracer au magistrat des règles sûres qui le mèneront promptement à la connaissance des faits.

Le législateur établira ensuite contre chaque espèce de crimes et de délits, des peines proportionnées, des peines justes, des peines suffisamment réprimantes, et jamais atroces.

C'est ainsi que le peuple français pourra s'honorer de deux Codes, qui, réunis, formeront l'ensemble du Code criminel.

Nous ne nous occupons, quant à présent, que du premier, du Code d'instruction.

Est-il nécessaire d'observer que la marche d'une instruction criminelle est d'une toute autre importance que celle d'une procédure civile ? Ici, deux citoyens se présentent à la justice pour un objet qui n'intéresse qu'eux ; l'un expose sa demande, l'autre sa défense : ils produisent leurs titres, le juge prononce.

En matière criminelle, ce n'est pas contre un citoyen isolé qu'il faut se défendre : c'est le corps social qui est la véritable partie ; c'est la société entière blessée par l'infraction de la paix et de la sûreté publique, qui presse le jugement et la condamnation d'un coupable.

En matière civile, la partie publique est toujours muette; ou si elle se montre, c'est pour l'avantage de quelques citoyens que leur âge, leur faiblesse, ou leur absence, mettent dans l'impossibilité d'agir; ou pour l'intérêt de quelque administration, ou pour l'observation de quelques formes utiles, sans doute, mais presque toujours relatives à des intérêts particuliers. Mais en matière criminelle, le ministère de la partie publique est toujours forcé; elle recherche, elle poursuit, elle requiert; chaque pas dans la procédure est, pour ainsi dire, un acte du magistrat.

Ce n'est pas ici une portion seulement de la fortune du citoyen qui est en péril, c'est toute son existence : c'est sa vie, c'est son honneur qui répondent à la société de la réparation qui lui est due; et l'erreur du magistrat ferait toujours une vaste plaie à l'ordre public, soit en frappant un innocent, soit en déchaînant un coupable.

Si une mûre discussion a dû préparer le Code de procédure civile que vous avez sanctionné, quelle réflexion profonde, quelle attention religieuse n'a-t-on pas dû porter dans la rédaction d'un Code d'instruction criminelle !

Les lois dont il est composé ont toutes pour objet, ou la marche de la procédure, ou le jugement, ou l'exécution.

A qui sera confiée l'instruction ? quelle est l'autorité qui prononcera ?

Déja se présente à vos esprits la grande distinction du fait et du droit; aurons-nous des personnes particulièrement et uniquement chargées de prononcer sur le fait ? Cette faculté sera-t-elle déléguée à des citoyens choisis parmi les plus éclairés et les plus probes, à des citoyens fortement intéressés au maintien de la société par les avantages qu'ils en retirent, à des citoyens enfin dont la moralité notoire pourra garantir aux accusés cette attention bienfaisante et soutenue que chacun réclamerait pour soi-même, dans l'état pénible d'une accusation?

Si le jury ne pouvait être dégagé des vices dont il fut souillé à des époques funestes (encore trop près de nous si nous ne calculons que les jours, mais qui sont à mille siècles si nous considérons les évènements), cette institution devrait être proscrite.

Mais, si nous n'avons pas oublié qu'elle fut provoquée par le vœu national; si nous nous rappelons les effets salutaires qu'elle produisit jusqu'à l'époque où nos agitations intestines en corrompirent le principe; si nous ne voulons pas nous dissimuler qu'aucune institution n'échappa à l'influence fatale qui dénatura le jury; enfin, si nous sommes convaincus, comme nous devons l'être, que le corps social est entièrement dégagé de l'atmosphère impur qui l'enveloppait; si nous voyons dans toutes les parties se dissiper entièrement l'éclipse des principes d'ordre et de justice; il sera difficile aux personnes qui réfléchissent de renoncer à l'institution du jury. Eh! pourquoi ne verrions-nous pas reluire l'éclat des premiers jours de cet établissement? La nation française est-elle aujourd'hui moins jalouse de sa liberté civile? le sang d'un citoyen est-il moins précieux? la haine du crime est-elle moins fortement gravée dans nos âmes? sommes-nous moins disposés à acheter par le sacrifice de quelques instants, dans le cours de la vie, un bien dont nous nous montrâmes si jaloux? aimons-nous moins un Gouvernement dont nous éprouvons tous les jours la sagesse? et lorsque le génie qui a porté la gloire du nom français jusqu'aux extrémités de la terre, propose de confier la sûreté du peuple et le sort des générations futures à l'institution du jury, lorsque les regards et les bienfaits du souverain doivent se fixer sur les citoyens qui en auront dignement rempli les fonctions, qui de nous pourrait s'y porter avec dégoût ou avec tiédeur ?

Il faut, il faut sans doute, des réformes salutaires dans la pratique actuelle de cette institution. On a dû circonscrire le cercle dans lequel les jurés seraient choisis, afin de garantir de bons choix à la nation ; il a fallu assurer aux citoyens une faculté d'exercer des récusations qui ne seraient pas illusoires, et trouver un mode qui ne donnât pas aux accusés une connaissance prématurée de leurs jurés ; il était convenable de prévenir, par une organisation sagement combinée, l'appel trop fréquent d'une même personne. Ce n'est pas un état de juré qu'on a dû créer, et l'exercice répété de cette honorable fonction aurait le double inconvénient d'affaiblir par l'habitude cette vénération profonde dont le juré doit être pénétré quand il pose le pied dans le sanctuaire, et de lui devenir onéreuse en l'enlevant trop souvent à ses occupations habituelles. Enfin, en interrogeant la conscience du jury, il ne faut exiger d'elle qu'une réponse simple, dégagée de toutes formes, inspirée par la force d'une profonde conviction.

L'expérience dictait ce qu'on a dû faire et ce qu'on a fait. Qu'on cesse actuellement de nous répéter que les jurés sont dépourvus de la connaissance du droit et des formes judiciaires. Eh ! quel besoin les jurés ont-ils de connaître le droit et les formes ? Est-ce aux jurés qu'est confiée l'observation des formes et des lois ? Ils auront, pour prononcer sur un fait, des qualités bien plus précieuses ; la justesse d'esprit, la droiture du cœur et la connaissance du monde.

a.

Ils porteront toujours cette attention profonde et salutaire qui ne manque jamais dans l'exercice d'une fonction
auguste, quand on la remplit rarement ; ils seront pénétrés d'un religieux respect pour le malheur (car jusqu'au
moment de la condamnation il n'y a pas de coupable reconnu), respect qui s'affaiblit insensiblement quand on
a tous les jours devant soi le spectacle de l'infortune ; surtout ils n'auront pas contracté une certaine insensibilité
dont on a tant de peine à se défendre pour des maux dont
on est habituellement le témoin. Au reste, Messieurs, on
a dit depuis long-temps tout ce qu'on pouvait dire pour
et contre l'institution du jury ; et la loi sur cette matière
vous sera bientôt présentée par un orateur aux talents
duquel vous avez déjà plusieurs fois applaudi.

En maintenant le jury on n'a pas dû renoncer à une
autre institution dont l'expérience de plusieurs années a
fait connaître la nécessité ; je veux parler des tribunaux
spéciaux, établis pour certains crimes dont la poursuite ne
peut être trop active, le jugement trop prompt et la punition trop exemplaire ; et contre certaines personnes qui,
loin de présenter à la société le moindre gage, sont déjà
d'avance signalées comme ses fléaux : aussi votre sagesse
a-t-elle déjà sanctionné une première fois cet établissement.

La marche générale de l'instruction ne pourrait pas
s'appliquer à toutes les espèces de crimes, ni à toutes les
circonstances qui se présentent dans le cours d'une affaire ; on a dû y pourvoir. Le Code offrira des règles appropriées à l'instruction du crime de faux, espèce de crime
qui attaque si désastreusement la fortune publique et les
fortunes particulières, qui se fabrique dans l'ombre, dont
les auteurs se cachent avec un art si perfide, et dont la conviction ne s'opère qu'à l'aide de toute la sagacité et de

toute l'expérience des gens de l'art chargés des vérifications et des comparaisons.

Vous trouverez aussi, Messieurs, dans la suite des lois
qui vous seront présentées, une forme d'instruction pour
les contumaces, un mode de suppléer aux minutes des
arrêts rendus en matière criminelle, et des autres pièces
enlevées ou détruites par des causes extraordinaires, et
une manière de constater l'identité des individus condamnés, évadés et repris.

Vous pensez bien que nous n'aurons pas oublié de
tracer une route pour parvenir à un règlement de juges,
ou pour obtenir un renvoi à un autre tribunal ; deux
ressources que la loi réserve aux citoyens, ou pour calmer
des inquiétudes légitimes, ou pour fixer tous les doutes
sur la compétence des magistrats.

Vous trouverez aussi, Messieurs, dans la suite du travail, la manière de se pourvoir contre les arrêts rendus en
matière criminelle, soit par la voie de la cassation pour
l'inobservation des formes rigoureusement prescrites à
peine de nullité, ou pour les contraventions expresses à
la loi, soit par la voie de la révision dans quelques cas,
heureusement très-rares, comme, par exemple, celui
d'un condamné pour meurtre d'un homme qui se représente.

Enfin, Messieurs, il est une classe de citoyens qui mérite l'attention spéciale du législateur, et dont la conduite
doit être plus exempte de reproches, en raison de ce
qu'ils sont eux-mêmes chargés de faire observer les lois :
je parle des juges. Il faut les garantir des passions qui
peuvent se soulever contre eux, souvent peut-être parce
qu'ils auront rempli des devoirs austères, et il faut aussi
garantir à la société que leurs fautes ne resteront pas im-
punies ; la loi indique un mode d'instruction des délits

par eux commis dans l'exercice et hors l'exercice de leurs fonctions.

Je n'entrerai pas dans d'autres détails; tout ce que je peux dire, c'est que le Code d'instruction criminelle sera complet. Les citoyens y trouveront une marche fixe dans toutes les circonstances, et les magistrats une règle sûre pour toute leur conduite.

Une dernière loi aura pour objet quelques points d'intérêt public et d'utilité générale. Là se trouveront les règles sur la réhabilitation des condamnés.

La réhabilitation! A ce mot votre âme commence à respirer.

C'est un devoir bien pénible, c'est un cruel ministère que celui de poursuivre des accusés et de condamner des coupables : toujours sous les yeux la prison, les fers, la mort!

Il faut bien semer quelques consolations sur cette triste perspective.

L'homme condamné à la réclusion, ou aux travaux forcés à temps, serait-il donc perdu pour toujours pour la société? N'existe-t-il aucun moyen de le rappeler à ses devoirs? est-il absolument impossible d'effacer de son front la tache d'infamie dont il fut couvert? et ne peut-on pas le recréer encore pour la vertu?

Elle est difficile, cette métamorphose, j'en conviens; mais ne repoussons cependant pas tout espoir.

L'ordre qui doit régner dans les maisons de force peut contribuer puissamment à régénérer les condamnés. Les vices de l'éducation, la contagion des mauvais exemples, l'oisiveté, l'oisiveté proclamée avec tant de raison la mère de tous les vices, ont enfanté tous les crimes.

Eh bien! essayons de fermer ces sources de corruption; que les règles d'une morale saine soient constamment pratiquées dans les maisons de force ; qu'obligés à un travail qu'ils finiront par aimer quand ils en recueilleront le fruit, les condamnés y contractent l'habitude, le goût et le besoin de l'occupation ; qu'ils se donnent respectivement l'exemple d'une vie laborieuse ; elle deviendra bientôt une vie pure ; bientôt aussi ils commenceront à connaître le regret du passé, premier avant-coureur de l'amour des devoirs.

Et ne croyez pas, Messieurs, que je me livre en ce moment à de vaines illusions. Il existe déjà l'établissement que je désire, il existe sous nos yeux ; il n'est heureusement par le seul de ce genre sur la surface de l'Empire. Encore quelques jours, et l'organisation de toutes les maisons de force sera parfaite ; le bien s'opère aujourd'hui avec la rapidité de l'éclair. Ainsi les condamnés auront trouvé, dans un séjour de deuil et de misère, la source des biens les plus solides, l'habitude du travail et le talent d'une profession.

Ils sortiront, après avoir subi leur peine, non plus comme autrefois, sans ressource, livrés à la plus triste indigence, abandonnés sur le penchant de ce précipice dont ils venaient de sortir ; mais avec le fonds d'un pécule réservé sur les produits de leur industrie, et en état, du moins, de pourvoir aux besoins les plus pressants.

C'est déjà un grand pas vers la vertu ; mais cet homme, dans son état de régénération, pourra-t-il soutenir l'idée accablante de sa proscription perpétuelle ? comment parviendra-t-il à aspirer à sa propre estime, s'il est toujours sous le poids de la honte et de l'infamie ?

Vous lui auriez fait connaître, vous lui auriez fait aimer la vertu, et vous le retiendriez à jamais dans la société sous le costume du crime ! Ah ! s'il est repentant en effet, la mort, la mort serait moins cruelle pour lui.

Sans doute, on ne vous proposera pas d'effacer la tache dont il est couvert, sans qu'il ait subi les épreuves qui donneront une pleine garantie de son changement ; mais, lorsque cette garantie sera entière, vous ne refuserez certainement pas, Messieurs, de le rendre à sa famille, à ses concitoyens, tel qu'il était avant sa chute.

C'est l'objet de la réhabilitation : les bienfaits de cette loi vous seront développés dans la suite bien mieux que je ne pourrais le faire.

J'ai cru, Messieurs, que l'exposition particulière de chaque loi dont le Code d'instruction criminelle sera composé, devait être précédée d'un tableau qui vous en présentât l'ensemble.

La première loi, celle que nous vous apportons aujourd'hui, a pour objet la police judiciaire.

Qu'est-ce que la police judiciaire ? En quoi diffère-t-elle de la police administrative ?

Tant qu'un projet reste enseveli dans le cœur de celui qui le forme, tant qu'aucun acte extérieur, aucun écrit, aucune parole ne l'a manifesté au dehors, il n'est encore qu'une pensée, et personne n'a le droit d'en demander compte.

Il est cependant vrai que des hommes exercés de longue main à surveiller les méchants, et à pénétrer leurs intentions les plus secrètes, préviennent souvent bien des crimes par une prévoyance utile et par des mesures salutaires : voilà l'un des premiers objets de la police administrative ; police en quelque manière invisible, mais d'autant plus parfaite qu'elle est plus ignorée, et dont nous jouissons sans songer combien elle coûte de soins et de peines.

La vigilance d'une bonne police ne laisse souvent ni l'espoir du succès, ni la possibilité d'agir, au méchant qui la trouve partout, sans la voir nulle part, et qui rugit des obstacles que ce hasard semble lui offrir, sans jamais se douter que le hasard prétendu est dirigé par une profonde sagesse.

Un autre résultat d'une bonne police administrative est que l'homme se trouve enveloppé, au premier pas qu'il fait pour consommer son crime. C'est alors l'instant où la police judiciaire peut et doit se montrer : il n'y a pas un moment à perdre, le moindre retard ferait disparaître le coupable et les traces du crime ; il faut donc que les agents de la police judiciaire soient répandus sur toute la surface de l'Empire, et que leur activité jamais ne se ralentisse.

La loi que nous vous présentons déterminera avec précision l'espèce et les devoirs de chacun de ces agents ; vous y trouverez la marche calculée de l'instruction, jusqu'au moment où les citoyens inculpés sont renvoyés à la cour ou au tribunal qui doit s'occuper de leur sort.

Mais, avant d'aller plus loin, j'observerai qu'un petit nombre d'articles préliminaires présente quelques dispositions générales qu'on n'a pas dû omettre, encore qu'elles soient universellement reconnues ; elles ont pour objet l'exercice, soit de l'action publique pour l'application des peines, soit de l'action particulière et civile pour la réparation des dommages reçus.

Sans m'arrêter sur des points qui ne sont susceptibles d'aucune difficulté sérieuse, je fixerai seulement votre attention sur les dispositions des articles 5, 6 et 7 de la loi.

Le 5e article veut que tout Français qui se sera rendu coupable, hors du territoire de France, d'un crime attentatoire à la sûreté de l'État, de la contrefaction du sceau de l'État, de monnaies nationales ayant cours, de papiers nationaux ou billets de banque autorisés par la loi, puisse être poursuivi, jugé et puni en France, d'après les dispositions des lois françaises.

L'article 6 applique la même disposition aux étrangers qui, auteurs ou complices des mêmes crimes, seraient arrêtés en France, où dont le gouvernement obtiendrait l'extradition.

L'article 7 porte que tout Français qui se sera rendu coupable, hors du territoire de l'empire, d'un crime contre un Français, pourra, à son retour en France, y être poursuivi et jugé, s'il n'a pas été poursuivi et jugé en pays étranger.

Ces articles n'ont été adoptés qu'après une longue et profonde discussion, dans laquelle je ne crois pas devoir entrer en ce moment.

Sans doute, la règle générale, en cette matière, est que le droit de poursuivre un crime n'appartient qu'au magistrat du territoire sur lequel il a été commis, ou du territoire sur lequel le crime s'est prolongé.

Mais il est des attentats, tels que ceux énoncés en l'article 6, qui attaquent la sûreté et l'essence même de tous les états, dont l'intérêt commun des nations doit provoquer la poursuite, lorsque le coupable a l'audace de se montrer dans le sein du gouvernement qu'il a voulu détruire.

Quant au Français qui a attenté, hors du territoire de l'Empire, à la vie d'un autre Français, il est évident qu'il a blessé les lois de son pays.

Les dispositions de ces articles sont justes, et certainement très morales.

Je me hâte de passer aux détails de la loi sur la police judiciaire.

Les infractions des lois peuvent être plus ou moins graves; les unes blessent les règlements de police simple; d'autres portent atteinte aux dispositions de police correctionnelle; d'autres enfin attentent encore plus directement et plus fortement à la sûreté des citoyens. On les a appelées indifféremment jusqu'ici crimes ou délits, ce qui opérait souvent une confusion qu'il est utile de prévenir pour la suite. Désormais la loi qualifie particulièrement de *crimes* les faits qui emportent contre le coupable une peine afflictive ou infamante; elle qualifie *délits* les faits du ressort de la police correctionnelle, et qui sont punis d'un emprisonnement à temps ou d'une amende. Enfin l'expression de *contravention* est réservée aux faits de simple police, punissables d'une amende plus légère, ou de peu de jours d'emprisonnement.

Il faut des agents pour rechercher et constater toutes ces espèces d'atteintes à la loi; il en faut partout, et surtout il faut qu'ils soient actifs, instruits et probes.

Le premier chapitre de la loi indique d'abord l'objet de la police judiciaire; elle recherche les crimes, les délits, les contraventions; elle en rassemble les preuves; elle en livre les auteurs aux tribunaux chargés de les punir.

La loi détermine ensuite les agents et les officiers qui doivent exercer la police judiciaire.

Tous ces agents n'ont pas la même destination.

Les uns sont chargés de la recherche des contraventions de police; savoir : les commissaires de police, et dans les communes où il n'y en a point, les maires, à leur défaut les adjoints.

D'autres sont chargés particulièrement de la recherche des délits forestiers et ruraux : ce sont les gardes champêtres et forestiers.

Les juges de paix, les officiers de gendarmerie, les

b

commissaires généraux de police reçoivent les dénonciations des crimes ou délits commis dans les lieux où ils
exercent leurs fonctions habituelles; et comme on ne
peut trop faciliter aux citoyens les moyens de faire entendre leurs plaintes, on a aussi donné aux maires, adjoints de maire et aux commissaires de police le droit de
recevoir ces dénonciations.

C'est dans la main du procureur impérial que se
réunissent tous les renseignements recueillis par les autres
agents de la police judiciaire. C'est ce magistrat qui est
particulièrement chargé de la recherche et de la poursuite
de tous les crimes et délits; les autres officiers de la police
ne sont que ses auxiliaires.

Un autre magistrat dirigera l'instruction sur la poursuite et les réquisitions du procureur impérial; et déjà
vous pouvez juger qu'aucune partie de l'Empire n'est
privée de surveillance; qu'aucun crime, aucun délit,
aucune contravention ne doit rester sans poursuite, et
que l'œil du génie qui sait tout animer embrasse l'ensemble de cette vaste machine, sans néanmoins que le
moindre détail puisse lui échapper.

Les devoirs de tous les officiers dont je viens de parler sont tracés dans les différents chapitres de la loi. Je
ne me propose pas de dérouler ici toutes les dispositions
qui les concernent; il est nécessaire d'en prendre une lecture réfléchie pour en saisir l'enchaînement.

Le premier vœu de la loi est que toute infraction des
règles soit connue, soit poursuivie, soit jugée; c'est par
ce motif que l'exercice de la police judiciaire est confié à
un grand nombre de personnes, et c'est aussi dans la
même intention qu'on a voulu que des magistrats supérieurs de l'ordre administratif, qu'on ne doit aucunement
confondre avec les officiers de police judiciaire, pussent

quelquefois requérir l'action des officiers de police, et même faire personnellement quelques actes tendant à constater les crimes.

J'ai déja observé que la police administrative prévenait beaucoup de maux, en pénétrant les intentions secrètes des méchants : il n'est pas difficile de se convaincre qu'il peut être infiniment urgent de saisir le coupable et les instruments du crime, et qu'un instant perdu serait souvent irréparable; il a donc paru très utile de donner ce droit aux préfets qui, par des voies administratives, obtiennent quelquefois des lumières dont le fruit pourrait s'évanouir par le retard d'un recours à l'officier de police judiciaire. C'est ainsi qu'on légalise des actes de leur part, qui, jusqu'à ce jour, n'étant considérés que comme de simples renseignements, ne faisaient réellement pas une partie essentielle de la procédure.

L'inconvénient en avait été vivement senti dans plusieurs occasions; la société en sollicitait le remède, et la défense des accusés n'en peut jamais être en aucune manière altérée.

En donnant aux maires, adjoints de maires et commissaires la recherche des contraventions de police, on n'a pas manqué de leur faire entendre qu'ils devaient s'attacher dans leurs procès-verbaux à ne laisser échapper rien de ce qui peut constater la nature du fait, ses circonstances, le temps, le lieu, les preuves, les indices à la charge du coupable, ou ceux qui peuvent le justifier.

On a dû aussi prévenir le refus que pourrait faire le commissaire de police d'un arrondissement, de constater les contraventions commises dans un autre arrondissement de la même commune; ces divisions de territoire ne limitent ni ne circonscrivent leurs pouvoirs respectifs, et lorsque l'un est empêché, il doit être suppléé par l'autre, car la répression du mal est le premier besoin de la société.

En traçant les obligations des gardes forestiers et champêtres, on n'a pu se dispenser de leur donner le droit de suivre les choses enlevées dans les lieux où elles auraient été transportées; mais une sage circonspection a exigé qu'il ne leur fût permis de s'introduire dans les maisons et enclos, qu'assistés du juge de paix ou du maire.

Les juges de paix, officiers de gendarmerie et commissaires généraux de police sont établis, comme je l'ai déjà annoncé, pour recevoir les dénonciations de tous les crimes et délits commis dans les lieux où ils exercent leurs fonctions habituelles, et ils sont tenus de les transmettre sans délai au procureur impérial. Mais on a dû étendre leur devoir et leur compétence dans les cas de flagrant délit; ils ne se bornent pas alors à donner des avis au magistrat; il faut agir sur-le-champ. L'apparition subite de l'officier de police judiciaire peut empêcher quelquefois la consommation entière du crime; elle prévient du moins la fuite du coupable et l'enlèvement de toutes les pièces de conviction. Tous les actes que pourrait faire le juge d'instruction dans ce moment, les juges de paix, les officiers de gendarmerie et les commissaires généraux de police sont autorisés à les faire. Il a même paru utile, dans les cas de flagrant délit, d'accorder les mêmes droits et d'imposer les mêmes devoirs aux maires et commissaires de police.

J'arrive à un officier de police judiciaire d'un autre ordre, à un officier revêtu d'une confiance bien plus entière et plus intime, à un officier investi d'un tel pouvoir, et jouissant d'une telle influence, que j'oserai presque assurer qu'il ne peut pas être sans reproche, toutes les fois qu'on a droit de se plaindre de l'infraction fréquente de l'ordre public, dans le lieu où il exerce ses fonctions.

Je parle du procureur impérial.

C'est lui qui est spécialement chargé de la recherche et de la poursuite de tous les crimes et de tous les délits, et qui doit, aussitôt qu'ils sont parvenus à sa connaissance, en instruire le procureur général ; car il est, s'il est permis de le dire, l'œil du procureur général, comme le procureur général est l'œil du Gouvernement. C'est par le résultat d'une communication active et fidèle du procureur impérial avec le procureur général, et du procureur général avec le ministre de SA MAJESTÉ, que peuvent être connus les abus qui se glissent dans les institutions, la tiédeur qui s'empare des personnes, l'insouciance qu'on peut pardonner à un particulier, mais qui est un vice dans un magistrat ; et, si l'on supposait du relâchement, de la faiblesse ou du déguisement dans les communications des procureurs généraux et impériaux, le mal aurait fait d'immenses progrès avant d'éclater, et sans qu'il y eût aucune crise, on se trouverait tout à coup dans un grand état de langueur et tout près de la décrépitude.

Le ministère du procureur impérial ne se borne pas à la recherche et à la poursuite des crimes ; il est aussi chargé de les constater par lui-même, dans le cas de flagrant délit.

Aussitôt qu'il a l'oreille frappée d'un crime qui se commet actuellement, il doit sans aucun retard se transporter sur le lieu, dresser tous les procès-verbaux nécessaires à l'effet de constater le corps de délit, son état, et l'état des lieux. C'est dans ce premier instant surtout qu'on peut saisir utilement tous les indices ; le procureur impérial doit recevoir les déclarations des personnes pré-

b.

sentes, ou qui peuvent lui donner quelque renseigne-
ment : il appelle les parents, voisins, domestiques, tous
ceux enfin qu'il présume en état de lui faire des déclarations utiles ; il peut défendre que qui ce soit sorte de la
maison ou s'éloigne du lieu, jusqu'après la clôture du
procès-verbal : il saisit tout ce qui peut avoir servi à
commettre le crime, ou tout ce qui en est le produit ; il
peut même se transporter dans le domicile du prévenu
pour y faire la perquisition des papiers et autres objets
qu'il juge nécessaires à la manifestation de la vérité ; enfin,
la loi l'investit de tout pouvoir nécessaire pour faire saisir
les prévenus, s'ils sont présents, ou pour les faire amener
devant lui, s'ils sont absents, et rien de ce qui peut servir
à préparer la conviction du coupable ne lui est interdit.

Je n'ai pas besoin d'observer que la loi a dû établir des
formalités qui donneront plus de force et plus de poids
aux actes du procureur impérial, et qu'elle enjoint à ce
magistrat de se faire assister des gens de l'art, quand leur
présence est nécessaire pour apprécier la nature et les circonstances du crime.

Il n'est pas moins superflu de rappeler qu'en cas d'empêchement, les procureurs impériaux sont remplacés par
leurs substituts. Mais je ne peux me dispenser de vous
faire remarquer 1°. que la loi définit ce qu'on doit entendre par ces mots *flagrant délit*, et qu'il ne pourra plus
s'élever à cet égard de doute raisonnable ; 2°. que les attributions faites au procureur impérial, en cas de flagrant
délit, sont les mêmes dans tous les cas où le chef d'une
maison requiert le transport de ce magistrat pour faire
constater des crimes commis chez lui ; 3°. enfin qu'un
article très précis lève toute incertitude sur la compétence
des procureurs impériaux. La loi déclare également compétents, le procureur impérial du lieu du délit, celui de

la résidence du prévenu ; et celui du lieu où le prévenu peut être saisi ; cette heureuse concurrence nous autorise à croire que le crime ne restera jamais sans poursuite.

Le procureur impérial, dans tous les cas, transmet les pièces au juge d'instruction et requiert de lui tout ce qu'il estime convenable.

Le titre seul de juge d'instruction vous annonce assez les obligations de ce magistrat.

Ce juge instruit la procédure ; il reçoit les plaintes, entend les témoins, réunit les preuves par écrit, et les pièces de conviction. Il peut refaire ceux des actes, à lui transmis par les officiers de police judiciaire, qui ne lui paraissent pas complets ; enfin il fait son rapport à la chambre du conseil.

En accordant au procureur impérial le droit de constater personnellement les crimes dans les cas de *flagrant délit*, nous n'avons certainement pas entendu interdire cette faculté au juge d'instruction ; il a, sans contredit, le droit de faire lui-même, dans ces cas, tout ce que le procureur impérial ferait en son absence. Aussi a-t-on chargé le procureur impérial de prévenir le juge d'instruction de son transport sur le lieu du crime ; et, si les deux magistrats se réunissent, chacun d'eux se renferme dans sa fonction : l'un requiert, l'autre statue sur les réquisitions.

La première obligation imposée au juge d'instruction, c'est de ne faire aucun acte sans communication préalable au procureur impérial, qui, de son côté, ne peut apporter trop de promptitude dans l'examen de la procédure.

Cette règle générale souffre cependant une exception pour les mandats d'amener ou de dépôt, qu'il peut être très urgent de lancer ; le juge d'instruction a cette faculté, sans attendre les conclusions du procureur impérial.

Une seconde obligation du juge d'instruction est de se hâter, lorsque le délit n'a pas été commis dans son ressort, ou que le prévenu n'y aura pas sa résidence, ou qu'il n'y aura pas été trouvé, de renvoyer l'affaire au juge qui doit en connaître.

L'instruction se fait sur la poursuite de la partie publique; mais toute personne qui se prétend lésée, a aussi le droit de rendre plainte, et de se constituer partie civile, en le déclarant formellement, soit dans l'acte même de la plainte, soit par un acte subséquent, antérieur au jugement.

Vous trouverez, Messieurs, dans le chapitre des juges d'instruction, des règles très détaillées sur les plaintes, sur la manière de se rendre partie civile, sur celle dont les témoins doivent être entendus, sur les serments qu'ils doivent prêter, sur l'obligation de comparaître quand ils sont cités, sur les voies de coaction quand ils font défaut, et sur le transport du juge pour les entendre quand ils sont hors d'état de se présenter. J'indique seulement ces dispositions qui ne peuvent être susceptibles d'aucune difficulté, et qui d'ailleurs ne sont point nouvelles.

C'est un devoir indispensable du juge d'instruction, de réunir, avec le soin le plus scrupuleux, tout ce qui peut tendre à la découverte du coupable; il devra donc se transporter quand il en sera requis, et même d'office, s'il le juge utile, soit dans la maison de l'inculpé, soit dans tous les autres lieux où pourraient être cachées des pièces propres à manifester la vérité. Enfin le juge d'instruction ne doit absolument rien négliger de ce qui peut tendre au but qu'il doit se proposer.

Il serait impossible d'instruire une procédure criminelle, si le magistrat n'était pas armé du pouvoir de contraindre, soit les inculpés, soit les témoins, à se présenter devant lui quand il le juge nécessaire : il donne à cet effet des actes qu'on appelle mandats.

On distingue les mandats de comparution, les mandats d'amener, les mandats de dépôt et les mandats d'arrêt ; la loi détermine, autant que possible, les cas où chacun de ces mandats peut être donné suivant la gravité du fait ; elle en règle les formes, ainsi que le mode d'exécution.

Je passe sur ces détails dont la seule lecture fait sentir la sagesse ; mais ce que je ne dois pas oublier, c'est de vous faire remarquer qu'on n'a pas négligé d'imposer au magistrat une obligation stricte d'interroger sans retard tous ceux qui seraient amenés devant lui, en vertu de ces mandats.

Cependant tout homme contre lequel aurait été lancé un mandat d'arrêt, devra-t-il toujours attendre son jugement dans cet état d'arrestation ?

Non, Messieurs ; et si l'on doit veiller avec sollicitude, et pour le bien de la société, à ce que les coupables ne puissent pas échapper, on ne doit pas veiller avec moins de scrupule à ce qu'un citoyen ne soit privé de sa liberté, que lorsqu'on ne peut lui en laisser l'usage sans inconvénient.

Ainsi, lorsque le fait dont il s'agit n'emportera ni peine afflictive, ni peine infamante, l'inculpé pourra obtenir sa liberté provisoire en donnant caution ; mais cet avantage est entièrement refusé aux vagabonds, et aux repris de justice, parce que leur personne ne présente aucune espèce de garantie.

La liberté provisoire sera également refusée toutes les fois qu'il s'agira d'un fait qui emporte peine afflictive ou infamante : c'est surtout dans ces occasions, que l'exemple de la peine infligée est utile à la société; et si l'on admettait ici des libertés provisoires sous caution, il serait bien à craindre que les hommes opulents ne trouvassent toujours le moyen de se soustraire à l'application de peines qu'ils paraissent cependant mériter plus que les autres, parce que jouissant de tous les avantages de la société, ils étaient plus fortement obligés à ne pas en troubler l'harmonie.

Enfin, l'instruction est complète, le juge a constaté tout ce qu'il était possible de connaître; il a entendu les témoins, réuni toutes les preuves, et mis les prévenus sous la main de la justice.

C'est le moment de décider s'il y a lieu ou non à accusation, et de saisir de l'affaire une autorité compétente pour en connaître.

Nous ne pouvons le dissimuler, Messieurs, le jury d'accusation, tel qu'il existe, n'a pas répondu aux espérances qu'on avait conçues de cet établissement; trop souvent une poursuite qu'on n'aurait pas dû interrompre fut étouffée par une déclaration indulgente et peu réfléchie. Le remède qu'on a cherché quelquefois à opposer au mal n'est pas lui-même sans inconvénients; les plaintes à cet égard se sont fait entendre plusieurs fois; il a donc paru indispensable d'organiser autrement cette partie. Les mêmes hommes, qui, témoins d'une instruction complète, donnent un bon résultat de leur profonde conviction, ne sont pas toujours aussi propres à décider sur un premier aperçu (nécessairement incomplet, puisqu'on n'a sous les yeux ni les accusés, ni les témoins), s'il y a lieu ou non à mettre en accusation.

Le jury de jugement manifeste ce qu'il sent fortement, d'après une connaissance entière du fait; le jury d'accusation, au contraire, doit raisonner sur ce qu'il connaît pour former une présomption sur ce qui est encore inconnu : ce calcul étonne des hommes qui n'y sont pas exercés ; et dans cet embarras, la balance entre l'accusateur et l'accusé n'est pas toujours tenue d'une main bien sûre. Il faut donc, en plaçant ailleurs le droit de déclarer s'il y a ou non lieu à accusation, mettre également à couvert l'intérêt social et l'intérêt individuel de l'accusé.

Vous pensez bien, Messieurs, qu'une question aussi importante a mérité l'attention de SA MAJESTÉ, et c'est déjà le plus fort des préjugés pour la manière dont elle a été résolue.

Le juge d'instruction a dû porter dans sa marche toute l'activité compatible avec le devoir de ne rien négliger de ce qu'il peut être utile d'approfondir.

La loi l'oblige ensuite à faire, au moins une fois par semaine, un rapport à la chambre du conseil, des affaires dont l'instruction est achevée.

Il arrivera peut-être quelquefois que le fait bien vérifié ne présentera ni crime, ni délit, ni contravention ; si telle est l'opinion des juges, la chambre déclarera qu'il n'y a pas lieu à poursuite, et ordonnera que l'inculpé, s'il avait été arrêté, sera mis en liberté.

Lorsque le fait ne présentera qu'une simple contravention de police, l'inculpé sera renvoyé au tribunal de police simple, et sa liberté sera pareillement ordonnée, s'il est détenu.

Si le délit est de nature à être puni par des peines correctionnelles, le prévenu sera renvoyé au tribunal qui doit en connaître.

Mais aurait-on dû laisser encore la société exposée aux suites d'une déclaration hasardée qui arrêterait la poursuite d'un crime bien réel, sous la fausse supposition que le fait ne présente ni crime, ni délit, ni contravention, ou parce qu'on penserait qu'il est uniquement du ressort des tribunaux de la police, ou simple ou correctionnelle?

Non, Messieurs, et nous avons dû prévenir ce malheur, car c'est un malheur sans doute que l'impunité d'un crime.

La chambre du conseil, lorsque le juge d'instruction fait son rapport, doit être composée au moins de trois juges, y compris le rapporteur. Si un seul de ces juges, quelle que puisse être l'opinion des autres, estime que le fait est de nature à être puni de peines afflictives ou infamantes, et que la prévention contre l'inculpé est suffisamment établie, les pièces seront transmises au procureur général de la cour impériale, déjà instruit de l'affaire par la connaissance que le procureur impérial a dû lui en donner dans le principe; dans ce cas, il est procédé à un nouvel examen, dont les règles font la matière d'une autre loi.

D'un autre côté, le procureur impérial, toujours partie dans ces sortes d'affaires, aura le droit, lorsqu'il ne partagera pas l'opinion, même unanime, des juges, de s'opposer à l'ordonnance qui mettrait l'inculpé en liberté.

Ce droit accordé à la partie publique, on n'a pas dû le refuser à la partie civile, qui peut aussi former son opposition à ses risques et périls; dans tous les cas d'opposition, les pièces sont encore nécessairement transmises au procureur général, et l'affaire est soumise à une révision.

Vous verrez, Messieurs, dans un autre projet de loi, avec quelle sagesse on a préparé un examen rigoureux, mais prompt; et comme on a pourvu à ce que la partie publique, la partie civile et l'inculpé fissent parvenir leurs réclamations sans que la décision fût aucunement retardée.

Ces détails ne font pas partie du projet que nous sommes chargés de vous présenter ; nous devons nous arrêter au moment où l'affaire parvient à la cour impériale.

Daignez, Messieurs, saisir l'ensemble de la marche que nous avons suivie ; au premier aspect elle peut paraître compliquée ; dans la réalité elle est bien simple.

Des officiers de police judiciaire, répandus sur toute la surface de l'Empire, veillent sans cesse pour la répression des crimes, des délits et des contraventions ; ils constatent les faits, chacun dans sa partie ; le procureur impérial est le centre où tout vient aboutir.

Le juge d'instruction réunit toutes les preuves, de quelque nature qu'elles puissent être, et soumet l'affaire à la chambre du conseil.

Enfin s'élève, au dessus des premiers tribunaux, un corps de magistrature fortement constitué, inaccessible à la séduction et à la crainte, éloigné de tous les motifs de considérations locales qui ont pu égarer les premiers magistrats. C'est là que se formera la déclaration importante, s'il y a lieu à accusation.

Je ne crois pas, Messieurs, qu'il fût possible de réunir plus de garantie pour la sûreté publique et pour la sûreté particulière. Sans doute, nous ne nous flattons pas d'avoir créé une institution dégagée de la possibilité de tout abus ; mais nous les avons prévenus autant qu'il a été en nous ; et, je dois le dire, nous avons été parfaitement secondés par votre commission législative. Puissiez-vous trouver que nous avons atteint le degré de perfection auquel il est permis à la faible humanité de prétendre !

RAPPORT

Sur le livre Ier du Code d'Instruction criminelle,

Par M. DHAUBERSANT, président de la commission
de législation.

Séance du 17 novembre 1808.

MESSIEURS,

1. Quand nous venons apporter à cette tribune notre
vœu sur la première loi du projet de Code criminel, nous
n'avons pas besoin de vous faire observer toute l'influence
que ce Code doit exercer sur le bonheur du peuple dont
les intérêts vous sont confiés. Sur la sagesse qui l'a dicté,
repose toute la sécurité intérieure; c'est de la bonté des
lois criminelles, a dit un grand publiciste (*), que dépend
principalement la liberté du citoyen.

Néanmoins l'incertitude de leurs principes égalait leur
importance. Peu d'objets ont provoqué des systèmes de
philosophie plus divers, et des discussions plus éloquentes
à la tribune; il en est peu même qui aient plus été le sujet
des méditations des hommes d'État. Pour tout dire, en un
mot, ce génie extraordinaire, dont les regards pénètrent
au-delà de tous les obstacles, a hésité plus d'une fois au
milieu des difficultés qu'offraient nos lois criminelles.

Vous devez donc juger sans peine des sentiments qui
nous ont animés, quand nous avons été appelés à la dis-

---

* Esprit des Lois, liv. XII, chap. 2.

cussion des projets du Code criminel. Mais nous apportions à cet examen des connaissances locales sur les besoins des diverses parties de l'Empire : nous aspirions surtout à mériter votre bienveillance, et nous y plaçons encore tout notre espoir, en ce moment où nous venons vous rendre compte de nos travaux.

2. La loi qui va être soumise à votre sanction a pour objet la première division de l'instruction criminelle, celle qui concerne la poursuite des délits. Je ne m'arrêterais pas sur les dispositions préliminaires qui ne renferment que des principes peu contestés, si l'un de ces principes ne méritait, par son importance, d'occuper un moment votre attention : c'est celui qui établit l'action publique, sans distinction, contre tous les délits, et qui la rend indépendante de toutes les transactions et de tous les intérêts privés.

C'était tout le contraire chez les anciens. La poursuite de tous les délits était abandonnée à l'animosité et à la vengeance privée. Le premier acte de la justice, qui doit toujours être exempte de passions, s'exerçait par l'expression du ressentiment. Le grand éclat que l'éloquence a répandu sur les accusations publiques, n'a pu cacher à la postérité leur dangereuse influence, et leurs funestes effets introduisaient la vengeance privée dans la justice même, qui avait pour objet de la prévenir.

Nos lois modernes ont remis la poursuite des délits entre les mains des magistrats, et l'accusation a pris le caractère d'impartialité de la loi dont ils étaient les organes. Mais, si l'on considère les progrès successifs de nos lois criminelles, on verra combien d'efforts il a fallu au législateur pour arriver au principe du nouveau Code. L'ancienne ordonnance criminelle n'avait pas même osé établir le principe sans exception, et les transactions des

citoyens pouvaient, dans certains cas, arrêter les poursuites du ministère public. Tant le funeste principe de la
vengeance privée avait conservé d'empire! tant il faut
vaincre d'obstacles pour lutter avec succès contre les
passions humaines!

Ce fut pourtant au milieu même de la lutte des passions et de tous les vains sophismes qui rappelaient l'accusation publique des anciens, que ce principe important
fut proclamé sans exception. On le trouve dans nos Codes
intermédiaires de 1791 et de brumaire; mais la loi qui
vous est proposée pouvait seule faire de ce principe une
base fondamentale de notre justice criminelle.

On a puisé encore dans ces Codes intermédiaires la
distinction qui forme le partage des deux livres. On a séparé toutes les dispositions qui concernent les preuves du
crime et le jugement des accusés, pour en former le livre
de la justice criminelle. On a placé dans le Livre Ier, sous
le titre de *Police judiciaire*, tout ce qui a pour objet de
recueillir les traces fugitives du délit et de former, par ces
traits épars de lumière, cette clarté soudaine qui va frapper le coupable au milieu des ténèbres dont il aspire à
s'envelopper.

Le principal motif de cette distinction se trouve dans
le système d'instruction qui a dicté nos lois nouvelles.
Dans l'ancienne législation qui était fondée sur l'instruction écrite, il n'était pas nécessaire de distinguer les premières procédures : mais dans le nouveau système, qui
donne pour base aux jugements les dépositions orales
des témoins, il importait de les séparer avec soin des dépositions écrites, qui ne pouvaient jamais devenir des
preuves judiciaires.

3. Ces premiers aperçus peuvent vous donner une
idée de la marche qui a été suivie dans la rédaction des

projets. On a rejeté toute innovation dont l'utilité ne paraissait pas avec évidence. On a cherché principalement à améliorer les lois existantes. L'expérience en avait fait apercevoir les principaux inconvénients, et des réformations successives les avaient perfectionnées. Les projets actuels ont pour objet une réformation définitive, et votre commission a dû approuver ce système, ou plutôt cet éloignement pour tout système.

Vous apercevrez sans doute une amélioration importante dans les chapitres qui traitent du procureur impérial et des fonctions de police judiciaire qui lui sont attribuées. L'importance et les effets utiles de cette nouvelle disposition, méritent d'être présentés avec quelques développements.

Nous vous avons fait remarquer que les Codes intermédiaires avaient établi le vrai principe de la poursuite des délits : mais ils n'avaient pas été aussi heureux dans l'application que dans le choix de ce principe. Les fonctions du ministère public et du juge n'avaient pas été soigneusement distinguées.

Il est même assez difficile d'expliquer comment le législateur, qui avait mis tant d'importance à séparer dans les lois la poursuite et l'instruction relative aux délits, avait pu en préparer la confusion inévitable, en réunissant sur la tête du même magistrat les fonctions diverses qu'elles imposent.

La loi du 7 pluviose de l'an 9 eut pour objet de prévenir cette confusion. L'établissement des magistrats de sûreté a été regardé comme une amélioration heureuse. Il offrait effectivement un premier pas vers celle qui vous est proposée.

Mais l'usage de cette nouvelle magistrature y a fait reconnaître plusieurs inconvénients. En rendant plus d'ac-

C.

tivité à l'action contre les délits, on lui avait laissé tout
son arbitraire. Le magistrat de sûreté pouvait à son gré
interrompre, prolonger, cesser les poursuites. On avait
balancé les abus de son pouvoir, par une autorité trop
faible pour les réprimer avec succès. Il lui était trop facile
d'acquérir de la prépondérance sur un directeur du jury,
qui n'était en place que pour six mois, et qui n'avait plus
de devoir à remplir au moment où l'expérience lui en
avait appris toute l'étendue.

Aussi le droit que l'on avait accordé au magistrat de
sûreté, de décerner un mandat de dépôt, a-t-il paru entre
ses mains comme une arme dangereuse, dont on avait
trop négligé de régler l'usage. Il pouvait trouver une excuse dans les devoirs rigoureux de son ministère, mais
les citoyens qu'elle avait frappés espéraient vainement de
se soustraire à la censure de l'opinion publique. Souvent
une tache presque ineffaçable à leur honneur, le dépérissement de leur commerce, la perte de la confiance sur laquelle reposait leur industrie, étaient le fruit de ces soupçons vagues de la justice que le mandat de dépôt avait
manifestés avec trop d'éclat.

Il y avait aussi de l'inconvénient à employer pour les
premières poursuites un magistrat qui n'avait que des attributions au criminel. On devait se méfier de sa tendance
naturelle à placer toutes les affaires dans sa compétence,
et à poursuivre par la voie criminelle des contraventions qui n'eussent dû être soumises qu'à des réparations
civiles.

La loi nouvelle fait disparaître tous ces abus. L'usage
du mandat de dépôt sera réservé au juge qui est chargé
de l'instruction, et nous verrons bientôt toutes les précautions qui ont été prises pour éviter les abus dont ce mandat avait été l'occasion. Le magistrat qui agissait au nom

du Prince, dans les affaires civiles, sera également chargé de la recherche des délits, et l'action du ministère public recouvrera cette énergie qui en faisait le principal moteur de l'administration de la justice.

Le mouvement que le ministère public doit imprimer à la justice, pourra aussi se communiquer avec son ancienne régularité. Les fonctions qui le concernent vont cesser d'être divisées, et l'unité que sa constitution va recevoir, préparera la sagesse des directions qu'il doit transmettre. Le procureur impérial, dirigé par le procureur général de la cour supérieure, mettra en mouvement tous les officiers de police qui lui ont été donnés pour auxiliaires. L'urgence de la poursuite pourra souvent autoriser ces derniers à prendre l'initiative, mais ils ne la prendront jamais que sous les hospices de leur guide et de leur chef. On ne pouvait imaginer des précautions plus attentives pour éviter aux citoyens ces coups incertains de la justice, qui font retomber sur les innocents les efforts nécessaires pour atteindre les coupables.

C'est surtout dans les poursuites relatives au flagrant délit, que l'on pourra apercevoir l'utilité de ce nouveau système de juridiction. Le flagrant délit rend indispensables des mesures de police judiciaire plus vigoureuses; mais la loi qui les autorise, ordonne que le procureur impérial sera tenu de se transporter sur les lieux sans aucun retard. Sa présence sera une garantie contre les abus du pouvoir que des circonstances urgentes obligent le législateur à confier pour l'usage de la police judiciaire. Trop long-temps on a cru trouver, dans les dispositions règlementaires, le moyen de prévenir les excès du pouvoir qui est délégué par les lois; il sera toujours plus sûr de chercher le remède dans la surveillance du magistrat supérieur qui préside à leur exécution.

4. Cette confiance de la loi dans les magistrats est même souvent indispensable. Nous allons en trouver la preuve dans les chapitres qui traitent des mandats de police judiciaire, et qui ne méritent pas seulement d'attirer notre attention par leur importance; ils offrent encore des améliorations très remarquables.

L'ancienne ordonnance criminelle énonçait la disposition suivante : « Selon la qualité des crimes, des preuves « et des personnes, il sera ordonné que la partie sera as- « signée pour être ouïe, ajournée à comparoir, ou prise « au corps. » Tit. 10, art. 2.

Le système des législateurs qui ont rédigé nos codes intermédiaires, ne leur permettait pas de donner aux nouveaux juges une telle latitude. Comment admettre d'ailleurs une disposition de la loi qui supposait quelque distinction entre les personnes ? Le nouveau principe qui guidait, ou plutôt qui entraînait le législateur, avait été poussé à l'extrême. Il ne lui avait pas permis d'apercevoir la distinction inévitable qui résulte de la qualité des crimes et de celle des preuves. Le décret *d'assigné pour être ouï*, avait été supprimé, et le juge ne pouvait vérifier des soupçons, quelquefois très vagues, qu'en faisant amener devant lui le prévenu, avec un éclat qui entraînait toujours quelque tache.

Il est vrai que le Code de brumaire indique un cas particulier, où le decret *d'assigné pour être ouï*, avait été rétabli, sous le titre de *mandat de comparution*; c'est quand la peine du délit ne pouvait être qu'une amende très légère. Mais cette exception se présentait trop rarement pour être d'aucun usage. Elle était soumise d'ailleurs au même principe qui enseigne à tracer au juge, par des dispositions impératives de la loi, une ligne dont il ne lui est pas permis de s'écarter. Dans ce cas, en effet,

il ne lui était permis de décerner qu'un mandat de comparution.

Un tel système ne pouvait s'accorder avec le caractère national. Toutes les inclinations généreuses du magistrat étaient comprimées par ces lois de méfiance qui tantôt le retenaient, tantôt le poussaient impérieusement à des mesures vexatoires. On voyait des juges, trop attachés à la lettre de la loi, semer autour d'eux les ressentiments et les haines ; des juges timides n'oser vérifier les soupçons les plus légitimes ; d'autres étaient excités à braver les injonctions les plus précises de la loi, par cette même noblesse de sentiments qui leur faisait reconnaître tout le prix de l'honneur de leurs concitoyens ; et tous les ménagements qu'il exige.

La loi nouvelle tend à rappeler ce système de confiance dans le magistrat, qui doit seul le conduire à la mériter. Il peut choisir à son gré entre le mandat de comparution et le mandat d'amener, pourvu que les délits qui ont provoqué ses poursuites, n'entraînent pas une peine afflictive ou infamante. C'est seulement après l'adoption de cette loi, que l'on pourra regarder le mandat de comparution comme véritablement établi dans la police judiciaire.

Il serait injuste de penser qu'une telle disposition a pour objet des distinctions relatives aux personnes. Elle est dictée par les égards qui sont dus à l'honneur français ; et sans doute ce sentiment de l'honneur a produit d'assez belles actions dans toutes les classes de citoyens, pour mériter enfin quelque considération dans le système d'administrer la justice.

On pourra reconnaître aisément que ces égards s'accordent avec l'esprit du nouveau projet, et je n'en citerai pour exemple qu'une disposition relative au droit d'obte-

nir la liberté provisoire sous caution. Le Code de brumaire avait étendu ce droit à tous les délits qui n'emportent pas une peine afflictive. Les délits qui ne condui-
saient qu'à des peines infamantes n'avaient paru devoir
produire aucune exception.

Cette exception, que le Code de brumaire avait prononcée, est étendue, dans le nouveau projet, à tous les
délits qui peuvent entraîner une peine infamante. Le législateur a cru devoir respecter l'ancienne opinion qui
rend cette classe de peines si redoutable ; et nous croyons
pouvoir lui garantir qu'il a bien connu l'esprit national,
quand il a prononcé que de tous les effets de la peine,
l'infamie est celui qui doit répandre le plus d'effroi, et
surtout qui doit en déterminer le vrai caractère.

5. Le principal moyen que le nouveau projet ait mis
en usage pour prévenir les abus des mandats judiciaires,
est d'en réserver le droit au juge qui est chargé de l'instruction dans les premières procédures. Nous allons vous
faire observer les améliorations qui ont été introduites
dans cette dernière partie de la police judiciaire, et terminer par cet examen celui du projet de loi qui est soumis
à votre sanction.

Dans l'ancienne législat.. on avait établi un magistrat spécialement chargé de l'instruction dans les premières procédures. Les auteurs des Codes intermédiaires ont
préféré de désigner les juges du tribunal à tour de rôle,
et d'ordonner que chacun d'eux serait chargé pendant six
mois de l'instruction de tous les procès criminels, sous le
titre de directeur du jury. Cette disposition de la loi avait
paru si importante, qu'on avait cru devoir l'insérer dans
l'acte constitutionnel.

Mais on a pu observer bientôt de graves inconvénients,
qui n'avaient pas d'autre source que cette courte durée

des fonctions du directeur du jury. Les procédures un peu compliquées ne pouvaient se terminer sous cette magistrature passagère. Le successeur du directeur du jury, les recevant à demi-instruites, était contraint de recommencer un nouveau travail, qu'il n'était pas même certain d'achever. Une foule de prévenus gémissaient dans les prisons sans pouvoir accuser le juge des retards qui avaient pour cause les dispositions mêmes de la loi.

Le nouveau projet, en conservant les avantages de ce système, en fera disparaître les inconvénients. Le juge d'instruction remplira des fonctions semblables à celles du directeur du jury, mais il sera choisi par l'Empereur, et la durée de ses fonctions sera de trois ans. Elles cesseront de paraître pénibles, parce qu'elles seront honorées; on les distribuait à tour de rôle comme une charge, et le désir d'attirer les regards du prince les fera solliciter comme une faveur.

Les formes de procéder dans l'instruction qui est confiée à ce magistrat, n'ont pas éprouvé de changements qui méritent nos observations : mais le compte qu'il doit rendre à la chambre du conseil offre une amélioration qui paraîtra sans doute importante. Elle a pour objet de faire accorder les droits de la liberté civile avec la garantie que l'administration de la justice doit offrir à l'ordre social.

L'on avait plusieurs fois observé de graves inconvénients dans le droit qui était accordé au directeur du jury de prononcer sur la valeur des charges et sur les préventions qui devaient en résulter. Cette décision isolée et souvent peu réfléchie offrait une sorte d'arbitraire qui ne pouvait subsister dans une législation perfectionnée.

Il n'y aura plus d'arbitraire quand les décisions seront délibérées par la chambre du conseil. Il est vrai que l'opposition d'un seul juge pourra empêcher la mise en liberté du prévenu, mais il faudra que cette opposition soit motivée. C'est un sacrifice de l'intérêt personnel à celui de la société civile, qui exige que toutes les préventions soient éclaircies, quand elles offrent un caractère suffisant de gravité. Il n'est pas nécessaire que la justice soit indulgente, pourvu qu'elle soit impartiale, et la rigueur de ses décisions sera toujours assez balancée par la sévérité de l'examen qui les précède.

Quand cette première épreuve n'a pas été favorable au prévenu, il est renvoyé devant le tribunal de police ou devant le tribunal correctionnel, si les délits dont il est inculpé n'entraînent pas une peine afflictive ou infamante. Si les préventions portent sur des délits plus graves, il doit subir une seconde épreuve devant la Cour Impériale, avant de pouvoir être mis en accusation. Mais les règles de cette partie de l'instruction criminelle appartiennent au livre de la justice ; elles seront l'objet des lois subséquentes.

Nous venons de vous exposer tous les avantages de celle qui vous est proposée, et tous les titres qu'elle présente pour obtenir vos suffrages. Nous vous avons fait observer la sagesse de ses dispositions préliminaires ; les heureux effets qu'on doit se promettre de la suppression du magistrat de sûreté ; les adoucissements apportés à la rigueur des mandats judiciaires ; enfin, les précautions qui ont été prises pour que l'équité de la première instruction offre une garantie à l'innocence qui n'a pu détruire tous les soupçons, et rassure la société, qu'un faux système d'indulgence pour les coupables peut ébranler jusque dans ses fondements.

Nous ne nous sommes pas dissimulé néanmoins qu'après tant de discussions sur les modes proposés d'instruction criminelle, la sagesse d'une loi qui ne présente que des améliorations ne frappera pas également tous les esprits : mais, quand la prudence du souverain croit devoir rejeter l'essai d'un autre système, il ne saurait être invoqué par les députés d'un peuple aux dépens de qui se font ces dangereuses expériences. C'est surtout dans des matières aussi graves que la marche de la législation doit être lente et mesurée. Gardons-nous de confondre le progrès des lois qui regénèrent les Empires, avec les exploits rapides qui en établissent la grandeur. Nous ne devons pas moins de reconnaissance à la circonspection du législateur qui développe par degrés ses institutions, que nous n'avons accordé d'enthousiasme à l'activité du héros qui improvisoit tant de victoires.

Tels sont les motifs pour lesquels votre Commission de législation a cru devoir se décider en faveur du projet de loi qui concerne la police judiciaire en matière criminelle. Elle vous propose de lui donner votre sanction.

Je vous ai exposé les motifs qui nous ont décidés à vous proposer l'adoption de la première loi du projet de Code d'instruction criminelle. Mes collègues vous présenteront successivement le résultat du travail de la commission dans l'examen des lois subséquentes.

MOTIFS

Du Livre II, Titre I, Chapitre I à II,

PRÉSENTÉS PAR MM. TREILHARD, BERLIER ET PELET,
Conseillers d'État.

Séance du 9 novembre 1808.

MESSIEURS,

Le premier livre du Code d'instruction criminelle qui vous est actuellement soumis, pourvoit sagement à ce qu'aucun crime, aucun délit, aucune contravention ne restent sans poursuite.

Lorsque les officiers de police judiciaire, établis par la loi, auront rempli toutes les obligations dont ils sont tenus; lorsque la nature du fait, objet d'une plainte, sera constatée; et que toutes les pièces de conviction ou de décharge seront réunies; lorsque le juge d'instruction aura fait son rapport, les personnes inculpées passeront des mains de la police judiciaire dans celles de la justice.

Vous le savez, Messieurs, la société n'est pas également blessée par tous les actes qui en troublent l'harmonie : il en est qui offrent de grands attentats à la sûreté et à la propriété, premières bases de tout bon gouvernement; des cours sont établies pour en connaître : le débat public et solennel qui doit précéder leurs arrêts, en garantira d'avance la justice.

Mais des faits moins graves doivent être réprimés avec moins d'appareil, par des peines moins sévères et avec

des formes moins lentes : cette tâche est déléguée aux tribunaux de police.

Sans doute, tout acte qui trouble l'ordre public est
attentatoire à la police d'un gouvernement ; car ce mot
police, dans son acception générale, renferme tout ce
qui sert de fondement et de règle à la société ; ce mot est
employé aussi pour désigner plus particulièrement des
manquements moins graves, mais plus fréquents, qui ne
compromettent pas la vie des citoyens, mais qui blessent
sensiblement la paix dont ils doivent jouir, qui ne ren-
versent pas toujours leur fortune, mais qui en altèrent la
jouissance.

C'est dans cette dernière acception qu'il faut prendre
le mot *police*, quand on parle des tribunaux de police,
soit simple, soit correctionnelle.

Les faits de police attaquent en général les personnes
par des insultes, par des violences, par des imprudences,
par des négligences à exécuter les règlements ; les propriétés, par des dégâts, par des escroqueries, par des refus d'un service dans des temps calamiteux ; la tranquillité publique, par la mendicité, par les tumultes, par des
attroupements : si ces faits ne se trouvent pas accompa-
gnés de circonstances qui caractérisent des crimes, ils ne
sont réprimés que par des emprisonnements ou par des
amendes, et quelquefois par l'une et l'autre de ces peines.
Au reste, vous sentez, Messieurs, que je n'ai pas prétendu
faire l'énumération de tous les délits et contraventions du
ressort de la police. J'ai seulement indiqué leurs causes
les plus fréquentes.

C'est par la force de l'amende, ou par la durée de
l'emprisonnement, que la compétence est réglée entre les
tribunaux de police simple et ceux de police correctionnelle ; les faits les plus graves, susceptibles d'une peine

plus forte, sont du ressort de la police correctionnelle; la police simple applique des peines plus légères.

Le projet de loi dont nous sommes porteurs est donc divisé en deux chapitres; l'un a pour objet les tribunaux de police simple; l'autre les tribunaux de police correctionnelle.

La compétence de ces tribunaux, leur composition, la procédure qui s'y observe, sont réglés par le projet : le tribunal de police simple connaît des faits qui n'entraînent qu'une amende de quinze francs, et au-dessous, ou un emprisonnement qui n'excède pas cinq jours; les faits qui sont punis par la loi d'un emprisonnement plus long, ou d'une amende plus forte, sont caractérisés *délits* et du ressort de la police correctionnelle.

Après avoir réglé la compétence, le projet s'occupe de la composition des tribunaux.

Toutes les nations civilisées ont eu des magistrats particulièrement chargés de connaître des faits de police; leur juridiction a été plus ou moins circonscrite, suivant les mœurs des peuples et les besoins de leur gouvernement; cette recherche n'est pas ce qui doit nous occuper aujourd'hui.

En France le peu d'accord qui existait dans nos lois et dans nos usages, se trouvait pareillement dans les matières de police; la connaissance en était disséminée entre des officiers du roi, des juges de seigneurs et des magistrats de la commune, ce qui devait opérer et opérait en effet de la confusion et de fréquents débats sur la compétence. Le tableau de ces variations pendant plusieurs siècles pourrait être curieux, mais il serait ici hors de place et très-inutile.

L'assemblée constituante, frappée des cris qui s'élevaient de toutes parts et depuis long-temps contre cette diversité infinie de lois et de tribunaux, conçut et exécuta le projet d'établir l'unité de la loi, et l'unité du mode de rendre la justice civile, criminelle et de police. Elle distingua certaines affaires d'une moindre importance, dont elle attribua la connaissance aux municipalités ; elle renvoya à des tribunaux correctionnels de sa création, des affaires plus graves, mais qui n'étaient cependant pas susceptibles de peines afflictives ou infamantes ; celles-ci furent portées aux tribunaux criminels établis dans chaque département.

Nous ne nous occupons aujourd'hui que des affaires de police ; le Code du mois de brumaire an 4 apporta du changement dans les dispositions faites par l'assemblée constituante ; il établit dans chaque administration municipale un tribunal de police composé du juge de paix et de ses assesseurs. Ainsi se trouvèrent dépouillées les municipalités, de l'attribution qui leur avait été faite par une loi du 11 juillet 1791. Le même Code introduisit aussi une réforme dans l'administration de la justice en police correctionnelle. On créa des tribunaux au nombre de trois au moins et de six au plus dans chaque département. Ces tribunaux furent composés de juges de paix avec un président pris parmi les membres du tribunal civil.

Enfin la loi du 24 ventôse an 8 plaça les tribunaux de police correctionnelle dans les tribunaux de première instance ; et depuis, une loi du 29 ventôse an 9, en supprimant les assesseurs des justices de paix, investit le juge seul de la connaissance des faits de police simple, qu'il avait partagée jusqu'à ce moment avec les assesseurs.

Ce dernier état n'a pas excité de réclamations, et rien n'a dû engager à priver, soit les juges de paix de leur juridiction en matière de police simple, soit les tribunaux de première instance du droit de juger en matière correctionnelle.

Cependant on a pensé qu'il serait utile de faire participer les maires au droit de prononcer sur une partie des contraventions de police.

L'assemblée constituante avait imposé aux municipalités une obligation au-dessus de leurs forces, du moins dans un très grand nombre de communes, lorsqu'elle leur avait délégué toute la compétence en cette matière ; mais en l'an 4 on tomba dans une autre extrémité, en ne leur laissant pas la portion de cette compétence qu'elles auraient pu exercer utilement, et en attribuant aux juges de paix seuls la connaissance entière de toutes les affaires de police. Nous devons aujourd'hui profiter de l'expérience du passé : en assurant aux juges de paix la connaissance exclusive de celles de ces affaires qui peuvent demander des hommes plus exercés, pourquoi ne laisserions-nous pas aux maires le droit de connaître des contraventions qui sont plus à leur portée, qu'ils réprimeront plus tôt et tout aussi bien que les juges de paix ?

C'est dans cet esprit que nous proposons de donner aux maires la connaissance des contraventions commises dans leurs communes, par des personnes prises en flagrant délit, ou par des personnes qui résident dans la commune, ou qui y sont présentes, et lorsque les témoins y seront aussi résidants ou présents.

Par quel motif refuserait-on dans ces cas une juridiction au maire ? Le fait se passe sous ses yeux, les délinquants et les témoins sont présents ; faut-il forcer les plaignants à recourir au juge de paix, qui peut être à une grande distance ?

En attribuant cette connaissance au maire, nous n'avons pas prétendu l'interdire au juge de paix, et les parties seront toujours libres de le saisir, quand elles le jugeront convenable.

Le motif de proximité qui a déterminé à établir le maire juge de police, ne subsistant plus dans les communes chefs-lieux de canton, on a laissé la connaissance exclusive des contraventions qui y sont commises aux juges de paix, qu'on peut y trouver aussi facilement que le maire.

Observons encore que, lorsque la partie conclut à des dommages-intérêts excédant la somme de quinze francs, ou lorsqu'elle conclut à une somme indéterminée, qui peut être plus considérable, c'est le juge de paix qui seul est compétent pour en connaître; l'affaire se complique dans ce cas, et il ne faut pas surcharger le maire du fardeau de l'instruction.

Telles sont, Messieurs, les mesures qu'on a prises pour ne laisser aux maires que la connaissance de faits sur lesquels ils pourront prononcer facilement, promptement, et sans frais, pour ainsi dire.

Toutes les autres affaires de cette nature sont exclusivement du ressort des juges de paix; le projet règle l'ordre de leur service dans les communes où il s'en trouve plusieurs.

Il faut actuellement s'expliquer sur la procédure qui s'observera en simple police. Je commence par le tribunal du juge de paix. Les citations y seront données à la requête du ministère public, ou à celle de la partie lésée. Le délai ne pourra être moindre de vingt-quatre heures; il pourra être abrégé par le juge, si le cas l'exige : nous rentrons au surplus dans la marche générale de la procédure en justice de paix.

Je remarquerai seulement, 1° que le ministère public, toujours partie dans ces sortes d'affaires, parce qu'elles troublent toujours un peu l'ordre public, est exercé par le commissaire de police du lieu, en son absence par le maire, qui peut se faire remplacer par son adjoint;

2° Que le juge de paix peut avant le jour de l'audience, et sur la réquisition de la partie publique ou de la partie civile, estimer ou faire estimer les dommages et intérêts, dresser ou faire dresser les procès-verbaux; enfin, faire ou ordonner tous actes requérant célérité;

3° Que l'instruction à l'audience doit se faire publiquement et dans l'ordre qui suit :

Les procès-verbaux, s'il y en a, sont lus par le greffier; les témoins appelés par le ministère public ou par la partie civile, sont entendus; la partie civile prend ses conclusions; la personne citée propose sa défense, fait entendre ses témoins; le ministère public donne ses conclusions; le tribunal prononce.

En autorisant la preuve par témoins, on n'a pas dû permettre d'en faire entendre contre le contenu aux procès-verbaux ou rapports des officiers de police ayant reçu de la loi le pouvoir de constater les délits ou les contraventions jusqu'à inscription de faux.

Vous pensez bien, Messieurs, que tous les autres agents n'impriment pas à leurs actes le même degré de confiance; aussi peuvent-ils être débattus par des preuves contraires.

Je ne parle pas des dispositions relatives au serment des témoins, aux personnes qui peuvent être entendues, aux peines qu'on peut infliger aux témoins défaillants; c'est ici le droit commun.

Lorsque les parties se sont respectivement expliquées, le juge de paix ne doit pas manquer, si l'affaire se trouve du ressort de la police correctionnelle, de la renvoyer avec les pièces devant le procureur impérial; si l'affaire

est de simple police, le juge prononce ce que de droit, et
statue sur les dommages et intérêts qui peuvent être dus,
soit à la personne lésée, soit à la personne mal à propos
inculpée.

Vous trouverez encore dans le projet de loi des dispositions sur la signature du jugement, sur la nécessité de
le motiver et d'y insérer le texte de la loi appliquée. Je
n'ai aucune observation à faire à cet égard.

La procédure devant le maire, comme juge de police,
est encore plus simple que celle devant le juge de paix.
La partie civile, le défendeur et les témoins étant sur les
lieux, le maire peut les faire tous approcher par un simple avertissement qui annonce le fait et le moment de
l'audience. Le ministère des huissiers n'y est donc pas nécessaire pour les citations.

Le ministère public sera rempli auprès du maire par
l'adjoint, à son défaut, par un membre du conseil municipal qui sera à cet effet désigné, pour une année entière,
par le procureur impérial.

Les fonctions de greffier seront exercées par un citoyen
que le maire proposera, et qui prêtera serment en cette
qualité, au tribunal de police correctionnelle. Il recevra
pour ses expéditions les mêmes émoluments que le gref
fier du juge de paix.

Le maire, au surplus, donnera son audience dans la
maison commune, et entendra publiquement les parties.

Quelque confiance que puissent inspirer les juges de
paix et les maires, il a bien fallu permettre l'appel de
leurs jugements : il sera porté au tribunal de police correctionnelle.

Cependant, lorsque les restitutions et autres réparations civiles n'excéderont pas ensemble la somme de cinq
francs, outre les dépens, le droit d'appeler serait un

présent funeste aux parties, et l'appel ne sera pas reçu;

Le délai pour l'appel, dans les cas où il sera recevable, n'est que de dix jours, à compter de celui de la signification du jugement; l'appel sera instruit et jugé dans la même forme que les appels des sentences des justices de paix.

Les témoins pourront encore être entendus, si le ministère public ou l'une des parties le requiert. Le tribunal prononcera en audience publique.

Il est temps de passer au chapitre des tribunaux de police correctionnelle.

C'est à une section du tribunal de première instance que la connaissance des délits correctionnels continuera d'appartenir.

J'ai déja annoncé quels étaient ces délits; j'observe seulement qu'il faut ranger dans cette classe tous les délits forestiers, poursuivis à la requête de l'administration. Il serait impossible à ses agens de se transporter dans toutes les justices de paix, pour y obtenir la réparation des dommages causés en cette partie.

Le tribunal correctionnel sera saisi, soit par le recours de la partie, soit par un renvoi prononcé sur le rapport du juge d'instruction à la chambre du conseil, soit en conséquence d'un renvoi par le tribunal de police simple.

Les règles pour la marche de la procédure sont expliquées avec beaucoup de détail dans le projet; elles sont faites pour préparer une prompte décision.

Les obligations de la partie civile, les jugements par défaut, l'opposition à ces jugements, l'espèce de preuves qui est reçue, le moment ou le tribunal doit prononcer, la forme du jugement, rien n'est oublié; et, sur ces différents articles, on ne s'est pas écarté de ce qui est généralement prescrit pour la procédure sur les contraventions de police simple; le but est le même dans l'un et l'autre tribunal de police, et les moyens d'y parvenir ne doivent pas être différents.

La personne citée au tribunal de police correctionnelle peut se faire représenter par un avoué, si le délit n'est pas de nature à emporter la peine d'emprisonnement. Le tribunal pourra néanmoins ordonner sa comparation en personne, toutes les fois qu'il jugera sa présence utile.

Lorsqu'un délit correctionnel sera commis dans l'enceinte et pendant la durée des audiences, soit dans les cours, soit dans les tribunaux civils ou correctionnels, faudra-t-il que la répression en soit retardée par un défaut de pouvoir dans les magistrats, ou par la nécessité d'une instruction préparatoire? C'est bien dans des occasions de cette nature que l'application de la peine ne doit éprouver aucun retard. Le respect dû à la justice exige que les témoins du délit soient aussi les témoins de la réparation. C'est par ce motif qu'il est enjoint, dans ce cas, au président du tribunal de dresser un procès-verbal du fait, d'entendre le prévenu et les témoins; le tribunal applique ensuite les peines de la loi, sans désemparer, bien entendu que les tribunaux correctionnels et civils ne prononcent que sauf l'appel.

Je ne dois pas omettre de vous parler d'une dernière disposition de la loi; elle charge le procureur impérial d'envoyer un extrait de tous les jugements rendus en police correctionnelle, au procureur général. Ainsi ce magistrat aura toujours sous les yeux tous les renseignements qui pourront lui faciliter l'exercice d'une police active dans l'étendue de son ressort, et déja vous pressentez les heureuses conséquences qui en résulteront pour le maintien de l'ordre public.

Les jugements rendus en police correctionnelle seront susceptibles d'être attaqués par la voie de l'appel : cette faculté appartiendra aux parties prévenues ou responsables, à la partie civile quant à ses intérêts civils seulement, à l'administration forestière, au procureur impérial, enfin au ministère public du tribunal ou de la cour qui prononcera sur l'appel.

Le délai pour appeler est de dix jours après celui où le jugement aura été prononcé ; ou si le jugement est par défaut, de dix jours après la signification. Cependant le ministère public près le tribunal ou la cour qui prononcera sur l'appel, jouit d'un délai plus long ; mais la mise en liberté du prévenu ne pourra jamais être suspendue, lorsqu'aucun appel n'aura été déclaré ni notifié dans les dix jours de la prononciation du jugement contradictoire.

L'autorité qui statuera sur les appels, ne doit pas être trop éloignée du premier tribunal ; elle devra souvent entendre les témoins, et il ne faut pas que leur transport devienne un obstacle à l'administration de cette partie de la justice, soit par l'énormité des frais, soit par l'impossibilité où l'on pourrait se trouver de faire approcher les témoins au jour indiqué.

C'est par ces considérations qu'on a voulu que l'appel des jugements en police correctionnelle fût porté au tribunal du chef-lieu du département, qui sera organisé en conséquence de cette attribution.

Les appels des jugements rendus en police correctionnelle au chef-lieu du département, seront portés au tribunal du chef-lieu du département voisin, sans toutefois que jamais des tribunaux puissent être respectivement juges d'appel de leurs jugements.

Mais, lorsque le chef-lieu d'un département sera aussi

le siège de la cour impériale, c'est par elle que seront jugés les appels des jugements rendus en police correctionnelle dans le département, et c'est aussi devant elle et non devant le tribunal du chef-lieu, que seront portés les appels des jugements rendus en cette partie au chef-lieu du département voisin; il n'y a plus de motif pour ne pas en saisir la cour impériale.

Vous voyez, Messieurs, que jusque dans les plus légers détails, nous avons cherché tout ce qui pouvait convenir le mieux au véritable intérêt des parties.

L'instruction sur l'appel, et la forme du jugement qui peut intervenir, ne donnent lieu à aucune observation.

Vous connaissez actuellement l'esprit dans lequel a été rédigée la loi dont nous vous présentons le projet; j'en ai mis sous vos yeux les dispositions principales; les détails en sont nécessairement fort arides, et je n'aurais pas pu me flatter de soutenir votre attention, si votre zèle pour le bien public ne garantissait pas un vif intérêt de votre part à tout ce qui peut y avoir quelque rapport.

Il ne me reste plus qu'un souhait à former : puissent tous ceux à qui sera confiée l'exécution de cette loi et de la loi sur la police judiciaire, que déjà vous connaissez, se pénétrer fortement de toute l'importance de leurs fonctions! puissent-ils assurer à leurs concitoyens, par leur activité et par leur prudence, une heureuse tranquillité, premier objet de ces deux lois, comme elle est le premier bien de la société!

RAPPORT

Sur les Chapitres 1 et 2 du Livre II du Code d'Instruction criminelle,

PAR M. GRENIER,
membre de la commission de législation.

Séance du 19 novembre 1808.

MESSIEURS,

Je suis chargé de vous présenter les vues de votre Commission de législation sur le deuxième projet de loi du Code d'instruction criminelle. Ce projet de loi est composé des deux premiers chapitres du Livre second.

Le premier Livre, que votre sanction a déja converti en loi, renferme toutes les règles que le législateur devait tracer pour établir la recherche et la poursuite des délits. Il indique les officiers qui sont chargés de ces opérations; il fixe leur compétence avec précision. Aussi on lui a donné pour titre : *De la Police Judiciaire, et des Officiers qui l'exercent,*

Dans le second Livre, on voit naître un nouvel ordre de choses. Il s'agit de mettre en action les tribunaux qui doivent appliquer la peine lorsque les preuves des délits ont été préparées par la police judiciaire. Telle est la raison qui a fait intituler ce Livre : *De la Justice.*

Vous savez, Messieurs, de combien d'idées heureuses on est redevable à l'assemblée constituante sur l'administration de la justice criminelle. Classification exacte des délits et des peines; division en pouvoirs qui recherchent et en pouvoirs qui punissent; diversité des tribunaux, selon la gravité des délits; distinction des lieux de détention, selon qu'il s'agit de prévenus, d'accusés ou de condamnés : tels sont les résultats de la législation criminelle sortie du sein de cette assemblée.

Ainsi on a vu établir une juste proportion entre les peines et les délits. Les mêmes hommes, qui avaient poursuivi les coupables, n'ont plus eu le droit, devenu alors dangereux, de les punir; les mêmes tribunaux n'ont plus eu à statuer, et avec le même appareil, sur les délits légers comme sur les grands crimes; le simple prévenu n'a plus eu à subir le supplice d'être confondu dans la même enceinte avec l'être dont la présence inspire l'horreur, et d'en partager la honte, quoiqu'il eût la certitude de manifester son innocence.

Les objets, mis à leur place et considérés sous leur vrai point de vue, ont reçu des désignations tellement justes et indicatives, que souvent elles conduisent, seules, à la netteté des idées sur les choses.

Il était difficile que cette législation pût jamais être abandonnée; aussi a-t-elle été le type de la loi de brumaire an 4, et elle l'est encore de la législation qui est soumise à la discussion.

Les changements successifs, que vous avez sans doute remarqués, Messieurs, dans la législation de brumaire et dans la nouvelle, ne sont que des moyens de perfectionnement de la législation précédente; le plan de cette législation est moins altéré ou'il n'est régularisé.

Vous n'avez donc pas été étonnés, Messieurs, de voir reparaître dans les projets qui vous ont été adressés, les tribunaux de simple police et les tribunaux correctionnels.

Votre commission a encore conçu la pensée que vous

confirmeriez cette institution dont l'objet est de mettre simultanément en action des citoyens notables qui prononcent sur le fait, et des juges qui dirigent l'instruction, et qui appliquent la peine : institution qui est telle, qu'un souverain qui la maintient dans ses Etats, prouve, par cela seul, qu'il est digne du bonheur si rare de régner sur des hommes libres.

Cependant, il faut l'avouer, d'excellents esprits, dont les intentions sont aussi pures que les lumières sont étendues, se sont trouvés divisés sur cette institution : mais on se plaît à croire qu'elle aurait obtenu la réunion des suffrages, si, dès le principe, elle eût été organisée avec plus de prudence, et si, à certaines époques où elle a été pratiquée, l'esprit de parti n'eût pas exercé une influence funeste sur la masse des opinions.

Au surplus, ce mode de jugement fera la matière de projets ultérieurs. Je dois me renfermer dans ce qui concerne les tribunaux de simple police, et les tribunaux correctionnels ; quoique placés à des degrés inférieurs de la législation criminelle, leur organisation n'en est pas moins digne de toute l'attention du législateur.

Je ne descendrai point dans les détails ; vous les avez sans doute présents à l'esprit ; ils vous ont d'ailleurs été exposés avec exactitude, quoique avec brièveté, par l'orateur du Conseil d'Etat. Je me bornerai à l'examen de quelques points essentiels.

Il a fallu d'abord déterminer ce qui constituait une contravention de police simple ; car c'était seulement après s'être fixé sur ce point qu'on pouvait se former des idées justes sur l'indication des tribunaux auxquels la compétence relative aux contraventions de police devait être, ou non, attribuée.

Or, la détermination de ce qui constitue une contravention de police simple, est l'objet de l'article 137 du projet de loi. Suivant cet article on doit considérer comme contraventions de police simple les faits qui peuvent donner lieu, soit à quinze francs d'amende ou au-dessous, soit à cinq jours d'emprisonnement ou au-dessous, qu'il y ait, ou non, confiscation des choses saisies, et quelle qu'en soit la valeur.

Votre Commission a vu dans cet article une disposition sage; elle n'a pas pensé qu'il devînt nécessaire de s'en tenir à la disposition de l'article 153 de la loi de brumaire an 4, qui déclarait qu'un fait était un délit de police, lorsque la peine qui lui était appliquée n'excédait ni la valeur de trois journées de travail, ni trois jours d'emprisonnement.

Il est trop évident que la différence, quant à la peine, qui résulte et de la loi de brumaire an 4, et du projet de loi dont il s'agit, ne détruit point la justesse de la détermination de la contravention de police, que présente le projet de loi, pour que je me livre à des réflexions afin de l'établir.

Mais je remarquerai que c'est une amélioration, d'avoir substitué une somme fixe à la valeur d'un certain nombre de journées de travail.

Cette valeur varie, d'après des tarifs, dans chaque département, quelquefois même dans les arrondissements d'un seul: en sorte que le même délit est de police simple sur quelques points de l'Empire, tandis que sur d'autres il est un délit de police correctionnelle. Cette discordance, remarquée depuis long-temps, blessait la dignité de la loi; elle devait être réformée.

Les faits qui forment une contravention de police étant spécifiés d'une manière précise, la connaissance en est attribuée à deux sortes d'officiers, mais avec des différences importantes que j'expliquerai bientôt.

Ces officiers sont les juges de paix et les maires.

Cette attribution aux maires a été un sujet particulier des réflexions de votre Commission, et elle n'a pensé que cette attribution devait être adoptée qu'après avoir scrupuleusement examiné les observations dont elle paraissait susceptible au premier coup-d'œil. Votre Commission y a vu des avantages qui ne sont point suffisamment balancés par de légers inconvénients qu'on pourrait remarquer, et dont, au surplus, les meilleures institutions même ne sont pas exemptes.

Personne ne disconviendra sans doute, qu'il est politique de relever les fonctions municipales, de les rendre plus honorables encore, en confiant à ceux qui les exercent une nouvelle autorité qui, néanmoins, soit telle qu'on ne puisse y apercevoir des dangers.

L'honneur de se rendre utile à la société, et de signaler son zèle, est l'unique perspective que présentent les fonctions municipales ; et pourrait-on croire que ce sentiment ne prit pas un nouveau degré de force, bien loin d'être affaibli par un surcroît de fonctions, qui ne peut être considéré que sous le rapport d'une nouvelle marque de confiance, dont on est investi au nom de la société ?

Mais cette considération n'eût pas seule déterminé votre Commission. Les administrés ont-ils dû ressentir de cette institution des avantages ou au contraire des inconvénients ? Tel est le point essentiel sur lequel la Commission a fixé son attention.

Les avantages n'ont pas paru douteux.

Il suffirait de faire observer qu'il ne doit rester à la connaissance des maires, encore en concurrence avec les juges de paix, que les actions qui portent le plus léger trouble dans la société. Or, s'il est possible de procurer la répression de ces contraventions sur la commune même où elles auront été commises, sans frais, sans déplacement, et par conséquent sans perte de temps, objet à considérer, vu les distances qui se rencontrent souvent des communes aux chefs-lieux de canton, surtout dans les pays montagneux, n'y a-t-il pas là des avantages dont on doit s'empresser de faire jouir les citoyens?

La Commission a prévu qu'on pourrait opposer, comme un obstacle au succès de l'institution, le défaut de capacité suffisante de la part des maires, dans un certain nombre de communes.

S'il est vrai que, dans des communes de campagne, il y ait des maires qui n'aient pas toute l'instruction désirable, nous croyons pouvoir dire, avec autant de vérité que d'orgueil pour le peuple français, que le nombre en est peu considérable. Quelques inconvéniens que la loi rencontrerait dans son exécution sur quelques points isolés, doivent-ils faire renoncer aux avantages qu'elle procurerait sur tous les autres? D'ailleurs nous savons tous ce qu'on doit attendre, respectivement aux choix, de la vigilance et de l'attention d'un Gouvernement dont toutes les opérations portent l'empreinte des idées utiles et grandes, et surtout de celles qui répandent l'instruction et les lumières.

On peut encore se livrer, à ce sujet, à des considérations d'un ordre supérieur. Il n'est pas douteux que les lois n'exercent une action puissante sur les mœurs et sur les habitudes. Ainsi, une loi qui pourrait être contrariée dans le moment, par une tendance à l'inertie, par une aversion pour l'occupation, peut en triompher dans peu de temps : et cette loi dont l'effet serait d'engager des citoyens à faire ce qu'ils auraient cru d'abord au-dessus de leur capacité, qui les exciterait au travail, à l'application, et qui les rendrait plus propres aux affaires publiques, cette loi, disons-nous, se présente sous des rapports trop avantageux pour ne pas être accueillie.

Veuillez de plus remarquer, Messieurs, combien l'exercice de la police accordé aux maires est réduit, comparativement à celui de la même police qui est attribué aux juges de paix.

Vous avez vu, dans l'article 139 du projet, que les juges de paix connaîtront *exclusivement*,

1⁰ Des contraventions commises dans l'étendue de la commune chef-lieu du canton;

2⁰ Des contraventions dans les autres communes de leur arrondissement, lorsque, hors le cas où les coupables auront été pris en flagrant délit, les contraventions auront été commises par des personnes non domiciliées ou non présentes dans la commune, ou lorsque les témoins qui doivent déposer n'y sont pas résidants ou présents;

3⁰ Des contraventions à raison desquelles la partie qui réclame conclut pour des dommages et intérêts à une somme indéterminée, ou à une somme excédant quinze francs;

4⁰ Des contraventions forestières poursuivies à la requête des particuliers;

5⁰ Des injures verbales;

6⁰ Des affiches, annonces, ventes, distributions ou débits des ouvrages écrits ou gravures contraires aux mœurs;

7⁰ De l'action contre les gens qui font le métier de deviner ou pronostiquer, ou d'expliquer les songes.

Pour atteindre des délits qui soient au-dessous de ceux que je viens de vous présenter, il faut descendre nécessairement à des faits d'une bien légère importance.

Or ce sont ces faits seuls qui, d'après l'article 166 du projet, forment la compétence du maire considéré comme juge de police. Encore ne perdons pas de vue les conditions imposées à cette compétence.

L'une est qu'elle ne peut jamais s'exercer que concurremment avec le juge de paix; celui d'eux qui sera saisi le premier, deviendra juge.

L'autre condition à laquelle la compétence du maire est soumise, toujours avec la même concurrence, est la résidence ou la présence, dans la commune du maire, des personnes auxquelles le délit est imputé. Il faut de plus la résidence ou la présence des témoins sur la même commune; et enfin que la partie réclamante conclue, pour ses dommages-intérêts, à une somme déterminée qui n'excède pas quinze francs.

Dans le cas de flagrant délit, le maire peut en connaître, entre toutes sortes de personnes; mais c'est encore concurremment avec le juge de paix.

Avouons-le, Messieurs, il faudrait être imbu d'une bien forte prévention contre une compétence ainsi réduite, attribuée aux maires, pour en désirer la suppression. On pourrait, au contraire, regretter qu'elle n'eût pas plus d'extension. Cependant cette attribution, telle qu'elle est organisée, présente l'avantage d'une répression des délits légers, avec promptitude et sans frais.

Enfin, si cette attribution présentait réellement quelques inconvénients, ils seraient bien affaiblis par la disposition de l'article 172 du projet, qui est commune aux jugements rendus par les juges de paix, et à ceux rendus par les maires en matière de police.

Vous y avez vu que l'appel a lieu lorsque ces jugements prononcent un emprisonnement quelconque, ou lorsque les restitutions et autres réparations civiles excèdent la somme de cinq francs, outre les dépens.

L'article 153 de la loi de brumaire an 7 voulait que les jugements en matière de police fussent en dernier ressort, lorsque la peine n'excédait ni la valeur de trois journées de travail, ni trois jours d'emprisonnement.

Cette disposition était peu conforme au caractère national. L'atteinte la plus légère a ce qui constitue la considération personnelle, est sans prix aux yeux de tout Français; elle ne peut être supportée avec insouciance que par les hommes endurcis dans le crime, dont le législateur doit faire abstraction dans ses combinaisons. La faculté de l'appel, dans ce cas, était plus analogue aux mœurs d'un peuple aussi sensible sur tout ce qui tient à l'honneur. D'ailleurs n'avons-nous pas tous été frappés de l'inconvénient de forcer au pourvoi dispendieux en cassation, contre un jugement de simple police, qui emportait la condamnation de la valeur de trois journées de travail et de trois jours d'emprisonnement, et de priver de l'espoir d'en obtenir d'abord la réformation par la voie de l'appel?

Dirait-on que l'attribution accordée aux maires renferme la cumulation de fonctions judiciaires et de fonctions administratives, ce qui pourrait paraître inconstitutionnel aux yeux de quelques personnes?

Messieurs, c'est du sein de l'assemblée constituante que sont sortis les principes sur la division des pouvoirs. On peut même dire que, pour avoir voulu apporter à cette division le plus haut degré d'exactitude, elle n'était pas sans quelque métaphysique.

Cependant, au moment où cette assemblée venait de poser ces principes, elle attribua aux municipalités la punition de certains délits qui, par leur nature et par leur désignation même de *délits de police municipale*, tenaient plutôt, ainsi que ceux dont il s'agit actuellement, à des fonctions administratives qu'à des fonctions judiciaires proprement dites.

A la vérité cette attribution fut abolie par les art. 595 et 596 de la loi de brumaire an 4; mais quelle en fut la raison? c'est parce qu'alors, d'après les lois organiques des municipalités, il n'y en avait qu'une par canton, qui était établie au chef-lieu. Un agent était seulement dans chaque commune. Or, dans cet état de choses, il n'y avait plus lieu de revenir à la police municipale, puisque, pour s'en procurer les avantages, il eût fallu les mêmes déplacements, les mêmes dépenses que pour recourir au juge de paix.

Je ne crois pas devoir me livrer à d'autres observations sur ce qui concerne la juridiction des maires. Si vous pensez, Messieurs, que l'établissement de cette juridiction doive être adopté, on ne peut en être détourné, ni par la forme prescrite pour les jugements, ni par le mode d'organisation, soit du ministère public, soit du greffe, qui sont développés dans le projet de loi.

Quant aux dispositions de ce projet relatives au tribunal du juge de paix considéré comme juge de police, elles ne sont point susceptibles de réflexions, parce que ces dispositions ne peuvent prêter matière à des objections sérieuses, surtout après ce que j'ai eu occasion d'en dire en m'expliquant sur la juridiction des maires. L'organisation du tribunal de police du juge de paix diffère peu de celle du même tribunal, qui résulte des lois qui sont actuellement en vigueur: et nous pensons que, dans les différences que vous y aurez remarquées, vous aurez aperçu des améliorations.

Je passe à ce qui concerne les tribunaux correctionnels, qui font la matière du chapitre 2 du projet de loi.

Il n'y a point de doute sur la fixation de la compétence de ces tribunaux, d'après l'art. 179 de ce projet.
Il y est dit : « Les tribunaux de première instance, en
« matière civile, connaîtront en outre, sous le titre de
« tribunaux correctionnels, de tous les délits forestiers
« poursuivis à la requête de l'administration, et de tous
« les délits dont la peine excède cinq jours d'emprison-
« nement et 15 francs d'amende. »

Les délits forestiers, quelle qu'en soit la modicité, ont
été attribués aux tribunaux correctionnels, privative-
ment aux tribunaux de simple police, parce qu'il fallait
que les poursuites de l'administration forestière ne dussent aboutir qu'à un point, afin d'éviter des embarras
qui souvent auraient produit l'impunité des délits.

En rapprochant les articles 139 et 166, de cet article 179, vous avez dû remarquer, Messieurs, que les
compétences respectives des tribunaux de police et des
tribunaux correctionnels sont déterminées avec toute la
précision désirable.

Les tribunaux correctionnels statueront encore sur les
appels des jugements rendus en matière de police, d'après
l'article 174. Les jugements des tribunaux correctionnels,
intervenus sur ces appels, seront en dernier ressort, les
deux degrés de juridiction étant épuisés, sauf le recours
en cassation.

A l'égard des appels des jugements des tribunaux correctionnels rendus sur les affaires qui y auront été portées
en première instance, ce n'est plus aux cours criminelles
que ces appels seront portés; et en cela les articles 200 et
201 du projet de loi annoncent un changement qui sans
doute aura excité votre attention.

Pour justifier le mode de dévolution des appels établi

par le projet de loi, il faut nécessairement se porter à un nouvel état de choses que vous annoncent les projets qui vous 'ont été adressés. Vous savez, Messieurs, que l'intention du Gouvernement est d'établir dans les cours d'appel, qui deviendront cours impériales, l'unité de juridiction en dernier ressort, au criminel comme au civil, dans l'étendue de leur arrondissement. Le Gouvernement voit dans cette mesure le moyen de donner à la magistrature son ancien éclat. Le vrai magistrat doit, comme le vrai jurisconsulte, tenir tous les fils de la législation qui embrasse dans son ensemble les matières criminelles comme les matières civiles. Plus le magistrat se rend utile par ses travaux, plus il s'attire le respect des justiciables; sa considération augmente en raison de ce qu'il acquiert en expérience et en habileté.

Mais, quoique le pouvoir judiciaire criminel soit transféré dans les cours impériales, le Gouvernement a cru digne de sa sagesse de concilier cette nouvelle attribution avec les moyens d'éviter aux justiciables des déplacements à de grandes distances, et les dépenses qui en seraient la suite.

Ainsi, pour me renfermer dans ce qui concerne les tribunaux correctionnels, les appels seront portés d'un tribunal d'arrondissement au tribunal du chef-lieu du département.

Les appels des jugements rendus au chef-lieu du département seront portés au tribunal du chef-lieu du département voisin, pourvu qu'il soit dans le ressort de la même cour impériale.

Dans le département où siège la cour impériale, les appels des jugements rendus en police correctionnelle seront portés à cette cour.

Enfin la cour impériale recevra les appels des jugements rendus en police correctionnelle dans le chef-lieu d'un département voisin, lorsque la distance de cette cour ne sera pas plus forte que celle du chef-lieu d'un autre département.

Dans cet ordre de choses, votre Commission n'a aperçu ni inconvénient, ni violation d'aucun principe. Nous rendons trop de justice aux membres des tribunaux de première instance dont les appels seront portés à d'autres tribunaux aussi de première instance de chefs-lieux de départements, pour croire qu'ils puissent en être affectés; tous les fonctionnaires sont établis uniquement pour l'avantage de la société, et on ne peut voir avec regret une dévolution d'appels, dont le seul but est de vaincre des difficultés de localités, et qui d'ailleurs ne détruit en aucune manière l'égalité politique de tous ces tribunaux, puisque le législateur, dans l'article 200, a eu soin de s'en expliquer.

Ici se terminent les observations de votre Commission; elle ne doit pas vous expliquer ce qui l'a déja été par l'orateur du Gouvernement, et que vous connaissez parfaitement. Un des principaux devoirs de la Commission a été de recueillir votre pensée sur les points qui paraissaient le plus susceptibles de difficultés; vos idées ont été le sujet des méditations de la Commission, et à son tour elle vous en soumet le résultat.

La Commission vous déclare, Messieurs, qu'elle a cru que le projet de loi dont il s'agit était digne de votre approbation.

MOTIFS

Du Livre II, Titre II, Chapitre I à V,

PRÉSENTÉS PAR M. LE COMTE FAURE,
Orateur du Gouvernement.

Séance du 29 novembre 1808.

MESSIEURS,

LE projet de loi que SA MAJESTÉ nous a chargés de vous présenter, est destiné à former la troisième partie du nouveau Code d'instruction criminelle.

Dans la première, que vous avez décrétée, sont tracés les devoirs des officiers de police judiciaire et des juges instructeurs. Ses dispositions embrassent tout ce qui doit être fait jusqu'au moment où l'affaire est renvoyée soit au tribunal de police simple, s'il s'agit d'une contravention de police, soit au tribunal de police correctionnelle, s'il est question d'un délit, soit à la cour impériale, lorsque le fait qui constitue la prévention est qualifié crime.

La seconde partie, que vous avez aussi convertie en loi, règle la manière de juger les prévenus de contraventions et de délits.

Maintenant quel sera le mode de juger le prévenu de crime? La peine qui l'attend, s'il est coupable, entraînera toujours pour lui la perte de l'honneur, souvent celle de la liberté, quelquefois celle de la vie. Il était donc nécessaire de donner à l'instruction des formes moins rapides et plus solennelles. Telle est, Messieurs, la matière du projet de loi soumis à votre sanction.

La première disposition de ce projet se rattache aux

articles 133 et 135, qui déterminent les cas où les pièces
du procès doivent être transmises à la cour impériale.
C'est cette cour qui décidera s'il y a lieu de mettre en
accusation le prévenu.

Nous ne répéterons point, Messieurs, les observations
qui vous ont été déja présentées sur les inconvénients de
l'organisation présente, et sur la nécessité de placer
ailleurs le droit attribué au jury d'accusation.

L'expérience a démontré qu'autant il est facile au jury
de jugement d'apprécier le mérite des preuves dans l'état
de perfection où la procédure se trouve alors, et d'après
les débats qui ont lieu devant lui, autant il est difficile
au jury d'accusation, tel qu'il existe, de calculer la valeur des présomptions d'après une instruction encore
incomplète.

La difficulté d'apprécier ces présomptions lui fait
chercher des preuves dont il n'a pas besoin pour se déterminer; et comme il ne les trouve pas, il arrive souvent
que, malgré les indices, au lieu de renvoyer le prévenu
pour être jugé, il le juge lui-même, et prononce son
acquittement.

Trop souvent aussi le directeur du jury d'accusation,
témoin de l'embarras qu'éprouvait le jury, s'est vu réduit
à l'alternative fâcheuse de le laisser, par son silence,
dans une obscurité d'où il ne pouvait sortir, ou de l'influencer malgré lui par ses explications, de telle sorte que
la déclaration donnée par le jury n'était plus autre chose
que l'opinion du directeur de jury lui-même.

Les membres de la cour impériale, en exerçant les
fonctions du jury d'accusation, rempliront parfaitement
le vœu de la loi; guidés par l'expérience que donne l'habitude des affaires, ils distingueront sans peine les fortes
présomptions des indices trop faibles, et saisiront les

nuances délicates d'après lesquelles ils seront obligés de se décider.

Le devoir de la cour impériale est de s'occuper du prévenu, aussitôt qu'il est traduit devant elle. Tous les intérêts se réunissent à cet égard : celui de l'individu, s'il est innocent ; sa captivité doit cesser le plus tôt possible : celui de la société, s'il est criminel ; de trop longs retards pourraient occasionner le dépérissement des preuves, et, par une suite inévitable, l'impunité du crime.

Le projet accorde dix jours au procureur général pour mettre l'affaire en état et présenter son rapport.

Ce délai n'empêchera pas qu'il ne fasse son rapport plus tôt, toutes les fois qu'il y aura possibilité.

Une section de la cour entendra le procureur général, et statuera sur ses réquisitions. Cette section sera composée suivant le mode que doit déterminer la loi organique. Elle prononcera dans les trois jours au plus tard.

Ainsi tous les délais seront extrêmement courts, et leur brièveté ne permettra pas la plus légère négligence.

La cour examine d'abord si le fait est défendu par la loi ; s'il ne l'est pas, son auteur ne peut être puni ; dès lors, on ne doit pas le poursuivre. Quelque mauvaise que soit l'action sous le rapport moral, le coupable ne sera condamné qu'au tribunal de l'opinion publique.

Le fait est-il défendu par la loi, la cour doit s'assurer si la connaissance n'en est pas réservée à la haute cour impériale ou à la cour de cassation, et renvoyer s'il y a lieu. Aussitôt qu'elle a reconnu sa compétence, elle examine s'il existe des présomptions suffisantes contre le prévenu. Ces présomptions sont-elles vagues ou légères, n'existe-il aucun moyen d'en acquérir de plus fortes, elle doit mettre le prévenu en liberté ; une rigueur plus longue ne serait pas seulement inutile, elle serait encore

f.

injuste à l'égard de la personne poursuivie, et alarmante pour la société entière.

Lorsque les présomptions paraissent suffisantes, la cour renvoie le prévenu pour être jugé, et désigne le tribunal d'après la qualité du délit.

Elle ne prononce la mise en accusation du prévenu, que dans le cas où le fait emporte peine afflictive ou infamante.

Mais, pour statuer sur tous ces points, un mode d'examen était indispensable. Ce mode est réglé par le projet de loi ; vous y retrouverez plusieurs dispositions de la législation actuelle.

Les juges ne voient ni le prévenu, ni la partie civile, ni les témoins de l'un et de l'autre.

Aussitôt après la lecture des pièces, le procureur général se retire en laissant sur le bureau sa réquisition écrite et signée.

Le plus grand secret doit présider aux délibérations de la cour impériale dans toutes les affaires criminelles qui lui sont soumises.

Le projet contient une addition importante.

Comme cette cour est à portée, par la nature de ses attributions, de connaître les relations des affaires entre elles et les points, souvent délicats, par lesquels elles se rapprochent et se tiennent, elle peut informer et faire informer d'office sur les faits survenus à sa connaissance. Le soin d'apprécier les cas qui l'exigent est abandonné à sa prudence. En un mot, le projet lui donne tous les moyens nécessaires pour empêcher qu'aucun crime ne reste impuni.

Dans tous les cas où la cour impériale trouve qu'il y a lieu de mettre le prévenu en accusation, le même arrêt qui l'ordonne renvoie à la cour qui doit juger. Nous ne

parlerons ici que de la cour d'assises. Ce qui concerne la
cour spéciale fera la matière d'un autre projet de loi.

Aussitôt que la mise en accusation est prononcée, le
procureur général rédige l'acte d'accusation.

Un changement essentiel est à remarquer.

Aujourd'hui l'acte d'accusation se rédige avant qu'il
soit dit qu'il y a lieu d'accuser ; aussi le jury d'accusation
admet-il souvent des actes contenant des circonstances
qu'il rejetterait, si les questions étaient simplement posées, et que l'acte ne fût rédigé que postérieurement à la
déclaration.

Suivant le projet, les juges faisant les fonctions de
jury, statueront sur toutes les questions, et n'admettront
que les circonstances qui doivent être admises ; de sorte
que le procureur général n'aura plus dans son acte d'accusation qu'à présenter le développement des faits, et
l'acte ne contiendra aucun fait, aucune particularité sur
laquelle il n'y ait de fortes présomptions reconnues par
les magistrats qui ont prononcé l'accusation. Le projet
veut aussi que le procureur général termine l'acte d'accusation par un résumé, où l'on verra d'un seul coup d'œil
quel est le crime et quelles sont les circonstances. Ce résumé sera d'autant plus facile à faire, que l'arrêt de mise
en accusation en sera le type. Il sera de son côté le régulateur de la question sur laquelle les jurés auront à répondre, lorsqu'on leur demandera si l'accusé est coupable.

Nous passerons sous silence des dispositions de détail,
qui sont conformes à la loi de brumaire.

Nous sommes arrivés à l'époque où l'accusé doit être
jugé.

L'accusé ne sera condamné ou acquitté que sur une
déclaration du jury : (nous parlerons dans la suite de son
organisation.)

Le jury, pour statuer sur le sort de l'accusé, s'assemblera devant une cour qui portera le nom d'assises.

L'établissement des cours d'assises se fonde sur les motifs les plus puissants.

Le ressort des cours impériales sera trop étendu pour que toutes les affaires criminelles puissent être portées au chef-lieu. Sans parler du déplacement des jurés, la seule nécessité de faire venir les témoins serait une source d'inconvénients; il en résulterait d'abord une charge considérable pour l'État : car, quoique les frais de justice criminelle doivent être supportés par les condamnés, la plupart sont dans l'impossibilité absolue d'y satisfaire, et d'ailleurs il y a des accusés qui ne sont pas déclarés coupables; en second lieu, les témoins, forcés de s'absenter si long-temps au grand préjudice de leurs affaires, emploieraient toute espèce de moyens pour s'en dispenser. Souvent des personnes bien instruites des circonstances importantes, aimeraient mieux ne pas se présenter devant l'officier de police judiciaire que de s'exposer, par une déclaration volontaire, aux résultats quelquefois incalculables d'une absence trop prolongée. Il faudrait bientôt que la loi autorisât la cour impériale à se contenter des déclarations écrites; ainsi disparaîtrait la publicité des débats, cette publicité qui est tout à la fois la sauvegarde de l'innocence et la terreur du crime, et que tous les hommes éclairés n'ont cessé de reconnaître comme la plus précieuse des garanties.

Il est donc indispensable que les procès criminels soient jugés dans chaque département du ressort de la cour impériale. Tel est le but de l'établissement des cours d'assises.

Les assises se tiendront dans le chef-lieu de chaque département, à moins que des circonstances extraordinaires ne demandent un autre lieu. C'est la cour impériale qui décidera si le changement est nécessaire. Lorsqu'un autre lieu lui paraîtra devoir être préféré, c'est elle qui le désignera.

L'expérience ayant démontré que les affaires criminelles étaient, dans la majeure partie des départements, trop peu nombreuses pour exiger une session tous les mois, il n'y aura qu'une session par trimestre; cependant, partout où le besoin l'exigera, les assises se tiendront plus souvent. Ainsi la cour n'existera qu'autant qu'elle sera occupée; et lorsqu'elle cessera de l'être, les juges qui la composeront retourneront à leurs fonctions civiles, à l'exception de ceux qui pourraient en être empêchés, soit par les travaux préparatoires, soit par quelqu'autre cause.

La cour d'assises sera une émanation de la cour impériale. Elle sera donc composée entièrement de membres pris dans la cour impériale, toutes les fois que les assises se tiendront dans le lieu où siège cette dernière cour. Cette disposition n'offre aucune difficulté, puisqu'alors aucun juge n'est obligé de se déplacer.

A l'égard des assises qui se tiendront ailleurs, ce sera toujours un membre de la cour impériale qui présidera: mais, pour ne pas entraver le service de cette cour, les autres juges qui assisteront le président seront des membres pris dans le tribunal de première instance du chef-lieu. Si cependant la cour impériale estime nécessaire de déléguer un ou plusieurs juges pris dans son sein, elle en aura la faculté; car aux assises les juges de première instance ne peuvent être considérés que comme suppléant les membres de la cour impériale.

Nous n'avons pas besoin d'observer que les présidents

des assises seront environnés d'un éclat proportionné à l'éminence de leur qualité.

Une disposition formelle défend aux juges de la cour impériale qui ont concouru à l'accusation, ainsi qu'au juge instructeur du procès, de remplir dans la même affaire aucune fonction à la cour d'assises. Cette prohibition porte en elle-même sa justification.

Quant à la distribution du service dans les tribunaux de première instance et dans les différentes cours, un règlement particulier aura pour objet de prévenir toute espèce d'entrave et d'inconvénient.

Les fonctions des présidents de la cour d'assises et celles du ministère public seront les mêmes que le sont aujourd'hui les fonctions des présidents et procureurs généraux des cours de justice criminelle.

C'est au nom du procureur général de la cour impériale, que les poursuites seront faites tant à cette cour qu'à toutes les cours d'assises. Chacun d'eux exercera la surveillance générale dans les divers départements qui dépendront de la cour à laquelle il sera attaché. Indépendamment de ses autres substituts, il aura dans le chef-lieu de chaque département, autre que celui où siège la cour impériale, un substitut particulier qui portera le titre de procureur impérial criminel, et qui le remplacera près la cour d'assises; si le procureur général se présente lui-même, c'est lui qui remplira les fonctions du ministère public. Le procureur impérial criminel surveillera les officiers de police judiciaire de son département, et rendra compte au procureur général impérial, au moins une fois par trimestre, de l'état des affaires criminelles, de police correctionnelle et de simple police de ce même département.

Cette correspondance habituelle avec le procureur

général mettra ce dernier à portée d'être exactement informé de tout ce qui se passe dans le ressort de la cour impériale, et d'en rendre compte lui-même à l'autorité supérieure.

Le projet de loi contient quelques changements importants sur la manière de procéder avant et pendant les débats.

Il faudra, comme dans la législation actuelle, que l'accusé soit interpellé de déclarer le choix qu'il aura fait d'un conseil pour l'aider dans sa défense; et s'il n'a pas de défenseur, le juge doit lui en désigner un sur-le-champ : autrement toute la procédure sera nulle.

Mais l'expérience a réclamé contre la faculté illimitée donnée à l'accusé pour le choix de son défenseur. Les accusés ont le plus souvent accordé leur confiance à des hommes qui les dépouillaient au lieu de les défendre, et qui, par la conduite qu'ils tenaient dans le sanctuaire même de la justice, faisaient le plus grand tort à la cause de leurs clients dans l'esprit des jurés et des juges.

Suivant le nouveau Code, les défenseurs qui seront nommés, soit par l'accusé, soit d'office, doivent être pris parmi les avocats ou avoués de la cour impériale ou de son ressort.

Ce cercle est assez grand pour que l'accusé puisse facilement trouver un défenseur digne de sa confiance; s'il n'est pas en état de pourvoir à ses honoraires, et qu'il ne puisse trouver lui-même un défenseur gratuit, celui que le juge lui donnera ne refusera point cette honorable commission, et sera jaloux, sans doute, de justifier le choix du juge, en remplissant sa tâche avec zèle et désintéressement. Enfin, si l'accusé demande la permission de nommer pour défenseur un de ses parents ou amis, et que le juge pense que cette nomination peut lui être utile, elle ne sera point refusée. Ainsi le changement qui résulte de cette disposition du nouveau Code, est commandée par l'intérêt de l'accusé.

Un autre changement, dont il ne sera pas moins facile de connaître les avantages, est de ne commencer un débat qu'avec la certitude qu'il ne sera point annulé par suite de quelque nullité antérieure.

Les nullités qui pourront être commises par la cour impériale, relativement à l'accusation, sont réduites à trois, et ne peuvent porter que sur l'arrêt de renvoi à la cour d'assises.

L'arrêt est nul :

1° Si le fait n'est pas qualifié crime par la loi ;

2° Si le ministère public n'a pas été entendu ;

3° Si l'arrêt n'a pas été rendu par le nombre de juges déterminé.

L'accusé ou le ministère public trouve-t-il qu'une ou plusieurs de ces nullités existent, il faut qu'il les propose dans les cinq jours, à compter de l'interrogatoire. Garde-t-il le silence durant le délai fixé, les nullités sont couvertes. Cependant la déchéance ne peut avoir lieu contre l'accusé qu'après lui avoir donné connaissance du délai. S'il n'a pas été averti, il peut se pourvoir après l'arrêt définitif. L'accusé ne sera donc jamais victime de son ignorance.

Enfin, si les nullités sont proposées dans les cinq jours, l'arrêt de la cour impériale sera transmis sur-le-champ à la cour de cassation, et celle-ci doit prononcer toutes affaires cessantes. On sera maintenant certain lorsque les cinq jours seront écoulés sans qu'aucune nullité ait été proposée ni par l'accusé, ni par le ministère public, que tout ce qui est antérieur aux débats est inattaquable, et que si les autres formes sont bien observées,

tout est à l'abri de la cassation. Au contraire, dans l'état
actuel de la législation, les nullités qui peuvent être commises antérieurement à l'accusation sont très nombreuses :
on n'est point obligé de les proposer avant l'ouverture des
débats, et si elles ne le sont qu'après le jugement, c'est-
à-dire, au moment où l'on peut se pourvoir en cassation,
la cour de cassation, en prononçant la nullité de l'acte
attaqué, ne peut se dispenser d'annuller tout ce qui a été
fait, à partir de cet acte, ce qui entraîne une plus grande
perte de temps, des frais plus considérables, et souvent
la disparition de preuves à l'absence desquelles il est impossible de suppléer.

Quant aux dispositions du Code relatives à l'examen,
au jugement et à l'exécution, les changements sont peu
nombreux, mais d'une haute importance.

Le premier concerne la déclaration du jury.

Le mode qui s'observe depuis 1791 est extrêmement
compliqué ; et si sa complication est telle qu'il en résulte
de l'embarras pour les hommes doués de la mémoire la plus
heureuse et accoutumés à la plus grande contention d'esprit, quel effet ce mode n'a-t-il pas dû produire en beaucoup d'affaires sur des jurés pris indistinctement dans
toutes les classes des citoyens ?

La défense faite par la loi de 1791, et renouvelée par
celle de brumaire an 4, de présenter aux jurés aucune
question complexe, a eu pour résultat la division et sub-
division des questions à l'infini ; on en a compté jusqu'à
six mille dans une seule affaire. Ces questions sont nécessairement très multipliées, toutes les fois que l'accusation
comprend plusieurs chefs et un certain nombre d'accusés
auxquels ils s'appliquent. Alors le juré, ne pouvant plus
voir qu'isolément chacune des circonstances, perd souvent de vue à quel chef d'accusation et à quel accusé

telle circonstance se réfère. Sans doute, quand il est incertain, il ne se permet pas de voter contre l'accusé; mais l'expérience atteste que des déclarations erronées, dont la société a plus d'une fois gémi, doivent être attribuées à ce mode.

Ce n'est pas tout : la nécessité de poser la question intentionnelle eût seule suffi pour donner lieu, en diverses occasions, à l'impunité du crime. Dès que celui qui a commis une action défendue par la loi n'a pu ignorer que cette action était défendue, n'est-il pas absurde d'interroger les jurés sur l'intention qui l'a déterminé? Combien de fois est-il arrivé que le juré, ne sachant comment résoudre une question si étrange, a donné le scandale de faire rentrer dans la société celui qui devait en être exclu à jamais! Il suffira de citer un exemple. Dans une accusation de fabrication de fausse monnaie, le jury déclara que le fait était constant, que l'accusé en était convaincu, qu'il avait agi sciemment, mais qu'il n'avait pas agi dans le dessein de nuire à autrui. Le coupable fut mis en liberté. La cause de cette déclaration ne resta point inconnue. Le juré se disait à lui-même : « il n'est pas dou-
« teux que l'accusé s'est rendu coupable d'un crime; mais
« il est possible qu'il y ait été déterminé par l'intention
« de subvenir à ses propres besoins, plutôt que par celle
« de commettre une action criminelle; son dessein réel
« est impénétrable pour nous. Si l'on s'était contenté de
« nous demander : Est-il coupable? nous aurions répondu *oui*, sans la moindre hésitation. »

Le nouveau mode remédie à ces graves inconvénients.

Il établit un juste milieu entre des questions trop divisées et une seule question indivisible.

Pour que le jury puisse toujours voter selon sa conscience, le projet lui donne un moyen à l'aide duquel il distinguera ce qu'il aura besoin de distinguer.

Ce moyen est aussi simple que facile.

Le président pose la question ; il est tenu de se conformer au résumé de l'acte d'accusation. Il demande, en conséquence, au jury si l'accusé est coupable d'avoir commis le crime avec telle et telle circonstance. Si le jury pense que le fait principal n'est point prouvé, il lui suffit de répondre *non* sur le fait ; il n'a pas besoin de s'expliquer sur les circonstances : tout est compris dans sa réponse négative. Si le jury pense, au contraire, que le fait principal est prouvé, et si chacune des circonstances lui paraît également prouvée, il répond *oui* sur le tout. Enfin, si quelque circonstance ne lui paraît pas aussi bien prouvée que le fait principal, sa réponse est affirmative sur une partie de la question, et négative sur le reste.

Il en sera de même s'il se présente des circonstances résultantes des débats, mais non mentionnées dans l'acte d'accusation ; le président posera une question qui comprendra toutes ces circonstances, et le jury procédera comme nous venons de l'exposer.

Ce nouveau mode fera disparaître les embarras, préviendra les erreurs, et ne produira que des effets avantageux non moins pour la facilité de la délibération que pour la simplicité du vote.

Ajoutons que dans tous les cas où un fait allégué comme excuse en faveur de l'accusé serait admis comme tel par la loi, la question sera soumise au jury. Ainsi, tout concourt à tranquilliser la conscience de chacun des jurés, et rien n'est négligé pour obtenir d'eux une déclaration parfaitement juste.

Suivant une autre disposition du projet de loi, la déclaration du jury sera rendue à la majorité.

La loi de 1791 voulait que l'accusé fût acquitté, s'il réunissait seulement trois boules blanches en sa faveur. Il en résulta l'impunité de beaucoup de crimes, à cause de l'extrême facilité qu'on avait d'obtenir trois votes favorables.

La loi de brumaire ne changea rien à cet égard; mais enfin de tous côtés s'élevèrent des réclamations. On reconnut le besoin de remédier au mal. Une nouvelle loi porta qu'à l'avenir le jury donnerait sa déclaration à l'unanimité; que si, cependant l'unanimité ne pouvait être acquise, il pourrait donner sa déclaration à la majorité simple, mais seulement après vingt-quatre heures de délibération. On conçoit que cette unanimité prétendue n'était presque jamais qu'un acquiescement de la minorité à la majorité; aussi la délibération n'a-t-elle duré vingt-quatre heures que dans les occasions fort rares où quelque membre de la minorité a voulu persister jusqu'au dernier moment, espérant peut-être que, dans l'intervalle, un ou plusieurs membres de la majorité s'en détacheraient pour faire prévaloir son avis : mais il ne paraît pas que cette disposition ait produit jamais d'autre effet qu'une perte de vingt-quatre heures qu'on aurait pu employer à juger plusieurs autres affaires.

Il est bien plus convenable que le jury puisse toujours donner sa déclaration aussitôt que sa conviction est formée.

D'abord la majorité simple doit nécessairement excéder de deux voix la minorité, puisque les jurés ne délibèrent qu'en nombre pair.

Mais, dans la crainte que sept voix sur douze ne suffisent pas pour mettre l'innocence à l'abri de tout danger, une disposition du projet porte que l'accusé déclaré coupable à la majorité simple, sera cependant acquitté, si l'opinion favorable à l'accusé est adoptée par un nombre de juges tel que ce nombre, réuni à celui de la minorité des jurés, forme au total la majorité.

Il est évident que les juges appelés à délibérer en cette occasion, ne peuvent être que ceux qui ont assisté aux débats, comme membres de la cour d'assises.

De cette disposition nouvelle, il résulte que la majorité simple des jurés suffira toujours pour acquitter, et qu'elle ne suffira jamais lorsqu'il s'agira de condamner.

Le projet se décide formellement contre la cumulation des peines; de sorte que si l'accusé est déclaré coupable de plusieurs crimes ou délits, la cour ne pourra prononcer contre lui que la peine la plus forte. Jusqu'ici, les cours de justice criminelle se sont interdit cette cumulation, plutôt d'après une jurisprudence que d'après un texte formel: mais, en telle matière, tout doit être réglé par la loi.

Enfin, depuis 1791, la loi n'a point prévu le cas où le condamné, au moment même de l'exécution de l'arrêt, veut faire une déclaration: chaque cour a son usage. Plusieurs se contentent de la faire recevoir par un huissier ou par un agent de police: le projet établit une règle uniforme. On y voit qu'elle sera reçue par un des juges du lieu de l'exécution, assisté du greffier. Il est possible, en effet, que ces déclarations contiennent quelquefois des révélations importantes contre d'autres individus, quelquefois des aveux rassurants pour la justice, et il convient que ces sortes d'actes ne soient pas dépourvus de solennité.

Nous devons maintenant, Messieurs, appeler votre attention sur ce nouveau mode d'organisation du jury.

9.

Nous ne parlerons point de l'institution considérée en elle-même.

Que pourrait-on ajouter aux arguments qui ont été produits tant de fois en sa faveur ? Elle compte parmi ses plus zélés défenseurs des écrivains distingués, et des magistrats que la nature de leurs fonctions a mis à portée d'en apprécier les salutaires effets. Ils assurent que les imperfections qu'on a pu remarquer dans son organisation actuelle, ne tiennent point à son essence, et qu'il est facile d'y apporter remède. Ils regardent comme infiniment précieuse la distinction établie entre les juges du fait et les juges du droit; distinction sans laquelle le magistrat, occupé continuellement à prononcer sur la vie et l'honneur des accusés, pourrait se laisser entraîner par l'habitude à de fâcheuses préventions, contracter une dureté dont il ne se douterait pas lui-même, et cesser d'être impartial pour ne pas être trop indulgent.

Cette matière, où il s'agit d'une si belle cause, est féconde en observations du plus haut intérêt.

Mais ne perdons pas de vue, Messieurs, que la question n'est point si le jury doit être établi; cette institution existe, et SA MAJESTÉ propose, non de l'abolir, mais de l'améliorer.

Plusieurs causes ont empêché jusqu'à présent que la France ne retirât de l'établissement du jury tous les avantages qu'elle avait droit d'en attendre. En vain les cours de justice criminelle déploient un zèle qui ne laisse rien à désirer : le remède au mal n'était point en leur pouvoir; il dépendait de la loi seule.

Dans les premiers temps, la composition du jury fut soignée, et les effets en furent très-satisfaisants; mais bientôt on n'y donna plus les mêmes soins, et ce fut la première cause du mal. Lorsque la loi laisse trop de faci-

lité pour le choix; lorsqu'elle appelle presque indistinctement tous les citoyens, lorsque la liste est trop nombreuse, doit on s'étonner d'y voir une foule de noms peu
ou point connus? Combien de fois n'y a-t-on pas trouvé
des individus absents depuis beaucoup d'années, d'autres
qui n'existaient plus? Est-il possible ensuite que sur une
liste ainsi formée, le ministère public soit en état d'exercer ses récusations? Il n'a ni le temps ni les moyens de
faire des recherches. L'accusé souffre bien plus encore de
cet ordre de choses, puisqu'il est privé de sa liberté.
D'ailleurs, on ne peut voir ceux qu'il a le droit de récuser; en un mot, il ne récuse point, ou récuse d'après
les seules indications que son défenseur lui donne. Ainsi
le but de la loi n'est point atteint.

La seconde cause qui s'est opposée au succès de l'institution, est l'inconvénient résultant de la multiplicité des
questions, et surtout de la question intentionnelle. Nous
ne reviendrons pas sur cet objet dont nous avons eu déja
l'occasion de parler. Nous avons fait connaître le mal et
les moyens d'y apporter remède.

La troisième cause provient, dit-on, de ce que les
jurés, malgré l'avertissement qu'on leur donne sans cesse
de ne jamais s'occuper de la peine, y pensent presque
toujours, et sachant bien que les juges n'ont aucune latitude pour en augmenter ou diminuer la durée, aiment
mieux, en oubliant leur devoir, faire grâce à l'accusé qui
leur inspire quelque intérêt, que de se résoudre à le voir
punir suivant toute la rigueur de la loi.

S'il convient d'accorder plus de latitude aux juges pour
l'application des peines, la nécessité de ces réformes
n'échappera point au génie dont les regards sont portés
sur tout ce qui peut tendre au perfectionnement de la législation.

Une dernière cause, qui tient uniquement aux circonstances, a présenté, pendant long-temps, le jury sous les couleurs les plus défavorables. Cette cause est l'esprit de parti qui, durant des époques de troubles, ne permit point de trouver des hommes impartiaux. Alors il eût fallu couvrir l'institution des jurés d'un voile religieux. L'aveuglement était porté à un tel point que, lors même qu'il s'agissait d'un fait qui ne dépendait en rien des opinions politiques, le juré se montrait plus ou moins favorablement disposé, suivant que l'individu sur le sort duquel il avait à prononcer lui paraissait tenir à son parti plutôt qu'à tout autre. De là tant de décisions injustes dont la source était dans la violence des factions, mais qu'on ne peut nullement attribuer à l'institution du jury, et qui eussent été les mêmes quand elles auraient été rendues par des juges.

Aujourd'hui tous les partis sont dissipés. Il n'existe plus d'autre lutte entre tous les citoyens que celle de prouver son amour pour la patrie et pour le chef suprême dont la vie entière est consacrée à la gloire et au bonheur de son peuple. Il faut donc bien se garder de chercher des objections dans un état de choses si différent de notre situation actuelle.

Voici, Messieurs, le nouveau mode qui vous est proposé pour la composition des listes de jurés et la formation du tableau.

Lorsqu'il sera nécessaire de former une liste de jurés, le président de la cour d'assises avertira le préfet; celui-ci formera la liste : elle sera de soixante. Il ne pourra prendre les jurés que dans les classes désignées par la loi, et le projet appelle les personnes âgées de trente ans accomplis, jouissant des droits politiques et civils, et offrant la plus grande garantie par leurs fonctions, leur état, leurs lumières et leur fortune.

Les classes sont déterminées par le projet d'une manière précise. De plus, le projet indique à ceux qui n'appartiendraient pas à l'une de ces classes, et qui désireraient être admis à l'honneur de remplir les fonctions de jurés, un moyen d'obtenir cette admission, en justifiant de leurs talents ou de leurs services.

Cette liste de soixante jurés est envoyée au président de la cour d'assises; il la réduit à trente-six et la renvoie au préfet.

Le préfet notifie à chacun des jurés composant la liste ainsi réduite, l'extrait qui constate que son nom y est porté. Jusqu'à présent, la liste entière a été notifiée à chaque juré, ce qui était inutile, mais non susceptible d'un grand inconvénient, vu que la liste était fort nombreuse. Désormais que la liste ne sera composée que d'un petit nombre de personnes, il pourrait être dangereux de lui donner cette publicité. Plus le cercle des jurés est circonscrit, plus il importe qu'on ne les connaisse pas d'avance. Par le moyen proposé, la découverte d'un nom ne fera pas connaître les autres.

Au jour indiqué, les trente-six jurés se rendent à la cour d'assises; s'ils sont moins de trente non excusés ni dispensés, le sort complète ce dernier nombre, en appelant les citoyens résidant au lieu où siège la cour, et réunissant les conditions prescrites pour être jurés.

La peine établie contre le juré absent ne consistera pas seulement en une amende. La quotité de cette amende sera plus forte qu'elle ne l'était, et le nom du juré sera de plus inscrit sur une note que chaque préfet doit adresser au grand-juge, lorsqu'une liste est renouvelée. La liste et la note seront envoyées ensemble. Tous les ans le grand-juge fera son rapport à SA MAJESTÉ sur la manière dont les jurés auront rempli leurs fonctions. A l'égard de ceux qui se seront distingués par leur zèle, SA MAJESTÉ se réserve de leur donner des témoignages honorables de satisfaction. Enfin, on ne pourra plus, étant âgé de trente ans, obtenir une place administrative ou judiciaire, sans avoir justifié qu'on a satisfait à toutes les réquisitions relatives au service du jury, et qu'on avait une excuse dont la validité a été reconnue, ou qu'on n'a pas encore été appelé au service.

Le jour où l'affaire doit être soumise aux débats, et avant l'ouverture de l'audience, on fait, en présence de l'accusé et du ministère public, l'appel des jurés, qui, comme nous l'avons dit, ne peuvent pas être moins de trente. A mesure que chaque juré répond à l'appel, son nom est déposé dans une urne. On fait ensuite le tirage, et à mesure qu'un nom sort de l'urne, l'accusé d'abord, et le ministère public ensuite, déclarent s'ils entendent récuser le juré. Si l'un d'eux récuse, le nom est mis à l'écart; si tous deux gardent le silence, le nom est conservé. Dès qu'il y a douze noms contre lesquels il n'existe aucune récusation, le tableau est formé. L'accusé et le ministère public ont la faculté d'exercer des récusations jusqu'à ce qu'il ne reste plus que douze noms dans l'urne. Arrivées à ce point, les récusations doivent s'arrêter, et les douze noms restants composent le tableau. S'il y a plusieurs accusés, ils peuvent récuser les jurés ensemble ou séparément. C'est à eux de se concerter à cet égard; il suffit que le nombre de leurs récusations n'excède pas les limites déterminées pour un seul accusé. Dans tous les cas, il est défendu de motiver les récusations. Tel est le nouveau mode : quelques observations suffisent pour le justifier.

Il en résultera d'abord que, pour la majeure partie de l'Empire, le déplacement des jurés ne sera pas aussi grand qu'il est aujourd'hui.

D'après la législation actuelle, une session a lieu tous les mois, n'y eût-il qu'une seule affaire en état d'y être portée ; et quinze jurés au moins devant être appelés à chaque session, il en résulte le déplacement de quarante-cinq jurés par trimestre.

Suivant le mode proposé, les assises ne se tiendront qu'une fois tous les trois mois, et trente-six jurés seulement seront appelés aux assises. Le besoin peut exiger, à la vérité, qu'en quelques départements les assises aient lieu plus souvent ; mais ces départements seront en petit nombre, et offriront, par leur population, beaucoup de ressources pour le renouvellement des jurés.

D'un autre côté, l'accusé et le ministère public n'exerceront plus de récusation sans avoir vu la personne qu'ils croient devoir récuser. Ils ne seront plus exposés à des méprises fondées, soit sur l'identité de noms, quand ils récusent une personne pour une autre, soit sur l'oubli du nom, quand ils laissent parmi les jurés celui qu'ils auraient récusé s'ils avaient pu le voir. « On n'ignore pas, « observe un écrivain célèbre (1), que souvent le seul « aspect d'un individu et sa manière d'être excitent en « nous des impressions subites et des préjugés défavora- « bles, sans que nous puissions en rendre compte ; et l'on « conçoit combien il est nécessaire qu'un accusé, obligé « de défendre ce qu'il a de plus cher, ait bonne opinion « des jurés qui doivent prononcer sur son sort, sans quoi « il pourrait se déconcerter entièrement. »

Vous remarquerez aussi, Messieurs, comme une amélioration importante, que le tableau du jury ne sera formé qu'à l'instant même où les débats commenceront, et que par

---

(1) Blackstone.

ce moyen on n'aura pas le temps de solliciter les jurés, et de chercher à les circonvenir.

La séduction sera également impossible, lorsque les débats seront commencés; car les jurés ne pourront désemparer qu'après avoir donné leur déclaration.

Ils n'auront point à s'occuper de délits politiques; ils ne connaîtront que des crimes ordinaires, surtout de ceux dont la preuve se compose d'éléments faciles à saisir et à discerner.

Enfin, les jurés n'auront point à craindre que leur service se renouvelle trop souvent, puisque ceux qui l'auront fait avec exactitude pendant une session, ne pourront, durant les quatre sessions suivantes, être compris malgré eux sur une nouvelle liste.

Ici, Messieurs, se termine l'analyse du projet de loi. Les bases sur lesquelles il repose ont été l'objet de longues et profondes méditations; en se défiant des vaines théories, on s'est bien gardé de confondre avec elles toutes les idées libérales. On n'a pas voulu renoncer à la plus belle des institutions, sous le prétexte qu'elle exigeait trop de zèle et de dévouement; comme si ces qualités ne distinguaient pas éminemment la nation française. Le but de quelques changements a été d'accroître la considération des corps judiciaires. On a donné plus de mouvement et de force au ministère public. Enfin tous les efforts ont été réunis pour que le projet vous paraisse digne de votre sanction, et les améliorations dont il est redevable à votre commission législative ajoutent encore aux titres qui le recommandent à vos suffrages.

Ne doutons point que les présidents des cours d'assises n'apportent dans l'exercice de leurs fonctions cette attention et cette dignité qui commandent la confiance et le respect. Ne doutons point que les procureurs généraux ne se distinguent à l'envi par cette surveillance active, occupée sans cesse à la recherche des crimes, et, ce qui est mieux encore, habile à les prévenir. Ne doutons point que les préfets ne justifient les espérances du Gouvernement, en composant les listes de jurés des personnes les plus recommandables. Ne doutons pas, enfin, que les jurés ne soient vivement pénétrés du sentiment de leurs devoirs, et ne se montrent dignes du ministère auguste qui leur sera confié; bientôt alors seront recueillis tous les avantages d'une législation au succès de laquelle chacun s'empresse de concourir.

Vous pèserez dans votre sagesse, Messieurs, les motifs que nous avons eu l'honneur de vous exposer, et nous allons maintenant vous donner lecture des articles du projet.

RAPPORT,

Sur le Titre II du Livre II du Code d'Instruction criminelle,

PAR M. TH. RIBOUD,
Membre de la commission de législation.

Séance du 9 décembre 1808.

MESSIEURS,

Les commencements de l'instruction criminelle, et les magistrats auxquels elle est confiée, ont été l'objet de vos premières délibérations : l'organisation des tribunaux de police et correctionnels, et la manière d'y procéder, vous ont conduits jusqu'au moment où la procédure devenue complète est soumise au tribunal de première instance à l'effet de déterminer la nature du délit et la compétence, et de renvoyer à la cour impériale, si ce délit peut entraîner une peine afflictive ou infamante.

A cette importante époque le prévenu se trouve placé entre l'espoir de la mise en liberté, l'attente d'un renvoi à la police simple ou correctionnelle, et la crainte de sa mise en accusation. C'est dans cette position critique que la dernière discussion l'a laissé : et si la cour impériale le juge accusable, vous le verrez bientôt subir devant une *cour d'assises* l'épreuve d'un examen solennel, entendre la déclaration d'un jury et recevoir jugement.

La série que je viens d'indiquer renferme, Messieurs, deux points essentiellement nouveaux : *le mode de la mise en accusation, et la cour d'assises.* Le chapitre qui traite de l'examen présente plusieurs dispositions neuves et intéressantes, notamment celles qui concernent la position des questions sur lesquelles les jurés doivent s'expliquer ; enfin la partie de ce titre relative à la composition, l'organisation et les opérations du jury de jugement (qui est le seul conservé), ne mérite pas moins d'intérêt. Pour donner une idée suffisante des motifs qui ont déterminé l'opinion de votre Commission sur des objets d'une si haute importance, permettez-moi, Messieurs, des développements qui seraient nécessairement imparfaits si l'on cherchait à les resserrer dans un cadre trop étroit.

§. Iᵉʳ.

Accusation.

Le moment où il doit être délibéré sur le règlement de la procédure est celui où elle prend un véritable caractère de gravité. Le prévenu va savoir s'il conservera cette qualification ou s'il sera frappé de celle d'accusé, si la porte redoutable de la maison de justice sera ouverte ou fermée pour lui.

Un jury, composé de huit citoyens, est chargé, dans la législation actuelle, de cette délicate fonction : vainement le magistrat qui le dirige lui explique qu'il n'a pas à décider si le prévenu est coupable ou non ; il est rare qu'il ne s'érige pas en juge.... Selon le plus grand nombre, dire *oui*, c'est condamner, dire *non*, c'est absoudre. Les mieux intentionnés distinguent difficilement la limite de leurs pouvoirs ; délibérant hors de la présence des magistrats et du public, n'ayant d'ailleurs sous les yeux qu'une procédure encore imparfaite, ils tombent dans des erreurs quelquefois funestes au prévenu, mais le plus souvent préjudiciables pour la société. Ces erreurs appellent depuis long-temps un remède salutaire; et la connaissance des hommes en fait au législateur un devoir pressant.

Les jurés en général, et ceux d'accusation particulièrement, connus d'avance, placés souvent dans le voisinage du lieu du délit, au milieu des parents, des amis du prévenu, sont exposés à tous les pièges de la séduction, de l'intérêt ou de la crainte : l'importunité, les considérations personnelles, la fausse pitié les circonviennent.... Le coupable sait qu'il est des âmes incapables de résister à tant d'attaques.... Il sait qu'il ne peut avoir de plus sûr appui que la faiblesse humaine, et il échappe à la justice à l'instant où sa main allait s'appesantir sur sa tête.

Ces causes d'erreurs ou d'abus, dérivant autant de l'imperfection de l'établissement que de celle des hommes, ont produit la plupart de ces renvois, qui ont trop souvent fait gémir la société par la rentrée audacieuse des coupables dans son sein, ont amené la défaveur qui a dû naturellement s'élever contre l'institution, et charger le jury de jugement des fautes du jury d'accusation. Celui-ci ne pouvait donc subsister: mais pour le rectifier ou l'améliorer, il fallait trouver un mode qui, en mettant le concours et les connaissances locales à profit, transmît néanmoins l'accusation à des magistrats supérieurs et éloignés, absolument indépendants de toutes les circonstances propres à influencer leurs décisions.

C'est, Messieurs, ce que nous offre le projet de loi qui vous est soumis, en remettant le droit d'accusation aux cours impériales.

Les tribunaux de première instance ne pouvaient le recevoir sans quelques inconvénients, soit parce que le plus grand nombre n'est que de trois ou de quatre juges, dont l'un dirige l'instruction, soit parce que ce petit nombre de magistrats, quelque dignes d'estime qu'ils puissent être, ne seraient pas toujours à l'abri de l'importunité, des considérations ou des manœuvres capables d'influer directement ou indirectement sur leur détermination. En suite du rapport du juge d'instruction, le tribunal de première instance examine si le délit est de nature à mériter peine afflictive ou infamante, et si la prévention est suffisamment établie; en ce cas, le renvoi de la procédure est fait au procureur général de la cour impériale, qui seul peut prononcer sur l'accusation. Quoique la détermination des premiers juges n'ait pas le caractère d'un jugement, ils exercent alors une fonction bien intéressante, puisque, selon l'espèce du délit, ils renvoient à la police simple ou correctionnelle, ou à la cour impériale : celle-ci, d'après le rapport du procureur général, statue dans un court délai; s'il lui paraît que les nuages du crime enveloppent le prévenu, un arrêt le frappe d'accusation, et l'acte en est dressé par le procureur général.

L'orateur du Gouvernement vous a fait remarquer, Messieurs, combien il est sage d'avoir placé cet acte après l'accusation prononcée. Le contraire se pratique aujourd'hui; mais il est peu raisonnable de faire un acte d'accusation contre un individu qui n'est pas encore accusé, et qui peut-être ne le sera point : d'ailleurs il est possible que cet acte exerce une influence dangereuse sur la détermination qu'il préjuge; il doit donc suivre et non précéder la mise en accusation.

Cette heureuse combinaison de moyens tendant à la préparer et à la décider, fournit à la société et à l'accusé une double garantie dans la détermination du premier tribunal et l'arrêt de la cour impériale. Les premiers magistrats ont la latitude convenable pour faire le bien; mais la loi, les protégeant eux-mêmes contre les influences de localité ou d'intrigue, réserve l'accusation à

h.

une cour près de laquelle elles ne peuvent avoir lieu : si le prévenu, après ces deux épreuves, rentre parmi ses concitoyens, il y reparaîtra pur, et non comme ces coupables adroits, ou quelquefois favorisés, dont la tache n'est point effacée dans l'opinion publique.

Je dois ajouter encore deux observations; la première est que le temps qui s'écoulera entre le renvoi du tribunal de première instance et l'acte d'accusation du procureur général ne sera pas plus long que celui qui se consomme entre l'ordonnance de renvoi que rend le directeur du jury, d'après l'article 220 de la loi du mois de brumaire an 4, et la réponse du jury sur l'acte d'accusation du magistrat de sûreté; en sorte qu'il ne résulte du nouveau mode, quoiqu'on serait au premier abord tenté de le croire, aucun retard réel dans la procédure.

La seconde observation concerne l'intérêt individuel des citoyens qui sont dans le cas d'être appelés au jury d'accusation. Ce jury doit être assemblé deux fois par mois, si l'état et le nombre des affaires l'exigent : en ne supposant qu'une seule réunion chaque mois comme terme moyen, il suit que dans un département composé de quatre arrondissements, *trois cent quatre-vingt-quatre* personnes seront mises en mouvement dans le cours de l'année. La cessation d'une charge aussi considérable pour la masse des citoyens doit les disposer à remplir sans peine les obligations rares que pourra leur imposer le jury de jugement, dont ils n'étaient d'ailleurs pas dispensés jusqu'ici.

D'un autre côté, on ne retrouve plus dans la loi la faculté accordée à l'accusé par les articles 303 et 304 du Code de brumaire an 4, d'opter en certains cas, afin d'être jugé dans un autre département. Il ne manque jamais d'en user pour être soumis au jugement dans un lieu où sa moralité n'étant pas connue, il espère avoir plus de moyens d'obscurcir la vérité. Il en résulte en outre plus de frais et de longueurs.

Sous tous les rapports, la manière dont le jury d'accusation est remplacé par les dispositions du nouveau Code, a dû paraître à votre Commission réunir des avantages généraux et particuliers : l'action de la justice ne sera plus paralysée par des négatives irréfléchies ou partiales, et les prévenus n'auront point à craindre une affirmative trop légèrement donnée. Tous les intérêts sont respectés ; la liberté ne sera rendue qu'à ceux qui auront de justes droits pour l'obtenir, et l'on ne verra paraître sur le banc des accusés que les hommes dont la sûreté publique et les lois commandent l'examen.

§. II.

Cour d'Assises.

Présenté à la cour d'assises, l'accusé va trouver une organisation nouvelle, un tribunal plus nombreux, une composition de jurés différents : cet ordre de choses doit-il porter dans son âme le trouble ou la crainte ? Qu'il se rassure, Messieurs : il paraît devant un tribunal et des jurés dont la moralité, l'instruction et le choix lui garantissent l'impartialité et la justice, tandis qu'une grande latitude de récusations et de défense doit accroître sa sécurité, si sa conscience ne la lui ôte pas...

Les éléments de la cour qui doit juger étant dignes de confiance, tous les droits de l'accusé se trouvant conservés, bientôt l'opinion sur le nouveau système cessera d'être incertaine ; bientôt doit disparaître l'inquiétude naturelle que fait ordinairement naître la substitution d'un établissement politique à un autre. Si celui qui succède unit des améliorations sensibles à des résultats au moins égaux à ceux du précédent, s'il tient à de grandes idées de perfectionnement, la transition s'opère d'elle-même... ; on écarte sans peine tous les souvenirs... ; les intérêts privés se taisent, et ceux qui sont le plus directement froissés cèdent avec dévouement à l'intérêt général... Entraîné par ce noble sentiment, chacun fait abnégation de soi-même, et ne balance pas, quelle que soit sa position personnelle, à remplir un honorable devoir.

En législation, et particulièrement en matière criminelle, l'introduction d'un grand changement produit les effets dont je viens de parler, lorsqu'il peut procurer, 1° *tout ce qu'on obtenait par l'organisation remplacée;* 2° *des avantages que celle-ci laissait à désirer.* Pour vérifier, Messieurs, si le projet de loi discuté atteint ce double but, il est indispensable de jeter un coup-d'œil sur ses détails et son ensemble.

La justice criminelle sera rendue en chaque département par une *cour d'assises* composée d'un membre de la cour impériale chargé de la présider, et de quatre juges du tribunal de première instance du chef-lieu ordinaire. Néanmoins, dans certaines circonstances, un ou plusieurs des membres de la cour impériale peuvent être délégués pour faire momentanément partie de la cour d'assises. En ce cas, les juges de première instance fournissent seulement le complément. Un substitut du procureur général y exerce le ministère public sous le titre de *procureur impérial criminel.*

Les sessions doivent avoir lieu tous les trois mois, mais elles peuvent être plus rapprochées suivant le besoin, par décision de la cour impériale. Elles se tiendront ordinairement dans les chefs-lieux. Une section de la cour forme *cour d'assises* dans la ville où elle est établie.

Les jugements de ces cours sont rendus d'après la déclaration d'un jury.

La loi ne s'explique pas sur le mode des délégations des présidents et des juges, et sur la durée de l'exercice des délégués. Ces points d'exécution et de mouvement seront l'objet d'une loi particulière.

On voit par cette organisation que la juridiction criminelle réside dans la cour impériale, et le ministère public dans son procureur général ; en sorte que les cours d'assises ne sont qu'une émanation de la cour impériale.

En procédant à la discussion préalable des lois qui lui ont été successivement communiquées, la Commission ne s'est point dissimulé que tout plan contenant des institutions nouvelles ou des modifications majeures dans celles qui existent, doit occasionner, au premier aperçu, quelque divergence d'opinions, et que plusieurs points peuvent être plus ou moins susceptibles d'objections. Persuadée que ne pas s'en occuper c'est leur donner un plus grand poids, et que les éluder n'est pas y répondre, elle s'en est tracé le tableau sous ses plus fortes couleurs ; elle a reconnu des objections de deux espèces, dont l'une peut concerner les bases du système, et l'autre quelques détails de ses parties.

Les premières peuvent principalement s'appliquer à la conservation du jury du jugement, à son organisation et à celle des cours d'assises : celles relatives au jury seront discutées lorsque nous arriverons au chapitre qui traite cette institution. Je dois me contenter d'observer ici que les opinions opposées au jury se divisent en deux branches ; l'une, du petit nombre des personnes qui lui préféreraient la procédure écrite, et des juges sans jurés ;

l'autre, de celles qui regardent le jury comme incompatible avec notre caractère et nos mœurs, et défectueux
dans sa marche comme dans sa composition. Ces divers
sentiments ont été mûrement discutés depuis plusieurs
années : si le jury a trouvé des contradicteurs, la plus
grande partie d'entre eux n'est décidée que par les abus
passés ou par l'imperfection de l'institution; leur opinion
est appuyée par les lumières, les principes et l'amour de
la justice et de l'humanité qui leur assurent l'estime et la
considération de ceux même qui pensent différemment :
mais ces derniers leur opposent des moyens qui probablement réuniront les avis lorsque l'organisation nouvelle
du jury sera bien connue. A notre égard, Messieurs, nous
pensons que la dernière détermination, adoptée par le
Gouvernement, a décidé la question, quant à présent et
par rapport à nous, puisqu'il ne propose pas de renoncer
au jury, mais de l'améliorer, et que l'effet immédiat d'une
délibération contraire serait de laisser le jury *tel qu'il est
en ce moment*, c'est-à-dire, avec toutes ses imperfections : mais n'anticipons pas plus long-temps sur cette
discussion, et revenons aux cours d'assises.

Pour les bien juger, il est nécessaire de considérer les
objections qu'on peut faire d'une part sur leur composition, et de l'autre sur leur action et ses effets. Cet examen conduira naturellement à reconnaître si les objections peuvent subsister, ou si différents avantages ne s'é-
lèvent pas sur leurs ruines.

Existe-t-il, ainsi que de bons esprits peuvent d'abord
le présumer, un inconvénient dans la formation d'une
cour dont ils regardent les parties constituantes comme
hétérogènes? L'amalgame de juges de premier et dernier
ressort peut-il avoir des suites nuisibles? le service des
tribunaux d'où ils sont tirés en souffrira-t-il?

Votre Commission a vu, Messieurs, dans cette aggrégation un lien qui unira des tribunaux dont les fonctions
sont analogues, quoique leurs pouvoirs soient différents;
l'administration de la justice criminelle, confiée aux tribunaux de première instance dans les commencements de
la procédure, passera dans les attributions de la cour impériale par l'intermédiaire d'une cour mixte : cette fusion
momentanée sera honorable pour la magistrature de premier ressort, et n'altérera en rien la dignité de la cour
supérieure. Celle-ci, devenue le centre du mouvement,
sera, pour ainsi dire, présente sur tous les points de sa
juridiction; elle n'en sera que plus en état, ainsi que son
procureur général, de prendre connaissance des détails
de l'administration de la justice et des hommes qui y
coopèrent. N'avons-nous pas d'ailleurs des exemples du
concours de la justice civile et criminelle dans les mêmes
mains? Les premiers juges, les baillages, les parlements n'en connaissaient-ils pas dans l'ancienne magistrature? En ce moment ne voyons-nous pas dans les
cours spéciales des juges de première instance siéger avec
la totalité d'une cour de dernier ressort, et prononçant
au correctionnel sur l'appel des jugements rendus par les
magistrats qui lui sont adjoints en matière spéciale?

Quant au service du tribunal de première instance et
à celui de la cour impériale, la loi d'organisation qui sera
présentée y pourvoira suffisamment par les augmenta-
tions de juges et substituts qui seront reconnus nécessaires : on doit à cet égard attendre avec confiance ce qui
sera proposé par le Gouvernement.

Recherchons d'un autre côté si l'action des nouvelles
cours sera plus compliquée, plus languissante que dans
la procédure actuelle.

On ne peut disconvenir, Messieurs, que, jusqu'à la mise

en accusation, la forme de procéder ne soit la même, sauf quelques modifications, et que le mouvement ne sera pas plus lent, quoiqu'imprimé par d'autres agents; d'ailleurs la création d'un juge d'instruction ne peut que le rendre plus rapide : ces magistrats ayant la suite de toutes les affaires, les instruisant sans interruption, elles seront conduites avec bien plus d'ensemble et de célérité que par des directeurs de jury, dont le changement par semestre opère presque toujours, sinon une lacune, du moins une langueur inévitable. Celui qui quitte cette direction laisse en effet à son successeur tout le travail dont il peut se dispenser, et ce successeur lui-même a besoin d'un certain temps pour se mettre au courant.

Quant à ce qui concerne la mise en accusation, il a été établi qu'il n'y avait pas plus de temps consommé d'une manière que de l'autre.

A l'égard des sessions par trimestre, gardons-nous d'admettre qu'elles retardent la plupart des jugements autant qu'on pourrait le craindre.

1° Si les affaires sont nombreuses ou très urgentes, il peut être tenu des sessions plus rapprochées.

2° On ne doit pas omettre de remarquer qu'une partie des accusés traduits devant les cours criminelles, n'y est pas toujours jugée dans la session du mois qui suit leur traduction en la maison de justice, si les témoins sont éloignés, ou si d'autres motifs en empêchent.

3° Lorsque la cour criminelle a de nouveaux renseignements à rechercher, des informations à faire, ou d'autres actes d'instruction, les affaires passent souvent au mois subséquent; et en cas d'éloignement considérable ou d'absence de témoins, de vérifications difficiles, etc., le retard se prolonge.

4° Les affaires arrivées dans le mois qui précédera im-

médiatement les assises, seront toutes jugées aussi promptement qu'à présent; elles le pourront être même plus
tôt, si la session s'ouvre le 1er du mois, puisque celle
des cours criminelles ne commence que le 15.

Il suit de là qu'une partie des affaires sera jugée aussi
promptement et quelquefois un peu plus tôt que dans
l'ordre actuel; qu'en considérant la chose *en masse*, il
n'y aura quelque retard que pour celles qui viendront à
l'époque de la session précédente, ou dans le mois qui la
suivra; mais il faut observer que celles-ci seront ordinairement les moins nombreuses, parce qu'on aura fait
passer toutes celles qui auront été en état, et que les
juges d'instruction et la cour impériale combineront leurs
opérations de manière qu'il en reste en arrière le moins
possible.

Ces considérations balancent donc avantageusement
l'inconvénient, plus apparent que réel, des sessions par
trimestre, et l'on pourra dans cet intervalle régulariser
tout ce qui sera dans le cas de l'être, avoir le temps de
s'assurer des témoins éloignés, des pièces et des preuves
à recueillir.

La disposition de l'article 258 par laquelle la cour
impériale est autorisée à faire tenir les assises ailleurs
qu'au chef-lieu, paraîtra à quelques personnes établir le
principe de l'ambulance de la cour d'assises : mais on doit
bien éviter de confondre une mesure *rare*, mais alors nécessaire, avec un système de mobilité continuelle dont
les inconvénients sont connus. La cour d'assises ne tiendra
session hors du chef-lieu, 1° que lorsque la cour impériale l'aura jugé nécessaire : il faudra un arrêt pour opérer
ce déplacement momentané; 2° cet arrêt ne sera déterminé que par des motifs graves, tirés des circonstances,
des lieux, des accusés, et de l'intérêt public. En ce cas,

le déplacement se réduira au transport du président et du procureur impérial criminel; les juges locaux ou des délégués de la cour impériale compléteront alors celle d'assises. Cette dernière ne doit donc point être considérée comme un tribunal ambulatoire dont les membres toujours en route iraient juger de ville en ville.

La disposition dont il s'agit et l'esprit qui l'a dictée sont bien éloignés de le préjuger.

Telles sont les principales objections qu'on peut former contre la cour d'assises. L'on a répondu démonstrativement aux premières, et on l'a fait d'une manière propre à dissiper les inquiétudes relativement aux autres. Quand nous aurons parcouru les articles relatifs à l'examen et au jugement dans cette cour, on demeurera convaincu, par la chaîne entière de la procédure depuis son origine pardevant l'officier de police judiciaire jusqu'à son dernier terme, qu'elle nous donnera dans la marche de l'instruction tous les résultats de la procédure actuelle, et que celle-ci ne produit pas les avantages notables qui se rencontrent dans le système nouveau.

Ces avantages principaux sont:

Le mode de la mise en accusation, ainsi qu'il a été expliqué; l'émission de l'acte d'accusation après l'arrêt qui la prononce; la cessation du droit d'option; l'augmentation des juges qui composent la cour d'assises; la cessation du déplacement de trois à quatre cents citoyens par an dans chaque département pour le jury d'accusation. Vous en connaîtrez, Messieurs, bientôt plusieurs autres: la réduction des nullités, la disparution du danger de la complexité des questions, leur simplification, l'éloignement de la question intentionnelle, la meilleure composition du jury de jugement, la délibération du jury à la pluralité des suffrages, vous offriront des améliorations précieuses à mesure que nous suivrons le surplus du titre dont nous vous entretenons.

Qu'il me soit permis, Messieurs, de vous arrêter pendant quelques instants sur des considérations d'un ordre plus général, relativement à l'établissement des cours d'assises.

1º L'appareil et la dignité extérieure, inutiles pour l'homme éclairé, vaines illusions pour le sage, assurent presque toujours de la part de la multitude la considération et le respect : les institutions qui ont besoin d'être environnées de ces sentiments, ne doivent jamais dédaigner les dehors, frivoles en apparence, qui les concilient ou les préparent. S'il en est qui puissent avoir besoin de ce prestige, auxquelles peut-il être plus favorable qu'aux tribunaux qui doivent prononcer sur l'honneur et la vie des hommes ? Ainsi, l'augmentation de juges, nécessaire au fond d'après leur organisation, ne sera-t-elle pas sans effet pour corriger la composition trop circonscrite des cours criminelles. Cinq magistrats à la tête desquels se trouve un délégué, membre de la cour impériale, assistés de jurés recommandables et éclairés, donneront à la cour un caractère plus solennel. L'intervalle même qui séparera les sessions les rendra plus imposantes, parce qu'elles seront plus rares ; ce que l'on voit trop souvent cesse bientôt d'être autant considéré... La dénomination seule de *cours d'assises* prouve l'intention de rappeler à notre mémoire et de présenter à notre imitation ces *grands jours* qui ont subsisté si anciennement et si longtemps en France, et ces assises qui sont encore en pratique ailleurs avec succès ; tenues en quelque sorte par les cours supérieures, espérons que les nôtres, quoique bien éloignées des attributions et de l'éclat de ces grandes assemblées ou tournées judiciaires, ne tarderont pas à

commander comme elles le respect à tous, la confiance
aux bons, le remords ou la crainte aux méchants, et la
sécurité à l'innocence.

2° L'isolement des cours criminelles au milieu de
l'ordre judiciaire a probablement frappé le Gouvernement; elles forment une classe à part que l'on a cru devoir fondre dans les autres, en combinant une institution
intermédiaire, qui sera l'un des chaînons de l'ordre judiciaire, et y fera partie d'une hiérarchie générale.

3° D'un autre côté, l'on n'a pu voir, sans doute, avec
indifférence, dans la division actuelle des tribunaux, que
la connaissance des lois civiles et celle des lois criminelles
étaient en quelque sorte étrangères l'une à l'autre, et que
l'étude des dernières était concentrée dans un trop petit
nombre de magistrats. On a pensé qu'il convenait d'avoir
des juges exercés dans les deux parties, ainsi qu'en offraient les parlements, les présidiaux et les bailliages, et
qu'en faisant une nécessité de la même réunion de lumières, on amènera le perfectionnement des magistra-
tures.

Ces considérations dérivent évidemment du texte et de
l'esprit de la loi, et elles conduisent à hasarder une réflexion importante, qu'on ne se permet néanmoins de
proposer que comme une idée conjecturale.

Si les mains puissantes, qui viennent d'orner de nouveaux trophées cette respectable enceinte, ne tenaient pas
avec autant de gloire que de succès les rênes de l'Empire;
si nous ne savions pas que la pensée de SA MAJESTÉ embrasse tout en grand, qu'elle prévoit tous les mouvements, qu'elle coordonne toutes les parties, nous pour-
rions nous borner à prendre pour règle de nos idées, sur
le projet de Code, les motifs que nous vous développons:
mais, Messieurs, les conceptions du génie ont rarement

pour limite la ligne que nous croyons apercevoir, et souvent ce que nous regardons comme un système complet n'est qu'une section d'un plus vaste système... Telle loi contenant une organisation qui paraît n'appartenir qu'à son objet particulier, se rattache à un plan général. Ainsi, il est permis de présumer que le Code d'instruction criminelle est lié avec de grandes vues sur l'ordre judiciaire, tendantes à en former un ensemble dont toutes les parties seront en harmonie entre elles.

Après vous avoir exposé, Messieurs, les motifs sur lesquels est appuyée l'opinion de la Commission sur la cour d'assises, je me dispense d'entrer dans des détails sur les fonctions du président, du procureur général et du procureur impérial criminel, parce que le chapitre II qui en traite, ne contient que des dispositions non susceptibles d'observation. Il en est de même du chapitre III qui prescrit la procédure devant cette cour; nous y remarquons seulement, avec l'orateur du Gouvernement, l'article 295 dans lequel on voit que le conseil choisi par l'accusé, ou désigné par le juge, ne peut être pris que parmi les avocats ou avoués du ressort de la cour impériale. On se tromperait bien en regardant cette mesure comme attentatoire au droit sacré de la défense de l'accusé; il vous a été prouvé qu'elle était entièrement dans son intérêt, et qu'elle a pour objet de le mettre à l'abri de la cupidité et souvent de l'ignorance de ces hommes qui étrangers à un ressort, au barreau, et aux connaissances nécessaires, colportent quelquefois d'un département à l'autre des services prétendus et mercenaires. La suite de l'article assure d'ailleurs à l'accusé la faculté de confier sa défense à un parent ou à un ami, après avoir demandé au président une permission qui a pour objet de ne pas laisser souiller le temple de la justice par des individus sans moralité. La sagesse de ces dispositions permet aux amis de l'humanité de concevoir une douce espérance, celle de voir les personnes attachées au barreau former librement entre elles, près des cours d'assises, une généreuse association pour se distribuer la fonction honorable de défendre tour-à-tour les accusés sans ressource ; la récompense d'un si noble service se trouverait dans leurs cœurs et dans l'estime de leurs concitoyens.

Plusieurs des articles qui suivent sont relatifs aux nullités, dont la réduction à trois est une amélioration bien intéressante ; elles ne peuvent porter que contre l'arrêt de renvoi à la cour d'assises, dans trois cas, et dans les délais que la loi désigne.

§. III.

Examen et Jugement.

La manière de procéder à l'examen est prescrite dans la première section du chapitre IV, et l'on y rencontre les formes et la publicité admises actuellement, le serment des jurés, la lecture de l'arrêt et de l'acte d'accusation, l'exposé du procureur général, la déposition publique de chaque témoin, les débats, leur régularisation, la défense de l'accusé, les conclusions du procureur général, le résumé du président.

Vous retrouvez avec satisfaction, Messieurs, dans cette marche, des bases sur lesquelles les opinions ont été très peu partagées ; l'instruction orale et les débats ne peuvent avoir qu'un petit nombre de contradicteurs ; parmi les adversaires du jury et de la publicité, très peu les proscrivent, et la plupart désirent même les voir adoptés dans les jugements sans jurés.

Quel est en effet le but sacré de toute instruction criminelle? celui de découvrir la vérité. Or est-il de moyen plus simple et plus sûr d'y parvenir que de mettre successivement chaque témoin et l'accusé en présence; d'observer non seulement leurs déclarations respectives, mais encore de pouvoir distinguer les plus légères nuances?

Rien n'est muet, rien n'est inutile dans le débat; la contenance, le sang froid ou le trouble, les variations, l'altération des traits, les impressions diverses forment un corps d'indices qui soulèvent plus ou moins le voile dont la vérité est enveloppée. De froides écritures, interprètes imparfaits des discours, y parviendraient difficilement, et conduiraient peut-être à l'erreur, tandis que l'action et le choc des débats ne tardent pas à faire jaillir la lumière captive. On ne peut donc qu'applaudir à l'esprit de prudence qui a consacré un mode d'examen dont rien ne pourrait compenser les résultats pour la société, pour l'accusé, pour les juges et les jurés.

Le moment de la clôture des débats arrivé, le président résume l'affaire, et remplit alors l'une des fonctions les plus respectables et les plus délicates de son ministère, celle de comparer et peser les charges et la défense, d'en donner le tableau fidèle, de produire les moyens qui peuvent avoir été omis, de tirer les conséquences de chaque partie de son exposé, sans émettre une opinion; de préciser enfin les points sur lesquels les jurés doivent principalement fixer leur attention.

Ce résumé est suivi de la position des questions dont le développement se trouve dans les articles 337, 338 et suivants. Celle résultant de l'acte d'accusation doit être ainsi posée :

« L'accusé est-il coupable d'avoir commis *tel crime* « avec toutes les circonstances comprises dans le résumé « de l'acte d'accusation? »

Les jurés répondent par *oui* ou par *non*, en répétant les termes de la question. Si néanmoins il est des circonstances sur lesquelles ils ne croient pas l'accusé convaincu, ils expriment une négative sur cette circonstance.

S'il résulte des débats quelque circonstance aggravante non énoncée dans l'acte d'accusation, elle devient l'objet d'une question particulière. Il en est de même lorsque l'accusé propose pour excuse un fait admis comme tel par la loi. Cette question est posée ainsi :

« *Tel fait* est-il constant ? »

Enfin, si l'accusé a moins de seize ans, la question *sur le discernement* a lieu.

Suivant l'article 344, les jurés délibéreront sur le fait principal et ensuite sur chacune des circonstances.

Cette partie de la loi renferme, Messieurs, deux points bien remarquables ; la simplification des questions et la disparution de celle relative à l'intention.

La manière dont on pose les questions d'après la loi du 3 brumaire an 4, conforme à la logique, est cependant accompagnée d'inconvénients majeurs. Leur série métaphysique est trop abstraite pour des jurés ; souvent celle qui n'est que la déduction de la précédente, les jette dans l'embarras ou la perplexité ; elles amènent leur hésitation ; et dans l'incertitude de pouvoir affirmer positivement une des branches, ils donnent des déclarations incohérentes ou contradictoires. D'un autre côté, les questions deviennent extrêmement nombreuses quand il y a plusieurs accusés, plusieurs chefs et divers genres de complicité ; l'orateur du Gouvernement vous a cité une affaire où l'on a été obligé d'en poser six mille. Outre le temps considérable qu'absorbent la position de ces questions, leur lecture, la discussion par les jurés et leurs réponses, cette multiplicité produit la confusion dans leurs esprits, des inadvertances, des équivoques qui entraînent des suites fâcheuses.

Enfin, dans ce système, on a sans cesse à craindre de poser des questions complexes; pour les éviter il faut multiplier les interrogations. La complexité donne souvent lieu à cassation, et conséquemment à des longueurs, à des frais considérables et à des déplacements et translations pénibles, soit pour l'accusé, soit pour les témoins.

Par le mode proposé on se trouvera à la vérité souvent dans le cas de poser un certain nombre de questions d'après celui des accusés, et la nature des circonstances; mais elles seront plus simples, moins accumulées, et dégagées de complexité : ce qui procure une amélioration non moins importante, c'est que les questions sur l'intention n'étant plus nécessaires, la série se trouve encore plus réduite; une porte est fermée de plus aux erreurs et aux abus.

Personne ne peut nier le principe qui a fait introduire la question intentionnelle : il est certain qu'il n'y a pas de crime où il n'y a pas eu intention de le commettre; mais cette intention se trouvant toujours positivement ou implicitement consignée dans l'acte d'accusation qui servira de base aux questions, le jury s'en expliquera (du moins indirectement), en donnant l'affirmative ou la négative sur la question générale. Il est donc inutile de l'interroger spécialement sur l'intention.

C'est à cette question, c'est aux pièges qu'elle tend à la facilité ou à la bonne foi des jurés qu'on ne peut s'empêcher d'attribuer une partie des déclarations qu'on est exposé à leur reprocher; sauvegarde du coupable que l'intrigue ou la partialité veulent faire absoudre, elle a remplacé pour lui en France ces lieux d'asile qu'un abus religieux ou politique lui ouvre encore en certaines con-

trées ; mais, dans ces asiles, la protection qu'il trouve ne
dure qu'autant qu'il embrasse l'autel ou qu'il ne franchit
pas l'enceinte privilégiée. Parmi nous, au contraire, s'il
parvient à se couvrir du bouclier inviolable que la loi lui
présente, il élève hautement un front impuni. C'est
ainsi qu'on a vu trop souvent des voleurs pris en flagrant
délit, des faussaires en écriture authentique, acquittés
comme n'ayant pas eu dessein de nuire à autrui ou de
s'approprier la chose volée.

La position de la question intentionnelle n'étant plus
nécessaire, on n'aura point à redouter les dangereux effets
d'une question isolée sur cet objet ; la source des mau-
vaises déclarations sera tarie : on n'aura plus à craindre
de voir des jurés (s'il peut encore s'en trouver qui soient
capables de céder à la suggestion, à la prévention ou à la
faiblesse), mentir à leur conscience, en affirmant le fait,
déclarant son auteur, avouant qu'il a agi sciemment, et
ne lui supposant aucun dessein criminel. Si l'on brise cette
arme, on conçoit à la simplification et à la réduction des
questions, et l'institution du jury est améliorée.

Elle ne le sera pas moins par l'admission de leur décision à la pluralité des suffrages. L'unanimité est désirable
sans doute ; mais, si elle n'est pas le résultat d'une conviction intime et d'un sentiment libre, elle n'est plus
unanimité. Peut-on lui donner ce nom, lorsqu'elle n'est
qu'une victoire remportée par l'obstination ou l'habitude
des fatigues sur la faiblesse, l'ennui ou la souffrance ? La
conscience capitule alors avec la force ; c'est le corps qui
délibère et non la tête,.... L'expérience nous prouve au
surplus que l'unanimité, telle qu'elle est actuellement
exigée, n'est qu'illusoire quand les jurés passent vingt-
quatre heures sans s'accorder entre eux, puisqu'après ce
délai leur délibération se prend à la pluralité. Cette

observation suffirait pour justifier l'admission de cette dernière, quand la raison, les lois de presque tous les peuples, nos lois précédentes, ne nous avertiraient pas de la rétablir.

Les auteurs du projet ont d'ailleurs trouvé un tempérament qui est entièrement en faveur de l'accusé. « S'il « n'est déclaré coupable du fait principal qu'à une simple « majorité, les juges délibéreront entre eux sur le même « point, et si l'avis de la minorité des jurés est adopté « par la majorité des juges, de telle sorte qu'en réunis- « sant le nombre de voix, ce nombre excède celui de la « majorité des jurés et de la minorité des juges, l'avis « favorable à l'accusé prévaudra. »

Pour que ce cas ait lieu, il faut, 1° qu'il ne s'agisse que du fait principal ;

2° Que l'accusé n'ait été condamné qu'à la simple majorité, c'est-à-dire, par sept suffrages seulement, car à huit la délibération aurait passé aux deux tiers des voix ;

3° Que les juges, se trouvant d'avis contraire à la pluralité des jurés, soient en majorité ; de telle sorte que leurs suffrages, réunis à ceux des cinq qui composent la minorité du jury, donnent une pluralité qui surpasse celle qui avait condamné.

Cette mesure, ne pouvant s'appliquer en cas d'acquittement de l'accusé, et lui étant entièrement favorable, n'a paru, par d'aussi estimables motifs, être susceptible d'aucune discussion.

L'article suivant prévoit le cas où les juges étant unanimement convaincus que les jurés se sont trompés au fond, la cour déclare d'office, sans que nul ne puisse le provoquer, et immédiatement après la déclaration du jury, qu'il est sursis au jugement et que l'affaire est renvoyée à la session prochaine, pour être soumise à un nouveau

jury : cette disposition est applicable en cas de condamnation seulement.

La suite de cette section concerne la non-comparution
des témoins cités, la peine contre les absents, le mode
d'opposition.

La section 2 est destinée à ce qui est relatif au jugement et à son exécution, au cas d'acquittement, aux
demandes en dommages-intérêts respectifs. La manière de
se pourvoir pour ceux que peuvent réclamer soit l'accusé
en différents cas, soit les tiers non présents au procès,
est également réglée.

Il en est de même si l'accusé est inculpé, dans le cours
des débats, d'un autre délit que celui porté dans l'acte
d'accusation ; le reste de la section explique la nature de
la défense de l'accusé ; après la déclaration du jury, il y
est traité du jugement, de sa prononciation, de ses formes, du pourvoi en cassation, de l'exécution, etc.

Tous ces points offrant peu de différences importantes
avec ce qui se pratique, il devient inutile de s'y arrêter
plus long-temps, et je dois m'empresser d'aborder le
chapitre V, qui est le dernier objet de ce travail ; il
concerne le jury.

§. IV.

Du Jury et de sa Convocation.

Tant d'excellents ouvrages ont traité de cette institution, tant de voix éloquentes se sont fait entendre en sa
faveur, elle a été si souvent et si bien discutée pour ou
contre, qu'il y aurait témérité de ma part et inutilité
pour vous, Messieurs, si je me permettais d'entrer dans
la lice. Je dois donc renoncer à toute discussion philoso-
phique et politique sur l'une des plus belles conceptions
de l'esprit humain, que l'histoire et le fait dans un État

voisin prouvent ne pas être une brillante, mais vaine théorie.

Me renfermant dans le cercle qui m'est tracé par le projet de loi, je vais considérer le jury, tel que nous l'avons en France, rechercher les causes qui ont pu le rendre défectueux, vérifier enfin si la loi proposée peut amener son perfectionnement.

Introduit dans un temps où la révolution française commençait à prendre un caractère d'exaspération, il ne fut pas aussi imparfait qu'on pouvait le craindre dans des circonstances si difficiles ; n'étant point suffisamment connu, succédant à des établissements anciens et respectés, fondé sur des principes de liberté et d'égalité dont on abusait, il dut avoir en peu de temps des adversaires : devenu pendant la tourmente révolutionnaire l'instrument malheureux des passions et des fureurs, tombé dans des mains impures, l'aversion qu'elles inspiraient rejaillit sur lui. Lorsque des jours plus calmes vinrent luire sur la France éplorée, il se ressentit plus ou moins de l'influence des souvenirs et des partis ; depuis le mouvement régénérateur du 18 brumaire, sa marche est devenue meilleure, mais il n'a pas été tout ce qu'il devait être, parce que sa propre organisation s'y opposait.

On doit donc distinguer deux sortes de causes qui lui ont été contraires ; les unes purement politiques et extérieures, tenant aux temps et aux circonstances ; les autres intérieures, nées des vices de sa composition, de ceux de la législation qui le mettait en action, et des erreurs qui ont pu en être la conséquence.

1° Les listes de jurés sont, presque partout, composées en grande partie de noms de citoyens que le défaut d'instruction, leurs professions, leur éducation et leurs

. k

besoins devraient en éloigner : on a donc à craindre avec
eux les effets de l'ignorance et de l'intrigue.

2° On a vu combien le mode actuel de mise en accusation, la complication et la multiplicité des questions,
la nécessité de la question intentionnelle et de l'unanimité, les exposent souvent à se tromper, même avec les
intentions les plus droites.

Ainsi, les fautes qu'ils ont pu commettre, les erreurs
dans lesquelles ils ont été dans le cas de tomber, ont
plutôt leur source dans les vices de leur composition
et la forme de procéder, que dans leur cœur ou leur
faiblesse.

Gardons-nous en effet d'admettre que, si on a pu
avoir des reproches à faire aux jurés, on n'a pas eu aussi
à applaudir à la justice et à la sagacité de leurs décisions.
Beaucoup de tribunaux peuvent attester que, tant avant
les temps d'orages que postérieurement, leur marche a
été communément bonne et raisonnable. Cette observation s'applique plus particulièrement aux jurés de jugement qu'à ceux d'accusation, parce que d'une part ils
sont tirés d'une liste plus nombreuse, formée sur tous les
points d'un département, et par conséquent plus exempte
de l'influence des localités, et que de l'autre ils opèrent
sous les yeux d'une cour qui les dirige ; que sous ceux du
public, ils contractent une responsabilité morale ; que la
procédure est complète et que les débats les éclairent. Il
est beaucoup de juges aussi qui déclareraient franchement qu'adversaires du jury avant d'être témoins ou ré-
gulateurs de ses travaux, ils ont pris de lui une idée différente, non point parce que le concours du jury ne leur
laisse que l'instruction et l'application facile de la loi,
mais parce qu'ils ont été convaincus que l'institution est
bonne en elle-même, que son organisation est défec-

tueuse, et que si elle produit quelquefois des déclarations
susceptibles de critiques, celles-ci dérivent presque toujours de cette organisation autant que de la nature des
faits, de leur complication et de certaines circonstances.
Pour fortifier ce témoignage, qu'on consulte les juges qui
siégent en cour spéciale; tous y éprouvent combien de cas
font naître l'incertitude et l'anxiété dans l'esprit, et combien il est prudent de ne pas blâmer trop légèrement les
décisions des hommes appelés à prononcer sur l'honneur
ou la vie de leurs semblables.

Il suit de là que, si le résultat des opérations du jury
n'est pas aussi satisfaisant qu'on peut le désirer, ce n'est
point à l'institution qu'on doit l'attribuer, mais aux diverses causes qui sont indiquées.

Celles qui ont dû lui nuire dès son établissement,
celles qui l'ont altérée étant connues, je n'ai point ha-
sardé une assertion vague et dénuée de preuves en avan-
çant qu'elle n'a point encore été suffisamment éprouvée
en France. Si le jury a pu résister au concours de circonstances qui lui étaient défavorables, s'il a pu se soutenir malgré les germes destructeurs qu'il portait dans
son sein, ne balançons pas à croire qu'il est très susceptible d'être perfectionné. L'artiste brise-t-il une machine
parce que plusieurs de ses rouages sont mal disposés,
d'autres défectueux? L'abandonne-t-il parce qu'elle ne
remplit pas sur-le-champ toute son attente? Que fait-il
alors? Il examine l'ensemble et les détails de son ouvrage,
il met à l'écart les pièces qui gênent le mouvement; il en
substitue de plus simples; il corrige, il finit celles dont le
travail est incomplet.... Ainsi le Gouvernement, ne
voyant qu'une grande institution dont la beauté de théorie n'est pas contestée, mais dont la pratique laisse à désirer des perfectionnements, s'en est occupé avec autant

d'impartialité que d'attention ; il a pensé qu'il convient
de la rectifier et non de la proscrire.

Pénétrée du désir de coopérer au bien, votre Commission, Messieurs, n'a pas pu, comme j'ai eu l'honneur de
vous l'annoncer, hésiter à choisir entre la réformation du
jury avec ses avantages et sa conservation avec ses dé-
fauts ; elle n'a pu douter, en ce qui la concerne, que dans
l'état des choses, repousser des changements amélioratifs
n'est point écarter l'institution ; elle a vu que la question
se réduit, non pas à savoir si nous aurons un jury de jugement,.....il est établi, mais à opter pour un meilleur
ou pour celui que nous avons.

Le projet de loi vous présente, Messieurs, le jury
d'accusation remplacé d'une manière aussi régulière que
bien combinée ; celui de jugement facilité dans sa marche
et dans l'expression de sa pensée, soit par les moyens déja
développés, soit par ceux qui vont terminer ce rapport.

Pour améliorer la composition du jury, on a suivi un
système diamétralement opposé à celui qui existe. On appelle le plus grand nombre des citoyens qui étaient dispensés, et on dispense la majeure partie de ceux qui étaient appelés. C'est dans le sein des collèges électoraux, parmi les
trois cents plus imposés d'un département, parmi les
hommes revêtus de fonctions publiques ou d'emplois
principaux, entre ceux qui se livrent à la culture des
sciences et des lettres, les docteurs et licenciés, les notaires et négociants, que les jurés seront désormais choisis.
Ainsi le sort des accusés et les intérêts de la société auront
une garantie plus certaine par les lumières, la considération et l'intérêt direct au maintien des lois. Une telle
composition amènera presque constamment un bon jury,
et toujours le donnera plus parfait que celui qui existe.
Examinons un instant la manière dont il sera formé.

Sur la demande du président de la cour d'assises, le préfet est tenu de former de suite une liste de soixante citoyens pris dans le nombre de ceux désignés dans l'article 382. Le président réduit ce tableau à trente-six, c'est-à-dire, aux *trois cinquièmes* : les trente-six personnes maintenues sont appelées à la session, il doit s'en trouver au moins trente.

Aucune autorité n'est plus en état que les préfets de former des listes dont ils ont tous les éléments ; d'ailleurs il s'agit d'une opération qui concerne toutes les parties des départements dont ils sont les administrateurs. On n'aurait pu, sans inconvénient, la confier au président ou aux juges de la cour d'assises, soit parce que les individus compris dans l'article 382 ne leur sont point assez connus, soit parce qu'il eût répugné à leur délicatesse de former les listes qui doivent fournir les jurés appelés à opérer devant eux. La disposition dont il s'agit n'innove rien, puisqu'en ce moment les listes sont faites par les préfets. La responsabilité qui leur est imposée garantit leurs choix, et la réduction de deux cinquièmes par le président, formant un contrepoids, ajoutera un nouveau degré de certitude pour une bonne composition.

En chaque affaire, après l'examen des récusations, lesquelles ne peuvent être motivées, douze jurés choisis publiquement par la voie du sort prennent place de suite. La faculté des récusations a une grande latitude, et les manœuvres de l'intrigue, pour circonvenir le jury, sont presque impossibles, puisque ceux qui le composent entrent en activité à l'instant même.

Votre Commission ne s'est point dissimulé, Messieurs, ce que la réunion de trente jurés à chaque session peut avoir d'onéreux ; en les enlevant pour plusieurs jours à leur domicile, à leurs familles, à leurs affaires, à leurs fonctions

k.

publiques; elle s'est représenté la situation pénible de
ceux d'entre eux qui resteront dans l'inaction après la
désignation des douze : elle a en conséquence proposé
des observations dont l'objet était de réduire la convocation des jurés au moindre nombre possible; elle a pré-
sumé que celui de *vingt*, sur lesquels on ferait en chaque
affaire un tirage de *douze* pour le jury, serait suffisant;
qu'il laisserait assez d'incertitude et de mouvement dans
la composition de chaque jury, et serait un obstacle à ce
qu'on pût la prévoir, ou connaître les jurés avant qu'ils
fussent en place. Mais en rendant justice aux vues de la
Commission, la section du conseil d'État n'a pas cru pouvoir les admettre en entier dans cette circonstance : elle a
pensé que le plan proposé donnant une moindre latitude
pour la mutation des jurés en chaque affaire, nécessiterait
le tirage des vingt jurés trop à l'avance, et la récusation
sur liste; d'où il résulterait que les jurés pourraient être
connus avant la session, et que le droit de récusation
perdrait de son intégrité, ce qui ferait manquer un des
moyens les plus essentiels du perfectionnement du jury.
On a reconnu néanmoins qu'il était admissible de n'appeler que trente-six jurés au lieu de quarante-huit, et
d'avoir la faculté d'opérer au *minimum* de trente présents
au lieu de quarante. Cette réduction d'un *quart* est importante, puisqu'elle laissera quarante-huit citoyens, ou
au moins quarante, dans leurs foyers pendant le cours de
chaque année.

C'est ici qu'il convient de faire remarquer que, quoique la réunion de trente jurés tous les trois mois paraisse
considérable, le nombre des citoyens déplacés pour le
jury sera inférieur d'*un tiers* au moins à celui des jurés
convoqués annuellement pour le jugement dans l'ordre
actuel. Celui-ci appelle quinze jurés par chaque session

de mois, ce qui fait pour un département cent quatre-vingts par année; d'après la nouvelle organisation, il n'en sera déplacé ordinairement que trente, c'est-à-dire, *cent-vingt* par an. On peut objecter, il est vrai, que les sessions de trimestre seront plus longues que celles de mois, et que conséquemment la mission sera plus à charge; mais, si l'on réfléchit que par le Code proposé les jugements seront beaucoup plus abrégés, tant par la simplification des questions que par le vote à la pluralité, on sera persuadé que le jugement des affaires sera plus rapide.

Suivant l'article 386, les personnes non comprises dans l'article qui désigne celles qui sont dans le cas d'être appelées au jury, et qui voudraient y être admises, peuvent l'obtenir en remplissant les formalités qui y sont prescrites. Il est présumable qu'un honorable zèle ne manquera pas d'animer les citoyens. Déja, Messieurs, nous avons la satisfaction de vous en citer une preuve. En ce moment, où le projet n'est pas encore converti en loi, à Paris, un corps nombreux, jouissant de l'estime et de la considération, ne se voyant pas inscrit dans les classes désignées, a réclamé authentiquement d'y être placé : ses membres sont trop dévoués, suivant leurs expressions, au service de la chose publique pour profiter du silence de la loi et se soustraire aux devoirs de bons citoyens. Quoiqu'implicitement compris dans l'une des dispositions de l'article, ceux dont je parle pouvaient néanmoins se dispenser d'une obligation plus onéreuse peut-être pour eux que pour qui que ce soit; et ils se sont empressés de demander à être nominativement appelés à la remplir.

Il suit de tout ce qui vient d'être dit, que le jury se trouve, Messieurs, essentiellement perfectionné dans sa composition et dans ses opérations. Son existence a été jusqu'ici assez précaire, parce qu'il a été établi dans des circonstances fâcheuses, que l'esprit de parti l'a altéré, qu'il renfermait en lui-même des obstacles qui arrêtaient ses mouvements et favorisaient ce qui pouvait le discréditer ; mais, quand il sera revivifié par la réforme salutaire qui vous est soumise, il rendra bientôt les services qu'on peut en attendre : bientôt honoré et considéré, il prendra dans l'opinion la place qui doit lui appartenir.

Fondée sur des principes de douceur et d'humanité, une institution noble, et libérale par essence ne saurait être incompatible avec le caractère et les mœurs d'une nation naturellement douce, bonne et généreuse : c'est par cette nation, plus que par toute autre, qu'elle est dans le cas d'être accueillie. Non, Messieurs, le jury n'est point une plante exotique, qui ne peut croître et prospérer sur le sol de la France. Si elle n'a pas péri pendant qu'abandonnée, sans force et sans appui, elle se flétrissait, exposée à toutes les intempéries, comment ne réussira-t-elle pas lorsque des mains intelligentes auront retranché les rameaux viciés qui pouvaient porter la mort dans sa tige ?

La partie du Code d'instruction criminelle, sur laquelle je viens, Messieurs, de vous exposer l'opinion de votre Commission, portant sur des points capitaux, et contenant l'organisation ou la réforme de plusieurs institutions ; ce rapport, malgré les soins tendants à resserrer les détails, a dû par son ensemble vous dérober un temps que l'importance et la multiplicité des objets ont pu seules empêcher de calculer. Heureux si, par mes efforts, je suis parvenu non à déterminer parmi vous des opinions que l'examen du projet de loi, votre désir constant de faire le bien et de seconder un Gouvernement dont il est l'unique but; et le discours intéressant de l'orateur du Gouvernement, avaient sans doute déjà formées; mais à les affermir et à les satisfaire, par la démonstration des deux propositions sur lesquelles ce travail a été spécialement dirigé!

« 1° La loi proposée ne nous prive d'aucun des résul-
« tats utiles de l'organisation remplacée ou réformée.

« 2° La loi procure des avantages qui ne se rencon-
« trent point dans celle à laquelle elle succède. »

La première est prouvée, puisque nous avons, comme auparavant, une mise en accusation, une cour pour l'administration de la justice criminelle en chaque département, un examen, des débats publics, le droit de récusation et de défense pour l'accusé, des jurés de jugement et le recours en cassation.

Pour appuyer la seconde, nous avons la sage combinaison du nouveau mode d'accusation, la cessation des inconvénients locaux qu'il prévient, celle du déplacement de quatre cents citoyens pour le jury d'accusation, et de soixante pour celui de jugement par an, en chaque département; celle du droit d'option attribué, en certains cas, aux accusés; la composition plus nombreuse de la cour d'assises, et toutes les améliorations résultantes de la nouvelle manière de poser les questions, et de composer, de convoquer et faire délibérer le jury.

Il est difficile que, dans une loi de cette nature, certains points de détail ne laissent quelque chose à désirer: comme toutes les autres productions des méditations humaines, celle-ci ne sera pas exempte d'imperfections; peut-être paraîtra-t-elle susceptible de quelques modifications. Mais on ne peut les bien juger avant que le temps et l'exécution en aient démontré la nécessité.

L'expérience les indiquera, ses conseils sont les plus sûrs, et (pour nous servir de l'expression récente du meilleur des observateurs) *elle fera le reste.* C'est à elle seule qu'il appartient de fixer les idées : soumettons donc à sa lumineuse épreuve la loi proposée ; faisons cesser l'état d'incertitude pénible où se trouvent, sur toute la surface de l'Empire, un grand nombre de magistrats estimables, et que bientôt le Code criminel soit joint au *Code Napoléon*, dont la dénomination auguste rappellera toujours aux siècles futurs le génie, le héros et le législateur du nôtre !

La commission vous propose, Messieurs, d'adopter le projet de loi.

MOTIFS

Du Livre II, Titre III, Chapitre I à III,

PRÉSENTÉS PAR M. LE COMTE BERLIER,
Orateur du Gouvernement.

Séance du 30 novembre 1808.

MESSIEURS,

DÉJA vous connaissez le nouveau plan de procédure criminelle; les orateurs qui m'ont précédé à cette tribune ont mis sous vos yeux toute l'instruction qui, soit en matière de police simple ou correctionnelle, soit en matière criminelle, doit avoir lieu devant les autorités chargées par la loi de distribuer la justice ou de préparer ses arrêts.

Mais de quelque respect qu'on doive environner la chose jugée, l'intérêt de la société et celui des accusés réclament une garantie ultérieure.

Cette garantie est l'objet du projet de loi que nous sommes chargés de vous soumettre, et qui est destiné à entrer dans le nouveau Code criminel sous le titre III *des Manières de se pourvoir contre les arrêts et jugements.*

Ce titre se divise en trois chapitres. Le premier traite *des Nullités;* le deuxième, *des Demandes en cassation;* et le troisième, *des Demandes en révision.*

Un seul et même titre de la loi du 3 brumaire an 4, embrasse aujourd'hui tout ce qui concerne les nullités et la cassation des jugements; mais ces deux objets, malgré leur affinité, ont semblé susceptibles de division; et si les nullités sont la base ou le fondement de la cassation, ce

principe et ses corollaires qui peuvent se prêter à diverses
formes, seront mieux saisis quand ils ne seront point
mêlés avec elles.

Je vais, Messieurs, vous exposer succinctement, et
dans l'ordre du projet, les principales vues qui s'y
rattachent.

Vous n'attendez pas de moi que j'insiste sur une foule
de détails que votre sagacité et votre expérience vous
mettront à même d'apprécier facilement. Cette matière
n'est point neuve dans la plupart de ses dispositions, et
je me bornerai à fixer plus spécialement votre attention
sur celles qui, comparées avec la législation actuelle,
tendent à y introduire des changements, et sur celles qui
ont été l'objet de sérieuses controverses.

La première modification que présente le chapitre intitulé *des Nullités*, consiste plus dans la forme que dans
le fond même. Les causes de nullité sont assez clairement
exprimées dans les lois qui nous régissent aujourd'hui ;
mais elles sont présentées dans un ordre qui ne distingue
point suffisamment les actions qui en résultent, et les
personnes au profit desquelles ces actions sont ouvertes.

Cette distinction avait besoin d'être tracée : l'on s'est
demandé si en matière criminelle une partie civile pourrait se prévaloir de toute espèce de nullité pour demander
la cassation d'un arrêt ; et il a été facilement reconnu
qu'il n'appartenait point à un simple particulier de se
constituer, en cette matière, vengeur de la violation des
lois, et que de simples intérêts civils ne pouvaient être
un motif suffisant pour investir une partie privée d'un
droit aussi étendu.

Mais en matière correctionnelle ou de police simple,
les intérêts civils méritent plus de considération, parce
qu'ils y jouent un rôle plus considérable, et de là est née,

quant à l'exercice des actions résultantes des nullités, la distinction établie par le projet; de là, la division de ce projet en deux paragraphes distincts, dont le premier regarde les matières criminelles, et le second, les matières de police simple ou correctionnelle.

Dans cette dernière cathégorie, à moins qu'il ne s'agisse de la violation ou omission de formes spécialement prescrites, pour assurer la défense du prévenu, la partie civile peut, comme ce dernier, et avec la même latitude, demander la cassation d'un arrêt ou d'un jugement en dernier ressort, contre lequel il s'élève des nullités, et cette faculté commune est assez justifiée par l'intérêt à-peu-près équipondérant des parties; mais en matière criminelle, si l'on n'aperçoit encore des intérêts contraires, elles sont loin de se balancer; un intervalle immense les sépare, et la législation, en se conformant à la nature des choses, ne doit pas accorder des droits de recours égaux, à des parties dont la position est si différente.

Au reste, cette distinction était plutôt à expliquer qu'à créer; mais une question beaucoup plus ardue s'est élevée sur le pouvoir même du ministère public en fait de recours.

La difficulté ne s'applique point au cas où, après une déclaration portant que l'accusé est coupable, il interviendrait un arrêt d'absolution sur le fondement de la non-existence d'une loi pénale qui pourtant existerait; car il n'y a là qu'une erreur de droit ou une infraction palpable à réparer; et si la voie de la cassation est, en ce cas, ouverte au ministère public, elle ne saurait blesser en rien l'institution du jury, puisque, même dans cette espèce, le recours ne tend qu'à donner effet à sa déclaration.

Il ne peut non plus y avoir de difficulté à accorder au ministère public, comme à la partie elle-même, le droit de recours contre tout arrêt de condamnation.

Mais qu'arrivera-t-il si l'accusé est déclaré non coupable, et après que le président aura en conséquence prononcé qu'il est acquitté? Le recours en cassation pourra-t-il être exercé par le ministère public?

Si l'on ouvre la loi du 3 brumaire an 4, l'on n'y trouve point la question textuellement décidée, et l'on a paru douter qu'elle le fût, même implicitement, par la disposition qui ordonne que l'acquitté sera sur-le-champ mis en liberté.

Il convenait donc de s'expliquer formellement sur un point aussi important, et cela était d'autant plus nécessaire que quelques voix s'étaient élevées, et réclamaient qu'il fût accordé un court délai à la partie publique pour se pourvoir, même en cas d'acquittement, contre une instruction vicieuse; mais cette prétention a semblé peu compatible avec toutes les autres parties d'un système essentiellement favorable à la liberté.

C'est un grand et terrible spectacle que celui d'un accusé placé devant les suprêmes arbitres de son sort; mais plus cette position est imposante, plus aussi l'humanité réclame-t-elle qu'après l'arrêt solennel qui brise les fers de l'innocent, son existence et son honneur ne restent point soumis aux nouvelles chances d'un second procès.

Sans doute l'ordre public réclame aussi beaucoup de sollicitude et de respect; sans doute le ministère public doit être armé d'assez de pouvoir pour empêcher la violation des lois; mais, s'il n'a pas employé, pendant l'instruction, tous les moyens qui lui étaient offerts pour rendre cette instruction légale, ou s'il a négligé de surveiller la procédure, convient-il que cette conduite,

étrangère à l'accusé, puisse ravir à celui-ci le bénéfice de
sa libération ? que si, au contraire, le ministère public a
été vigilant, peut-on supposer que les cours n'ayent pas
déféré à ses vues, toutes les fois qu'il a requis une chose
juste ? Enfin, et quand on se livrerait à la supposition
extrême de quelques omissions qui auraient eu lieu, nonobstant les réquisitions du ministère public, faudrait-il,
pour des cas aussi rares, et qui ne sauraient se reproduire
qu'à de longs intervalles, retenir toutes les personnes ac-
quittées dans les liens d'un sursis, qui, quelque courte
que soit sa durée, n'offre qu'une sévérité incompatible
avec la faveur due à la liberté et au titre solennel qui
proclame l'innocence ?

De si graves motifs ont dicté les restrictions que vous
trouverez établies dans notre projet, relativement au
droit de recours attribué au ministère public.

Rien, sans doute, ne doit s'opposer à ce qu'en tout
état les officiers chargés de ce ministère puissent se pourvoir, dans l'intérêt de la loi, contre un arrêt qui en aurait
blessé les dispositions, mais sans préjudicier à la partie
acquittée.

Au surplus, cette limitation du droit de recours est
plus grave peut-être dans ses termes qu'elle ne le sera
dans ses résultats, et elle est, de toutes les dispositions
que contient le premier chapitre, celle qui appelait le
plus d'explications ; car les autres points de différence
entre la législation actuelle et celle qui vous est proposée
en cette partie, consistent plus dans la rédaction et la distribution des matières que dans le fond même des dispositions.

Ainsi, Messieurs, vous ne trouverez plus *l'excès de
pouvoir* au nombre des nullités, mais cette suppression
d'un mot vague et qui n'a jamais été bien défini, se trouve

éminemment remplacée par le maintien seul de la cause
de nullité tirée de l'*incompétence*; et s'il convient d'éviter les expressions oiseuses ou redondantes, c'est surtout
dans les lois.

Je pourrais terminer ici mes observations sur le chapitre des *nullités*, si ce mot même ne rappelait à la pensée le désir long-temps exprimé par les hommes les plus
versés dans cette matière, de voir disparaître de notre
législation une foule de nullités peu importantes, et plus
propres à entraver les affaires, que les dispositions auxquelles elle se rattachaient n'étaient propres à éclairer la
justice et à assurer la bonté de ses arrêts.

Ce vœu a été entendu et exaucé. Ce n'est pas le titre
qui vous est présenté aujourd'hui qui en contient particulièrement la preuve; elle se trouve répandue dans l'ensemble du nouveau Code; et déjà, Messieurs, vous avez
pu remarquer s'il a été pourvu à cet important objet
avec cet esprit de sagesse qui prescrivait d'admettre les
causes utiles et de rejeter celles qui ne l'étaient point.

En restreignant ainsi les causes de nullité, l'on a cru
qu'il était juste, en cas de fautes très graves, de faire
supporter les frais de la procédure recommencée à l'officier ou juge instructeur qui aura commis la nullité.

Cette disposition, dont sans doute l'application sera
très rare, deviendra un éveil à l'attention des officiers
instructeurs, et il est permis d'espérer que désormais très
peu de procédures seront dans le cas d'être cassées; mais
quelques-unes resteront susceptibles de l'être, et c'est ici
que vient se placer la discussion relative au chapitre II,
des Demandes en Cassation.

Cette partie du projet, dans laquelle sont retracées les
formes du recours en cassation et la manière de statuer,
ne sont pas susceptibles de beaucoup d'observations,

parce que la marche en est simple et d'ailleurs conforme presqu'en tous points à la procédure usitée depuis 1791.

Je remarquerai pourtant qu'il convenait de réunir des dispositions qui sont aujourd'hui éparses dans plusieurs lois, et que, sur ce point, le nouveau projet aura le mérite d'être plus complet que le titre qui lui correspond dans la loi du 3 brumaire an 4.

Mais ce que je dois plus particulièrement faire observer, c'est une disposition nouvelle qui tend à faire cesser l'obligation que la législation actuelle impose à la cour de cassation, de renvoyer, quand elle a cassé un arrêt ou un jugement, les parties *devant les tribunaux* LES PLUS VOISINS.

L'expérience a appris que cette règle, posée d'une manière absolue, n'était pas sans inconvénient; sans doute le voisinage, en matière de renvoi, est une indication naturelle que l'on suivra sans qu'elle soit prescrite : cette voie, toutes choses égales d'ailleurs, promet ordinairement plus de célérité et moins de frais, parce que les témoins sont placés plus près; mais quelque grands que soient ces avantages, ils peuvent disparaître quelquefois devant des considérations plus importantes encore.

Ainsi, des circonstances locales peuvent exiger qu'on éloigne la scène pour la soustraire à l'influence des passions, et l'espoir d'un jugement impartial mérite bien le sacrifice de quelque temps et de quelques frais.

Que la cour de cassation soit donc juge de ces circonstances : cette cour suprême constitutionnellement investie du droit de prononcer sur les demandes en renvoi d'un tribunal à un autre pour cause de suspicion légitime, fait-elle, en ce cas, autre chose que d'exercer le pouvoir discrétionnaire que le projet lui attribue d'une manière plus étendue?

l.

La sagesse de cette cour et son propre intérêt sont garants de l'emploi qu'elle fera de cette attribution, et le projet pourvoit d'ailleurs à ce que nulle délibération sur ce point n'intervienne qu'avec des formes qui en garantissent la maturité.

Le deuxième chapitre ne présente pas d'autres observations importantes; car je n'ai point à reporter votre attention sur la question célèbre et long-temps agitée, de savoir comment on procédera dans le cas d'un second arrêt qui, après une première cassation, serait attaqué par les mêmes moyens.

Cette question a été résolue par la loi du 16 septembre 1807, et le projet, en renvoyant à cette loi, ne donne lieu à aucuns nouveaux débats sur ce point, solennellement terminé.

J'arrive, Messieurs, au troisième chapitre du projet de loi, intitulé *des Demandes en révision.*

Ici tout est nouveau et rien n'est emprunté de la législation actuelle : je serai donc forcé d'entrer dans de plus grands développements que je ne l'ai fait sur les autres parties.

Pour prendre une juste idée des demandes en révision dont je vais parler, il faut d'abord bien se garder de les confondre avec les demandes en cassation.

Rien de commun n'existe entre ces deux voies de rétractation des arrêts, sinon le but qu'on s'y propose de faire tomber une condamnation.

La cassation s'applique à tous les arrêts infectés de nullités : c'est un bénéfice accordé à tous les condamnés qui peuvent établir que la loi a été violée envers eux.

La révision n'a lieu que pour quelques cas déterminés.

La cassation a son fondement dans les seules infractions de la loi.

La révision peut atteindre une procédure régulière, s'il y a, d'après les caractères que la loi tracera elle-même, une erreur à réparer.

Depuis l'institution du jury jusqu'à ce jour, une loi du 15 mai 1793, unique en cette espèce, avait adopté pour cause de révision l'existence simultanée de deux condamnations inconciliables.

Nulle autre cause n'était admise, et celle-ci même n'a pas été maintenue par la loi du 3 brumaire an 4.

Il est aisé de se rendre compte des motifs qui ont placé notre législation dans cet état.

Long-temps, Messieurs, on a cru que toute révision, quelque plausible qu'en fût le motif, était incompatible avec l'institution du jury, et cette tribune a plus d'une fois retenti de discussions relatives à cette importante question ; mais ces discussions ont été stériles, parce qu'en admettant des causes de révision, l'on eût craint d'attaquer la base même sur laquelle repose tout le système de notre procédure criminelle.

Sans doute cette crainte eût été et serait encore légitime, s'il s'agissait de généraliser la révision et de l'appliquer, hors un petit nombre de cas où il y a soit erreur évidente, soit du moins une juste présomption d'erreur.

Qu'y a-t-il donc à examiner dans ce moment, si la révision, ainsi restreinte, est juste et praticable ?

C'est d'abord une idée consolante que de pouvoir se dire qu'on agite cette question dans celui de tous les systèmes qui admet le moins d'erreurs funestes à l'innocence ; et, en effet, s'il est un ordre de choses conforme à ce beau rescrit de Trajan, devenu proverbe : *Il vaut mieux absoudre un coupable que de condamner un innocent*, c'est sans doute une institution où les accusés sont jugés par leurs pairs, et par des hommes qui, non endurcis par l'habitude, ni enchaînés par des préjugés de profession, ne suivent que le cri impérieux de leur conscience.

Toutefois et bien que les condamnations erronées doivent être rares dans un tel système, il sort de la main des hommes, et sa perfection n'est pas telle que l'erreur n'y puisse pénétrer jamais. N'y aura-t-il, en ce cas, aucun remède?

Je vais emprunter, Messieurs, les expressions d'un jurisconsulte étranger, et qui, appartenant à un pays où le jury est en grand honneur, ne croyait pas pourtant que ses décisions dussent être plus fortes que l'évidence qui viendrait les détruire : « Tant que les hommes, dit « cet écrivain (1), n'auront aucun caractère certain pour « distinguer le vrai du faux, une des premières sûretés « qu'ils se doivent réciproquement, c'est de ne pas ad- « mettre, sans une nécessité démontrée, des peines abso- « lument irréparables. N'a-t-on pas vu toutes les appa- « rences du crime s'accumuler sur la tête d'un accusé « dont l'innocence était démontrée, quand il ne restait « plus qu'à gémir sur les erreurs d'une précipitation pré- « somptueuse? Faibles et inconséquents que nous som- « mes ! Nous jugeons comme des êtres bornés, et nous « punissons comme des êtres infaillibles. »

Ces réflexions ont un double but. Appliquer le moins possible la peine capitale (ce qui est du ressort du Code pénal), et réparer, autant qu'il sera possible, la peine qui aurait été infligée par erreur.

Mais à quels caractères reconnaîtra-t-on l'erreur, et quels seront les preuves ou indices suffisants pour ad-

---

(1) Jérémie Bentham, Traité de Législation civile et pénale.

mettre la révision? C'est ici qu'une grande circonspection est nécessaire; car tout excès serait nuisible, et, sans des limites tracées avec sagesse et précision, ce ne serait plus la justice appliquée à quelques espèces, mais l'arbitraire planant sur toutes, et tendant, sous de frivoles prétextes, à tout remettre en question.

L'écueil a été aperçu et évité.

Vous ne trouverez pas, Messieurs, inscrites dans le projet de loi, comme moyens de révision, ces déclarations collusoires et banales par lesquelles un homme poursuivi et condamné pour un crime se charge, sans aucun risque, du crime d'autrui : cette tactique usée, dont les simples citoyens ne sont plus dupes aujourd'hui, ne peut que mériter le mépris des législateurs.

Mais, en parcourant avec soin tous les points du vaste horizon que présente cette matière, trois cas seulement ont été recueillis comme dignes de fixer votre attention.

Le premier est celui où deux condamnations successivement prononcées pour le même crime ne sauraient se concilier, et seraient la preuve de l'innocence de l'un ou de l'autre des condamnés.

Ainsi un vol est commis, et Paul est condamné comme en étant l'auteur; six mois après, Philippe est poursuivi pour le même vol et en est reconnu coupable : voilà deux hommes condamnés sur des poursuites distinctes et sans complicité pour le même crime, et il devient évident que l'une des deux condamnations est erronée.

Dans une telle conjoncture, la justice et l'humanité réclament une nouvelle instruction et de nouveaux débats, qui, devenus communs aux deux condamnés mis en présence l'un de l'autre, puissent signaler celui qui a été victime de l'erreur.

Le second cas prévu par le projet est encore plus frappant : un homme passe pour avoir été tué, et son prétendu meurtrier est condamné; cependant l'individu supposé mort se représente, et efface, par sa seule présence, toute idée du crime qui a été la base de la condamnation : l'on sent assez que, s'il en est temps encore, il faut se hâter de briser les fers du condamné, sans autre condition que celle de reconnaître l'existence et l'identité de la personne prétendue homicidée.

Enfin, il se présente un troisième cas de révision; c'est celui où, après une condamnation, l'un ou plusieurs des témoins qui ont déposé à la charge du condamné, sont eux-mêmes convaincus de faux témoignage porté dans la même affaire.

Cette espèce est exactement celle qui forma, il y a plusieurs années, le sujet de la réclamation élevée dans l'intérêt des nommés *Petit-Renault*, condamnés à Besançon.

Ici toutefois l'erreur de la condamnation ne se montre pas avec la même évidence que dans les autres espèces citées; car il est strictement possible que le faux témoignage n'ait pas seul dicté la déclaration du jury devant les cours criminelles, ou formé l'opinion des juges dans les matières qui leur sont spécialement réservées; le degré d'influence qu'il a pu obtenir ne saurait se calculer, dans une procédure qui ne laisse point de traces, ni aucunes données sur les causes qui ont amené la conviction.

Mais, si l'erreur de la condamnation ne résulte pas évidemment de la seule circonstance d'un faux témoignage, depuis reconnu et puni, du moins faut-il convenir que ce fait est assez grave pour établir une suffisante présomption que l'accusé a été victime d'une horrible calomnie.

Dans une telle position, ce serait être sourd à la voix de l'humanité que de ne pas recourir à une nouvelle instruction, dégagée des funestes éléments qui ont corrompu la première.

Je viens, Messieurs, de vous exposer les cas de révision admis par le projet et leurs motifs, mais je n'ai pas tout dit encore à ce sujet.

Les articles rédigés sur cette partie, en ordonnant une nouvelle instruction propre à réparer l'erreur autant qu'elle sera réparable, statuent que cette instruction sera recommencée avec les parties condamnées.

Ces parties sont supposées vivantes, mais elles peuvent ne l'être plus, et cette position, quoiqu'elle présente moins d'intérêt, ne laisse pas d'appeler encore l'examen du législateur.

Quand la condamnation résulte d'une erreur matérielle et évidente, comme dans le cas où elle a eu pour base la mort supposée d'une personne qui se représente, il est aisé de rendre à la mémoire du condamné la justice qu'elle réclame; mais en est-il de même dans les autres cas qui exigent une instruction et des débats?

Dans le concours de deux condamnations inconciliables et quand les deux condamnés sont vivants, rien de plus simple que de considérer les condamnations respectives comme non avenues, et d'établir une instruction commune dans laquelle les deux accusés, en présence l'un de l'autre, viennent subir le nouvel examen de la justice; mais, si l'un des deux est mort (et dans cette hypothèse, ce sera toujours celui qui aura subi la première condamnation), que ferait-on effectivement en annullant les deux arrêts, sinon de rengager un combat qui ne saurait plus être égal, et d'arrêter l'exécution de la dernière condamnation portée le plus ordinairement en pleine connaissance du premier arrêt, et avec d'autant plus de circonspection que la peine déja antérieurement infligée à un autre prévenu pour le même fait, était pour la justice, à cette seconde époque, un préjugé ou tout au moins un avertissement dont tout l'avantage restait à l'individu ensuite accusé du même crime ?

Annuller de plein droit le second arrêt, quand le premier condamné ne vit plus, ce serait, sans profit pour l'homme qui était peut-être innocent, accorder une faveur extraordinaire à celui que le dernier état des choses proclame comme le vrai coupable.

Ainsi, l'on irait directement contre le but que la justice doit se proposer, et il a fallu, dans ce cas, renoncer à une révision qui, dépouillée de son motif et de ses moyens, offrait plus d'inconvénients que d'avantages.

Il n'était pas plus possible, mais par d'autres considérations, d'admettre, hors la présence du condamné, la révision d'une condamnation portée sur un faux témoignage ; car, comme il a déja été observé, si ce faux témoignage rend la condamnation suspecte, il ne lui imprime pas nécessairement le cachet de l'erreur ; et s'il suffit pour autoriser une nouvelle instruction et de nouveaux débats, il ne saurait suffire pour proclamer, sans autre formalité, l'injustice de la condamnation.

Mais, puisque de nouveaux débats sont nécessaires, pourrait-on donner ce nom à une instruction qui aurait lieu hors la présence du condamné ?

Dans les deux espèces que je viens de rappeler, il a fallu s'arrêter devant les barrières posées par la nature elle-même ; et, quand l'erreur possible ou présumée n'est d'ailleurs plus réellement réparable, il ne faut pas ouvrir d'insdiscrètes issues aux réclamations.

Ce qu'il était possible de faire sans nuire au plan

général de l'institution, le projet le fait, et il améliore la législation actuelle en remplissant une lacune qui affligeoit l'humanité.

Je vous ai exposé, Messieurs, les principales vues de tout le projet : il est soumis à vos lumières, et n'attend plus que votre sanction pour prendre sa place dans le nouveau Code promis à la France, et que la patrie va recevoir de vos mains comme un nouveau témoignage de votre zèle à concourir aux vues qui animent l'auguste chef de l'Empire pour l'amélioration des lois qui influent tant sur le bonheur des peuples.

RAPPORT

Sur le Titre III du Livre II du Code d'instruction criminelle.

PAR M. CHOLET,
Membre de la commission de législation.

Séance du 10 décembre 1808.

MESSIEURS,

LES trois premières parties du Code d'Instruction criminelle que vous avez converties en lois, règlent les formalités qui doivent être observées dans la recherche, la poursuite et le jugement, soit des contraventions et délits, soit des crimes.

Les formalités de la justice sont essentielles; elles concourent à donner à ses décisions les caractères d'uniformité et d'impassibilité qui sont ses principaux attributs; elles garantissent à chaque citoyen sa fortune, sa liberté, son honneur et sa vie; elles remplissent ainsi l'objet du pacte social.

Montesquieu remarque « que dans les États modérés, « dans ces États où la tête du moindre citoyen est consi- « dérable, on ne lui ôte ses biens et son honneur qu'après « un long examen; on ne le prive de la vie que lorsque « la pa rie elle-même l'attaque, et elle ne l'attaque qu'en « lui laissant tous les moyens possibles de la défendre. »

L'instruction qui précède les jugements, surtout en matières criminelles, sera donc accompagnée de toutes les formes propres à manifester la vérité, à rassurer l'innocence, sous le gouvernement d'un Prince qui, recommandable à la postérité par ses victoires, ses triomphes et ses conquêtes, le sera plus encore par le motif de ses travaux glorieux, le bonheur du peuple français; par conséquent la sûreté individuelle et la liberté civile des citoyens.

Vous avez répondu, Messieurs, aux vues généreuses de l'Empereur, en décrétant les parties du Code jusqu'à ce jour soumises à votre examen : il reste à leur donner un complément. Les meilleures lois seraient de vaines théories, si leur exécution n'était pas assurée. Il faut donc empêcher que les officiers chargés de cette exécution ne l'entravent par leurs négligences, ou ne substituent leurs propres idées à la volonté du législateur.

Tel est le but du quatrième projet de loi qui vous est présenté pour former le titre III du livre II du Code, et régler *les manières de se pourvoir contre les arrêts et jugements*.

Je suis chargé de vous soumettre les observations de la commission de législation sur ce projet.

La loi contient trois chapitres; celui des nullités est le premier dont je dois vous entretenir.

Les lois que vous avez sanctionnées, Messieurs, ne rangent pas dans la même classe les infractions qui peuvent être commises : la justice exigeoit cette distinction. En effet, parmi les formalités qui sont prescrites, les unes sont principales et considérées comme étant de nature à influer sur l'instruction et le jugement; les autres sont recommandées comme généralement utiles, mais leur oubli ne peut avoir des conséquences aussi graves que l'omission des premières.

L'inobservation des formalités les moins importantes est punie par des amendes contre les officiers ministériels, et par des injonctions aux juges qui auraient commis ou laissé commettre ces infractions.

Ainsi sont écartées ces causes trop fréquentes de nullité, prononcées pour l'omission de détails peu essentiels Le Code évite le double inconvénient justement reproché aux lois anciennes d'obliger, souvent sur de légers motifs, à recommencer des procédures dispendieuses, et de laisser évanouir, par le dépérissement des preuves, la conviction des coupables.

Quant aux omissions des formalités principales, elles entraînent la nullité de la procédure et celle des jugements. L'article 408 de la loi qui vous est présentée, détermine avec précision ces causes de nullité. Elles sont à peu-près les mêmes que celles désignées par la loi de brumaire : il serait inutile de vous en faire l'énumération ; cette loi a reçu à cet égard la sanction de l'expérience.

La loi présentée retranche des moyens de nullité admis par le Code de brumaire, ceux fondés *sur l'usurpation du pouvoir* : expressions vagues dont l'interprétation pourrait prêter à l'arbitraire, et soumettre à de nouveaux jugements le fond même des affaires décidées en dernier ressort.

La loi de brumaire prononce nullité toutes les fois qu'il a été omis de faire droit sur une réquisition du ministère public, ou une demande de l'accusé, tendant à maintenir, dans l'intérêt de l'accusation ou de la défense, l'exercice d'une faculté ou d'un droit accordé par la loi : la peine de nullité est encourue, même quand elle ne serait pas textuellement attachée à l'absence de la formalité.

Cette disposition est, en quelque sorte, religieusement conservée : elle est juste. En effet, Messieurs, la formalité, autorisée par la loi, doit devenir rigoureusement prescrite, lorsque l'accusateur ou l'accusé la réclament comme indispensable.

D'après l'article 409, l'accusé qui aura été acquitté en matière criminelle n'aura point à se défendre contre aucun recours en cassation, même quand son acquittement aurait été prononcé sur une instruction vicieuse. Cette disposition est conforme à l'équité ; il y aurait une rigueur approchant de l'injustice à permettre qu'un accusé qui aurait éprouvé les anxiétés qui sont la suite d'une instruction, fût une seconde fois mis dans une situation aussi pénible, parce que les juges qui auraient préparé son jugement se seraient écartés de leur devoir.

Au surplus, la faute des juges ne tirera pas à conséquence pour l'avenir : le même article 409 veut que, dans l'intérêt de la loi, le ministère public réclame contre les erreurs commises : la cour de cassation les réformera, et rappellera les juges à l'exécution de la loi qu'ils auraient omise.

Il y aura nullité si l'arrêt de condamnation prononce une peine autre que celle applicable à la nature du crime.

Il y aura nullité si l'absolution est prononcée sur le fondement de la non-existence d'une loi pénale, et que cependant il en existe une qui soit applicable.

Au premier cas, le ministère public et le condamné pourront se pourvoir.

Au second, le pourvoi appartiendra au procureur général.

Il n'appartiendra à personne, si la peine prononcée a été encourue par le condamné, et si l'on ne peut reprocher à l'arrêt d'autre erreur que celle commise dans la citation du texte de la loi.

Enfin, en matières criminelles, la partie civile ne pourra jamais poursuivre l'annullation d'une ordonnance d'acquittement ou d'absolution, et alors la faculté qui

m.

lui est accordée de se pourvoir en nullité, sera restreinte au cas où il aurait été prononcé contre elle des condamnations civiles supérieures aux demandes.

Toutes ces dispositions, Messieurs, nous ont paru dictées par la sagesse, et conséquemment mériter votre approbation.

Le paragraphe II du premier chapitre reconnaît pour causes d'annullation contre les jugements rendus en matières correctionnelles et de police, les moyens de nullité admis en matière criminelle. Ces moyens sont ouverts au condamné, au ministère public et à la partie civile, même dans les cas où le prévenu aurait été renvoyé de la plainte.

Plusieurs motifs ont fait accorder au ministère public et à la partie civile dans les matières correctionnelles et de police, cette faculté du pourvoi qui leur est refusée en matières criminelles.

En matières correctionnelles et de police, la loi n'a point prescrit ces formes solennelles qui en matières criminelles garantissent l'exactitude de l'instruction et l'impartialité des arrêts.

Le prévenu de délits, ou de contraventions, ne paraît pas devant ses juges dans cette situation humiliante, où, malgré le vœu de la loi, se trouve l'accusé en matières criminelles. Le rôle du prévenu est presque celui d'un défendeur ordinaire.

En matières criminelles, le principal objet est la découverte du crime et la punition du coupable; les intérêts civils ne sont qu'accessoires : la loi ne doit pas permettre qu'un homme dont, pour l'intérêt de la société, le sort a été mis en doute et dans une apparence de danger, soit de nouveau compromis pour l'intérêt pécuniaire d'un seul citoyen.

En matières correctionnelles et de police, l'intérêt de

la partie civile est le motif supérieur ; la vindicte publique n'est que l'objet secondaire : il est donc équitable que la partie civile puisse, en ce cas, faire valoir son intérêt par tous les moyens qui appartiennent aux actions civiles.

En matières criminelles enfin, il n'y a peut-être aucune satisfaction capable de dédommager un accusé de l'espèce de tourment que lui cause l'incertitude de son sort ; pendant le jugement de l'accusation, le prévenu peut facilement être indemnisé en matières correctionnelles et de police.

Les anciennes lois gardaient le silence sur la faculté de se pourvoir en cassation de la part du ministère public et de la partie civile contre les jugements d'acquittement rendus en matières criminelles, correctionnelles et de police. La jurisprudence avait écarté ces pourvois en matières criminelles ; elle les avait admis en matières correctionnelles et de police. C'est l'un et l'autre principe, c'est cette jurisprudence fondée sur de justes motifs que nous vous proposons de consacrer.

Le 3e paragraphe du chapitre Ier renouvelle une disposition des anciennes ordonnances, notamment de celle de 1670. Elle autorise la cour de cassation et les cours impériales qui croiront devoir annuller des instructions, à ordonner que les frais des procédures à recommencer seront à la charge des juges qui auront commis les nullités.

Cette disposition est sage, surtout en ce qu'elle n'est que facultative. Les sentiments d'équité et de respect pour soi-même qui animent les membres des cours, les décideront à faire usage du pouvoir qui leur est attribué avec la discrétion qu'exige la considération due aux juges inférieurs : la peine, suivant le vœu de la loi, ne sera prononcée que contre des négligences très graves.

La loi veut encore qu'elle ne puisse être appliquée que deux ans après la mise en activité du Code. C'est

une nouvelle preuve de sa sagesse et un titre de plus à
votre assentiment.

Le chapitre II *des demandes en cassation* détermine;

Quels arrêts et jugements pourront être attaqués par
cette voie;

En quelles formes les recours sont exercés et les défenses fournies;

Dans quels délais seront rendus les arrêts sur demandes
en cassation;

Quelle sera la manière de prononcer, soit l'admission,
soit le rejet des demandes;

Enfin, quelles peines seront encourues par ceux dont
les demandes seront rejetées.

Ce chapitre forme un corps des diverses dispositions
jusqu'à présent promulguées relativement aux demandes
en cassation : l'expérience en a fait reconnaître l'utilité. Il
serait sans doute superflu de vous en présenter une plus
longue analyse.

Il est cependant convenable de vous faire observer
que, par l'article 420, les condamnés en matières criminelles, et tous autres qui justifieront de leur pauvreté,
sont dispensés de la nécessité de consigner aucune
amende.

L'article 437 fera cesser les difficultés que les agents du
fisc se croient obligés de faire sur la restitution des amendes consignées. Il ordonne qu'elles seront rendues lors
même que l'arrêt qui aurait prononcé la cassation n'en
prononcerait pas la restitution.

Ces dispositions ont paru dictées dans une intention
aussi bienfaisante qu'équitable.

L'article 421 empêchera les condamnés à l'emprisonnement ou à des peines plus graves de se pourvoir en
cassation, dans l'unique vue de se soustraire aux peines
contre eux prononcées. Cet article ordonne que le pour-

voi des condamnés ne sera reçu que lorsqu'ils se seront mis en état.

Nos anciennes ordonnances voulaient que l'appel ne suspendît pas l'exécution des décrets d'ajournement et de prise de corps. Si des jugements préparatoires n'étaient pas suspendus par l'appel, il est bien plus nécessaire que l'exécution d'arrêts ou jugements définitifs ne le soit pas par des demandes en nullité.

Le troisième chapitre est intitulé : *Des demandes en révision.*

Cette matière est en quelque sorte neuve dans la législation qui a formé l'institution du jury.

L'instruction orale ne laissant aucune trace des motifs qui ont déterminé les jurés, il a paru difficile de vérifier en leur absence, et souvent long-temps après la prononciation de leurs décisions, si les motifs en étaient fondés sur la justice.

Les partisans de cette institution ont craint, et ont trop craint peut-être que la confiance qu'elle doit inspirer ne fût affaiblie, s'il était permis de supposer que des jurés fussent tombés dans l'erreur.

Cependant, quelques précautions que la loi prenne pour que la conscience des jurés soit éclairée, quelqu'attention que les magistrats apportent à ce que le but de la loi soit rempli, quoiqu'en général les personnes qui doutent des avantages de l'institution, imputent aux jurés une indulgence funeste au repos de la société, plutôt qu'une trop grande sévérité, il est néanmoins possible que les jurés soient induits en erreur par des procès-verbaux qui constateraient des délits qui n'auraient pas existé, par des témoignages faux qui imputeraient un délit réel à un individu qui n'y aurait point participé, ou même par des circonstances que le hasard aurait rassemblées, et qui seraient propres à opérer une conviction contre des accusés non coupables.

Et ce que nous disons des jurés, Messieurs, on peut l'appliquer aux juges composant les cours spéciales.

Il est donc juste que la loi, en prévoyant des erreurs rares, mais possibles, fournisse les moyens de les réparer.

L'orateur du Gouvernement vous a fait remarquer combien en cette matière la circonspection est nécessaire. En ordonnant les moyens de réparer des erreurs incontestables il ne faut pas que tous les condamnés puissent en abuser pour mettre en question les jugements qui leur auraient le plus justement infligé des peines.

On vous a fait observer que des demandes en révision ne pouvaient être autorisées par ces déclarations scandaleuses et banales, que des coupables convaincus faisaient en faveur de leurs complices.

Une triste expérience a appris combien ces hommes dépourvus de toutes idées morales et religieuses sont facilement déterminés par le plus léger intérêt présent, à se charger des plus horribles crimes pour sauver les vrais coupables, pourvu que la conviction qu'ils voudraient faire résulter de leurs prétendus aveux ne changeât rien à leur sort déja décidé, et n'aggravât pas leur punition.

Il serait également difficile ou plutôt impossible de fonder la révision d'un procès criminel sur la rétractation ou la variation de quelques témoins, même quand leurs dépositions orales pourraient être vérifiées. La révision, en ce cas, ne pourrait être autorisée que si les variations et rétractations procédaient du fait de tous les témoins qui auraient attesté les circonstances les plus importantes du procès, celles qui auraient déterminé la conviction.

La révision enfin ne doit être admise que lorsque l'erreur est en quelque sorte mathématiquement démontrée. C'est ce que décide la loi qui vous est proposée.

L'article 443 renouvelle les dispositions de la loi du 15 mai 1793, en ordonnant la révision, lorsque deux accusés auront été, par des arrêts différents, condamnés comme coupables d'un crime qui n'aurait pu être commis que par un seul.

Alors la révision des deux arrêts est de justice rigoureuse : la conviction de l'un des accusés doit nécessairement opérer la justification de l'autre ; les deux condamnations sont donc inconciliables. Un nouveau jugement, contradictoire avec ces deux accusés, décidera lequel des deux est le coupable.

L'article 444 prévoit une espèce encore plus positive.

Un accusé a été condamné pour homicide ; l'homme que l'on disait avoir été homicidé reparaît : son identité est reconnue ; il n'y a pas eu de crime ; les juges, les jurés ont été trompés avec des déclarations et des procès-verbaux inexacts. La condamnation doit tomber.

Elle doit tomber encore si elle n'a été prononcée que sur de faux témoignages reconnus tels par arrêts ; mais il est juste de vérifier si la condamnation n'a été déterminée que par ces faux témoignages : il faut donc une nouvelle instruction ; c'est ce que prescrivent les articles 445 et 446.

L'article 447 détermine le cas et les formes de la révision du procès d'un individu mort depuis sa condamnation.

Ce cas est unique ; il n'a lieu que dans la circonstance prévue par l'article 444.

Si donc un accusé avait été condamné pour homicide, et fût mort depuis sa condamnation ; si, depuis la mort du condamné, l'individu prétendu homicidé se représente, l'erreur sera évidente, le procès sera révisé, la condamnation annullée autant qu'il sera possible. La mémoire de cet innocent, si malheureusement condamné,

sera réhabilitée : réparation tardive à la vérité, insuffisante, mais qui procurera au moins quelque consolation
à ses amis, à sa famille, à la société.

On se demande avec inquiétude s'il ne serait pas possible de faire application, même après le décès du condamné, des articles 443 et 445 dont je viens de vous
entretenir.

Une condamnation postérieure à celle du condamné
décédé ne sera-t-elle jamais inconciliable avec la première
condamnation ? Les faux témoins dont les dépositions
auraient déterminé la condamnation ne pourront-ils pas
être reconnus, jugés, condamnés, après la mort de leur
victime ?

Pour résoudre la question, Messieurs, il ne faut pas
oublier que, dans les circonstances prévues par ces articles, la loi qui vous est proposée exige de nouveaux
débats.

Dans la circonstance prévue par l'article 443, les
nouveaux débats sont nécessaires pour vérifier si le
crime n'a pu être commis que par un seul, et pour
découvrir lequel des deux condamnés est le vrai, le seul
coupable.

Dans la circonstance prévue par l'article 445, il faut
de nouveaux débats pour juger si les faux témoignages
ont seuls produit la conviction. Il est possible que de
faux témoignages portés en haine d'un accusé aient concouru à sa condamnation, mais que la conviction des
jurés ou des juges ait été opérée par d'autres preuves à sa
charge.

Si, comme il n'est pas douteux, et comme la loi qui
vous est proposée l'ordonne, de nouveaux débats sont
nécessaires dans toutes ces circonstances, comment se-
raient-ils formés, lorsque la partie principale, l'accusé,
ne pourrait paraître ; lorsqu'il ne pourrait être confronté

aux témoins et à ses coaccusés, les interpeller, être interpellé lui-même, et lorsque l'instruction orale et publique serait ainsi privée des principaux avantages qui la rendent préférable à l'instruction secrète et par écrit?

Il faut donc le dire avec douleur : il pourrait arriver que des condamnations prononcées contre des accusés présentassent, depuis qu'ils seraient morts, des incertitudes ; mais il serait impossible de les vérifier, parce que les débats seraient impraticables. Or une révision opérée sans débats n'offrirait pour résultat que des doutes, et consacrerait l'instabilité des jugements.

Il a donc fallu, à l'égard du condamné décédé, que la loi s'arrêtât au seul cas où il serait matériellement prouvé que sa condamnation aurait été la suite d'une erreur.

Je me résume, Messieurs ; la loi qui vous est proposée admet deux moyens de se pourvoir contre les arrêts et jugements :

La cassation ;

La révision.

La cassation sera prononcée si les formalités essentielles, prescrites pour l'instruction et le jugement, n'ont pas été observées.

La révision sera admise, malgré la régularité de l'instruction, lorsque, dans les cas déterminés par la loi, il sera évidemment prouvé qu'il y a eu erreur dans les jugements.

Il nous a paru que la loi proposée fixe avec précision les formes et les moyens de ces divers recours, qu'elle concilie avec justice et sagesse ce qui est dû à l'intérêt général de la société, à l'intérêt particulier des accusés et à celui des autres intéressés.

La Commission de législation est d'avis que cette loi est digne de vos suffrages.

MOTIFS

Du Livre II, Titre IV, Chapitre I à V,

PRÉSENTÉS PAR M. LE COMTE BERLIER,
Orateur du Gouvernement.

Séance du premier décembre 1808.

MESSIEURS,

S'il est peu de principes qui ne soient susceptibles d'exceptions, il est également peu de systèmes qui ne comportent des modifications dans quelques-unes de leurs parties.

Les dispositions du Code d'instruction criminelle qui vous sont déja connues, ont posé dans cette matière les règles du droit commun : le titre dont nous venons aujourd'hui vous offrir les cinq premiers chapitres, traite de *quelques procédures particulières.*

Le nom seul de ce titre indique qu'il se compose d'objets divers et qui n'ont pas entr'eux une vraie connexité; si ce travail, pour être bien compris, n'a pas besoin de cette attention forte et soutenue qu'appelle l'exposition d'un plan général, il a, pour être écouté avec patience, besoin de tout l'intérêt que vous savez accorder aux nombreux détails de notre législation.

Le premier chapitre du titre des procédures particulières, traite *du faux* : telle est la nature de ce crime, qu'il exige une instruction spéciale, principalement dans tout ce qui tend à constater l'état de la pièce fausse, et à régler les caractères et l'emploi de celles qui doivent lui être comparées.

Cette partie de l'instruction ne saurait, par sa nature même, ne pas admettre une certaine conformité dans quelqu'ordre de procédure que ce soit : aussi la loi du 29 septembre 1791 avait-elle sur ce point emprunté plusieurs dispositions de l'ordonnance criminelle de 1670 ; et la loi du 3 brumaire an 4 qui nous régit aujourd'hui, a-t-elle, en beaucoup de points, copié la loi de 1791.

Le projet qui vous est soumis en ce moment apporte bien peu de changements à cette loi du 3 brumaire an 4 ; et en me conformant à la marche suivie jusqu'à ce jour par les orateurs qui vous ont présenté les premières parties du Code en discussion, je me bornerai à fixer votre attention sur les dispositions du nouveau projet, qui tendent à introduire des changements ou modifications de quelque importance dans la législation qui nous régit aujourd'hui.

Dans l'état actuel de cette législation, la plus légère infraction des formes prescrites pour assurer l'état des pièces arguées de faux, ou même des pièces de comparaison, entraîne la peine de nullité.

Ainsi, en quelque nombre que soient ces pièces, elles doivent être paraphées à chaque page par les personnes que la loi désigne, et l'omission du paraphe de l'une d'elles à une seule page d'un volumineux cahier, peut faire tomber toute la procédure.

Cette sollicitude de la loi a semblé excessive ; sans doute les citoyens doivent trouver leur garantie dans les formes, mais ces formes ne doivent pas être un piège tendu à la plus légère inattention : la cassation d'une procédure est un remède grave et qui ne doit pas être appliqué sans les plus fortes raisons.

Cet inconvénient pouvait être évité sans renoncer à des formalités reconnues utiles ; il fallait seulement les pourvoir d'une autre espèce de sanction, et c'est ce que le projet a fait : toute infraction de l'espèce que je viens de décrire donnera lieu désormais à une amende contre le greffier ; or, l'intérêt personnel est vigilant, et nous sommes fondés à croire que cette garantie vaudra bien celle qu'elle est destinée à remplacer.

Toutefois la punition du greffier pourrait être considérée comme insuffisante relativement aux parties, et notamment à l'accusé, si celui-ci ne pouvait pas pourvoir à l'entier accomplissement d'une formalité qu'il regarderait comme utile à ses intérêts, mais il le peut, c'est son droit ; et s'il en a réclamé l'application, et qu'il n'y ait pas été statué, il y aura ouverture à cassation, d'après d'autres dispositions du Code qui vous sont déjà connues et qui font partie du titre III présenté dans l'une de vos dernières séances.

Par là le but est atteint ; mais, s'il s'agit d'une omission qui, essentiellement légère ou indifférente à l'accusé, n'ait pas mérité qu'il en demandât le redressement pendant l'instruction, pourquoi y trouverait-il ensuite un moyen de cassation ?

Je crois avoir suffisamment justifié cette nouvelle disposition, et je vais en soumettre d'autres à votre examen.

La loi du 3 brumaire an 4, sans exclure formellement les écritures privées de la classe de celles qui peuvent être prises pour pièces de comparaison, n'en parle pas, et cependant il convient de s'expliquer sur un point aussi important.

Sans doute des pièces dénuées de toute authenticité ne sauraient être admises jusqu'à ce qu'elles aient acquis ce caractère ; mais s'il leur est conféré par une reconnaissance formelle, pourquoi seroient-elles exclues ? La raison s'oppose à cette exclusion, et, à défaut d'actes notariés, la nécessité peut commander d'y recourir.

Aussi, et même dans le silence de la loi, paraît-il que cela s'est ainsi pratiqué; mais, s'il n'y avait sur ce point que matière à explication, l'objet sur lequel je vais maintenant porter votre attention présente un changement assez grave.

La législation actuelle établ.. en termes positifs que les dépositaires publics *seuls* peuvent être contraints à fournir des pièces de comparaison; cette disposition, qui a sans doute eu pour but d'éviter des vexations envers de simples citoyens, a cependant porté trop loin sa sollicitude; car, puisque des écritures privées peuvent, si elles ont été antérieurement reconnues en justice, ou si elles sont suivies de reconnaissance, faire office de pièces de comparaison, et qu'elles seront quelquefois nécessaires, il est conséquent et juste que le simple particulier, dépositaire de telles écritures, puisse être obligé à les produire; quand l'ordre public qui veille pour la société entière réclame cette production, c'est pour tout citoyen un devoir d'y déférer, et ce principe est d'ailleurs puisé dans le droit romain (1).

Toutefois il ne faut pas qu'une telle disposition dégénère en abus, ni que le dépositaire privé soit exposé à une contrainte immédiate; car il peut n'avoir pas les écritures qu'on aurait articulé être en sa possession; ou, s'il avoue les avoir, il peut être gravement intéressé à ne pas les produire toutes; et il est possible que la justice se contente d'une production partielle, lorsqu'elle sera jugée suffisante : ceci est donc l'objet d'explications préalables que les juges apprécieront de manière à concilier ce qui

_____

(1) *Vid. Leg.* 22, *C. de fide instrumentorum.*

n.

est dû au tiers dépositaire, avec ce qu'il doit lui-même à l'ordre public.

Je n'ai plus, Messieurs, à vous entretenir, sur les matières contenues au chapitre *du faux*, que d'une disposition finale relative à la fausse monnaie, aux faux papiers nationaux et aux faux billets de banque.

Cet objet est d'une si haute importance, et le crime qu'il est question d'atteindre compromet si essentiellement la fortune publique, qu'on a senti le besoin de donner la plus grande activité aux recherches, et c'est dans cette vue que la loi du 3 brumaire an 4 a écarté toutes les entraves qui pouvaient résulter des limites territoriales de la juridiction.

Les motifs qui ont dicté cette disposition n'ont rien perdu de leur force et subsisteront dans tous les temps; il serait fâcheux que le juge ou l'officier de police judiciaire qui, muni des premiers documents, a commencé les visites nécessaires en pareil cas, ne pût les continuer hors de son ressort : car il en résulterait des lenteurs qu'il importe essentiellement d'éviter.

Mais, si cette extension de territoire peut être utilement attribuée à des magistrats qui s'occupent habituellement de la distribution de la justice, elle a semblé ne pas convenir également à une multitude d'autres agents désignés dans la loi du 3 brumaire an 4.

Cette restriction obtiendra sans doute votre assentiment, car le droit extra-territorial que nous examinons pourrait, comme la plupart des institutions qui sortent du droit commun, dégénérer en abus, s'il n'était pas confié à des mains exercées, et si l'emploi n'en était pas sagement dirigé.

J'ai indiqué les principaux changements que subira l'instruction sur le faux; instruction d'ailleurs qui ne s'applique qu'au cas où l'auteur du faux est désigné et poursuivi ; car, s'il s'agit simplement de statuer sur le sort d'une pièce arguée de faux, sans incrimination de personne, c'est le cas du faux incident civil réglé par les articles 214 et suivants du Code de procédure civile.

Je passe au chapitre II, intitulé *des contumaces.*

Parmi les innovations que présente ce chapitre, il en est une qui, par son importance, mérite d'être traitée la première ; c'est celle qui tend à attribuer aux cours le jugement des contumax, *sans assistance ni intervention de jurés.*

Les cours consultées sur le projet de Code ont, pour la plupart, donné leur adhésion formelle ou tacite à ce changement ; mais cependant quelques-unes d'entre elles ont manifesté des inquiétudes, et leur intérêt s'est porté sur les hommes faibles que l'appareil d'une procédure criminelle épouvante, et qui, bien qu'innocents, n'osent se présenter à la justice.

Cette sollicitude serait juste sans doute, s'il pouvait résulter de la nouvelle disposition que la seule absence dût être considérée comme la preuve de la culpabilité, et si les juges qu'on propose de substituer aux jurés recevaient le mandat exprès de déclarer toujours le contumax coupable ; mais une doctrine aussi barbare est loin de l'esprit et du texte de notre projet, et la seule question est de savoir par qui sera prononcée ou l'absolution ou la condamnation du contumax : de puissants motifs ont fait préférer, dans cette espèce, les juges aux jurés.

Le ministère de ceux-ci paraît peu compatible avec des formes de procédure où il n'y a ni débats, ni dépositions orales de témoins : ce qui doit amener la conviction du jury, c'est ce drame terrible où tout est en action autour de lui ; ce qui doit l'éclairer, c'est cette multitude de circonstances qu'il ne peut saisir qu'en voyant les accusés et les témoins.

Otez ces éléments, et le jury est sans base : comment donc la loi de brumaire an 4 a-t-elle pu maintenir le ministère des jurés dans le jugement des contumax, tout en reconnaissant qu'en ce cas il suffisait de leur lire la procédure et les dépositions écrites des témoins qui ne sont pas même appelés pour déposer devant eux ?

Puisque tout se réduit à des lectures de pièces, à l'examen d'une procédure écrite, et à une froide analyse de circonstances plus ou moins établies au procès, c'était déplacer toutes les idées que de ne pas laisser aux juges le soin d'y statuer. Les rétablir dans ce droit, c'est d'ailleurs dégager l'instruction de la contumace d'éléments qui la compliquent sans utilité et sans intérêt pour le contumax, puisqu'en l'absence de preuves suffisantes, il devra également être absous, et qu'en cas de condamnation il pourra, en se représentant, anéantir l'arrêt qui la prononce.

C'en est assez sans doute pour justifier ce changement, et il me reste à vous en indiquer un autre qui, fondé sur les idées les plus libérales, ne saurait manquer d'obtenir votre assentiment ; je veux parler de la restitution des fruits ou revenus des biens séquestrés durant la contumace.

Dans l'état présent de notre législation, ces fruits et revenus sont séquestrés au profit de l'État et *lui appartiennent irrévocablement* ; la loi du 3 brumaire an 4 contient une disposition expresse à ce sujet.

Cette confiscation des fruits était-elle juste et commandée par l'intérêt public ? On ne l'a point pensé. A la vérité, si l'on recourt aux anciens usages de la monarchie, l'on y voit le contumax placé *extra sermonem Regis*, ce que Montésquieu traduit par ces mots, *hors la protection du Roi* ; et l'on sent bien qu'un tel état de choses devait entraîner les confiscations à sa suite.

Mais, sans considérer ce qui existait dans ces anciens temps, ou même à des époques plus rapprochées de nous, qu'y a-t-il d'essentiellement important dans la matière qu'on discute, et quel est le but que la loi doit se proposer ? C'est d'obliger le contumax à se représenter ; tout ce qui tend à cette fin est utile, tout ce qui irait au-delà est de trop.

D'après ces données, l'on conçoit toute l'utilité du séquestre : en effet, il ne faut pas, en laissant au contumax la possession de ses biens et la jouissance de ses revenus, le mettre dans le cas de perpétuer sa désobéissance à la loi.

En le privant de la jouissance de ses biens, la loi emploie le plus puissant mobile qu'elle ait en son pouvoir, pour l'obliger à se représenter ; mais l'expectative de la réintégration sera une prime d'autant plus efficace, qu'elle sera moins accompagnée de restrictions, et que la soumission du contumax lui sera plus profitable.

La confiscation irrévocable des fruits et revenus échus durant la contumace irait donc contre le but qu'on doit se proposer, et elle serait surtout extrêmement dure envers l'homme qui, ayant purgé sa contumace, serait reconnu innocent.

Je crois en avoir assez dit, Messieurs, pour justifier cette nouvelle disposition.

Le surplus du chapitre sur la contumace n'offre rien qui diffère sensiblement des dispositions qui régissent aujourd'hui cette matière, et surtout il n'en présente aucune dont la simple lecture ne suffise pour en justifier la convenance et l'utilité.

Je passe donc au chapitre 3, intitulé, *des crimes et délits commis par des juges hors de leurs fonctions et dans l'exercice de leurs fonctions.*

L'instruction dont les règles sont posées dans cette partie du projet, ressemble peu à celle comprise dans le titre 17 de la loi du 3 brumaire an 4. Les changements qui ont eu lieu depuis cette époque, et dans les constitutions politiques de l'État, et dans l'organisation même des tribunaux, ont prescrit de grandes innovations dans la matière que nous allons traiter.

Je ne chercherai donc point à rapprocher ce qui échappe à toute comparaison; et je me bornerai à vous exposer les nouvelles vues qui ont présidé à cette partie du projet.

Il s'agit ici de crimes ou délits commis par des membres de l'ordre judiciaire; et s'il est pénible d'avoir à se placer dans des hypothèses où la conduite de quelques-uns de ces magistrats pourra donner lieu à des poursuites contre eux, il est consolant de penser que leur bonne composition et la régularité de leurs travaux rendront ces hypothèses bien rares, et que, s'il convient de s'en occuper, c'est que la loi doit prévoir ce qui arrive très-rarement, comme ce qui arrive tous les jours.

Si un juge de paix ou un membre de tribunal correctionnel ou de première instance, commet un délit susceptible d'une peine correctionnelle, par qui sera-t-il poursuivi et jugé? Le sera-t-il par les mêmes voies et par les mêmes juges qu'un simple particulier?

Le projet attribue la connaissance de ces délits aux cours impériales qui y statuent en premier et dernier ressort : les motifs de cette attribution sont faciles à saisir.

En effet, s'il s'agit d'un simple délit commis dans l'exercice des fonctions, le droit de discipline, naturellement dévolu au supérieur sur l'inférieur, devient ici attributif de la juridiction; et s'il est question d'un délit commis hors les fonctions, l'ordre public réclame encore cette attribution, surtout si l'inculpation est dirigée contre un magistrat, membre d'un tribunal de première instance ou de police correctionnelle: car, s'il avait son propre tribunal pour juge, ne devrait-on point redouter ou une excessive indulgence, ou une trop grande rigueur?

Dans une telle conjoncture, et même lorsqu'il s'agit d'un délit imputé à un juge de paix, il est bon que les dispensateurs de la justice soient pris dans un ordre plus élevé, et parmi des hommes assez forts pour rassurer la société entière contre l'impunité de certains fonctionnaires, et pour protéger ceux-ci contre d'injustes poursuites.

Cette double garantie se trouve dans la compétence donnée aux cours impériales pour connaître immédiatement des délits de police correctionnelle commis par les juges de première instance ou de paix, dans leurs fonctions ou dehors: point d'impunité, point de vexation; voilà le but qu'on atteindra par une mesure qui tend d'ailleurs à investir les cours d'une plus grande considération, et à établir dans la hiérarchie judiciaire un ressort qui lui manque aujourd'hui.

Je n'ai jusqu'ici parlé que des délits de police correctionnelle; mais il peut s'agir de la répression de crimes beaucoup plus graves, et qui soient l'ouvrage ou d'un tribunal entier ou de quelques juges individuellement.

Déja le sénatus-consulte du 28 floréal an 12 a statué que la forfaiture des cours serait poursuivie devant la haute-cour impériale, et jugée par elle; et il eût été non moins inconvenant qu'inutile de répéter des dispositions consacrées par un acte aussi solennel; mais il convenait de le prendre pour régulateur de ce qui reste à faire dans cette partie.

Ainsi le sénatus-consulte du 28 floréal an 12 n'a statué que sur la forfaiture qui serait commise collectivement par une cour, et non sur celle qui serait individuellement imputable à l'un ou plusieurs membres de cette cour; dans ce cas, comme dans celui où il s'agirait d'un crime imputé à un tribunal entier de police correctionnelle, de commerce ou de première instance, il a paru convenable d'attribuer à la cour de cassation une première juridiction, qu'elle exercera avec solennité et avantage pour l'ordre public et les prévenus.

De même, s'il s'agit de forfaiture ou autre crime imputé individuellement, et dans l'exercice de ses fonctions, à un juge de rang inférieur, les fonctions du juge d'instruction et du procureur impérial, seront immédiatement remplies par le premier président de la cour impériale et le procureur général près cette cour.

Dans cette combinaison, l'on est resté fidèle à ce principe, que dans la répression des crimes imputés à des juges, les premières autorisations devaient venir d'assez haut pour obvier tout à la fois à l'impunité des juges qui seraient vraiment coupables, et aux vexations auxquelles se trouvent quelquefois en butte ceux qui remplissent un grave et difficile ministère.

Voilà la clef de toute cette partie du projet, et si j'ai indiqué des attributions qui sortent de l'ordre commun, elles ne s'appliquent qu'à certains actes ou jugements qui, constituant l'accusation, ne vont jamais au-delà, et après lesquels le juge ou le tribunal prévenu de crimes est renvoyé devant la cour compétente, et reste soumis aux formes ordinaires.

En lisant dans tous leurs détails les articles qui se rapportent à cette espèce de procédure, vous jugerez, Messieurs, s'ils remplissent bien les vues que je vous ai exposées.

Je dois rendre compte maintenant de celles qui ont dicté le chapitre IV, intitulé *des Crimes et des Délits contraires au respect dû aux autorités constituées*.

Un titre semblable existe dans la loi du 3 brumaire an 4, et nulle législation ne saurait être entièrement muette sur un point qui intéresse aussi essentiellement l'ordre public.

Toutefois, Messieurs, ce n'est point ici que se trouveront retracées les peines qu'il convient d'infliger à de tels crimes ou délits; ces peines appartiennent au Code pénal, et il n'est en ce moment question que du mode de les poursuivre et de les juger.

Si l'on jette un coup-d'œil sur la législation actuelle, il sera aisé de se convaincre qu'elle n'est point assez répressive, et que les magistrats ne sont pas armés d'un pouvoir suffisant pour se faire respecter.

Un emprisonnement de huit jours, par forme de police, est le *maximum* de la peine que les cours même peuvent infliger incontinent à ceux qui les ont outragées dans l'exercice de leurs fonctions; et si le fait mérite une peine plus grave, elles ne peuvent que renvoyer le délinquant devant les autorités compétentes, pour y subir l'épreuve d'une instruction correctionnelle ou criminelle, selon la nature et la gravité du crime ou du délit.

Un tel renvoi, qui ne fait qu'attester l'impuissance des magistrats outragés, a semblé peu propre à leur garantir le respect qui leur est dû, et le besoin de chercher des vengeurs hors de leur propre enceinte a paru, en ce qui regarde les cours et tribunaux, contraster avec leur institution même.

Écoutons la loi romaine : *Omnibus magistratibus......* *secundùm jus potestatis suæ concessum est jurisdictionem suam defendere pœnali judicio. Leg. unic. ff. Si quis jus dicenti non obtemperaverit.*

Ce texte renferme d'une manière précise la pensée principale qui a présidé à la rédaction du chapitre que nous examinons, et qu'il convient de coordonner avec quelques autres idées prises dans la constitution hiérarchique de l'ordre judiciaire.

Ainsi, en accordant aux cours et tribunaux le droit de statuer incontinent sur les crimes ou délits qui les blessent, et qui ont été commis à l'audience même, l'on conçoit pourtant que toutes les autorités judiciaires ne sauraient jouir d'un tel droit avec la même latitude, et qu'un juge seul, par exemple, ne peut être investi du même pouvoir qu'une cour toute entière, ni un tribunal sujet à l'appel, revêtu de la même autorité qu'une cour qui prononce en dernier ressort.

C'est d'après ces données que le projet statue que les peines de simple police prononcées en cette matière seront sans appel, de quelque tribunal ou juge qu'elles émanent, et que celles de police correctionnelle seront seulement prononcées à la charge de l'appel, si elles émanent d'un tribunal sujet à l'appel ou d'un juge seul.

C'est aussi en suivant le même plan, que lorsqu'il s'agit d'une poursuite criminelle, et de peines afflictives ou infamantes, les juges inférieurs qui ne peuvent y pourvoir, doivent renvoyer le prévenu devant le juge compétent.

Mais, si le crime a été commis devant des juges supérieurs et à l'audience d'une cour, l'élévation de tels juges, leur nombre et le besoin de les faire jouir de tout le respect qui leur est dû, ont tracé leur compétence, et la leur ont assurée sans restriction.

Cette attribution accidentelle est faite même à la cour de cassation, quoique par son institution elle ne doive prononcer sur le fond d'aucune affaire; mais il s'agit ici d'atteintes portées à sa dignité, dans le sanctuaire même de la justice, et la cour suprême ne saurait, en de telles conjonctures, être armée d'un pouvoir moindre que celui des autres cours de l'Empire.

Au reste, si, dans les cas, très rares sans doute, où les cours auront à faire usage de ce pouvoir, l'instruction doit être rapide, il doit aussi être pourvu à la défense du délinquant, et le projet n'a point perdu de vue cet objet important.

Il exige une forte majorité de voix pour opérer la condamnation, et la raison en est sensible: car, dans un crime flagrant qui se passe sous les yeux d'une cour, l'évidence du fait ne saurait admettre un dissentiment notable dans les opinions; et si ce dissentiment existe à un certain degré, il doit tourner au profit du prévenu.

Telles sont, Messieurs, les vues principales du chapitre 4, dans lequel on a regretté de ne pouvoir donner à l'autorité administrative offensée dans ses fonctions, des moyens de répression aussi directs et aussi étendus que ceux qui sont attribués à l'autorité judiciaire: mais la nature de nos institutions s'y opposait; et si des administrateurs peuvent faire saisir et conduire dans la maison d'arrêt tout individu qui les a offensés, outragés ou blessés dans l'exercice de leur ministère, c'est à la justice à les venger ultérieurement.

Il me reste à vous entretenir très sommairement de l'objet du chapitre 5, relatif à la manière dont sont reçues *les Dépositions des princes et de certains fonctionnaires de l'État.*

La loi du 3 brumaire an 4 ne contient nulles dispositions correspondantes à celles de ce chapitre; elle fut faite dans des circonstances différentes de celles où nous sommes, et l'on conçoit que les changements politiques opérés depuis ce temps ont dû en apporter aussi dans nos institutions civiles.

En considérant notre position actuelle, on a pensé que certaines personnes, à cause de l'éminence de leur rang dans l'État, et un plus grand nombre, à cause de l'importance de leurs fonctions, ne devaient pas être facilement distraites de leur résidence pour témoigner en justice, et l'on a substitué pour ce cas, aux formes communes, un mode particulier de dépositions écrites, qui rempliront éminemment le vœu général de la loi pour la partie de l'instruction qui précède les débats.

A l'égard des débats mêmes, on ne s'est pas dissimulé toute la difficulté qu'il y avait de suppléer par des témoignages écrits à des dépositions orales ; aussi le projet, en ce qui regarde les hauts fonctionnaires qui y sont désignés, ne les délie-t-il point de l'obligation commune de comparaître devant le jury, mais admet-il seulement la possibilité d'une dispense par décret impérial : remarquons d'ailleurs que, si cette dispense est un privilège légal pour les princes, ce privilège cessera toutes les fois que l'Empereur, sur la demande d'une partie ou sur le rapport du grand-juge, aura autorisé ou ordonné la comparution en personne.

Ainsi les modifications que renferme ce chapitre, et qui ont semblé commandées par la nature des choses, se trouvent elles-mêmes susceptibles d'être restreintes selon les circonstances que le souverain seul peut apprécier,

comme placé au sommet de l'ordre politique dans l'intérêt duquel l'exception est introduite.

Espérons donc que l'application n'en sera point abusive, et que la comparution en témoignage, devant le
jury même, des personnes qui sont l'objet de cette discussion, aura lieu toutes les fois qu'éminemment utile au
procès, elle ne sera point radicalement empêchée par des
motifs d'un ordre supérieur.

Je vous ai exposé, Messieurs, les vues principales du
cinquième projet de loi dépendant du Code d'instruction
criminelle.

Les changements sur lesquels j'ai spécialement porté
votre attention, promettent des améliorations que nous
espérons voir bientôt confirmées par l'expérience.

Au premier rang des ces améliorations, vous placerez,
sans doute, les nouveaux moyens de force et de considération dont le projet tend à environner l'ordre judiciaire.

Dans cette partie, surtout, nous n'avons fait que
suivre l'impulsion du génie qui préside à nos institutions
et les vivifie toutes : la volonté de l'Empereur est de
donner à la magistrature des fondements solides, et vous
vous empresserez, sans doute, de seconder des vues aussi
utiles.

O.

RAPPORT

Sur le Titre IV du Livre II du Code d'instruction criminelle.

PAR M. CHOLET,
Membre de la commission de législation.

Séance du 12 décembre 1808.

MESSIEURS,

LE projet de la cinquième loi, dont se composera le Code d'instruction criminelle, détermine les exceptions qui doivent être apportées aux règles générales établies par les quatre premières parties de ce Code.

La Commission de législation a examiné ce projet; je suis chargé de vous soumettre ses observations.

Lorsque des exceptions sont nécessaires, lorsqu'elles ne sont pas nombreuses, loin de nuire à la règle, elles la confirment. Vous déciderez si les exceptions proposées remplissent ces conditions.

Le premier chapitre traite *du faux*.

La nature de ce crime exige, dans la manière de le constater, des formes particulières. Ces formes, dont l'objet principal est de fixer l'état des pièces arguées de faux, avaient été réglées par la loi du 3 brumaire an 4. Le projet y apporte quelques modifications.

Cette loi prononce la peine de nullité pour l'omission des moindres formalités qui sont prescrites. Celui qui représente la pièce arguée de faux, l'officier qui la reçoit, le plaignant, l'accusé, les témoins; les juges doivent parapher la pièce à toutes ses pages, à peine de nullité.

Ces paraphes sont sans doute utiles, mais ils ne sont pas toujours indispensables : de ce qu'ils auraient été omis par quelqu'une des personnes que nous venons de désigner ou sur quelques feuillets de la pièce, il n'en résulterait pas toujours que la justice se serait égarée dans sa décision; et conséquemment que l'instruction doive être annullée et recommencée.

C'est pour constater l'identité de la pièce fausse, que les paraphes sont ordonnés : si, indépendamment des paraphes, l'identité est certaine, si elle n'est pas contestée, les paraphes ne seront pas utiles. La loi, dans ses vues générales, doit les prescrire; les circonstances détermineront si, de ce qu'ils n'auront pas été faits, il y aura nullité.

Il est juste qu'il y ait nullité si les parties intéressées ou quelques-unes d'elles ont requis les paraphes, et si, malgré leurs réquisitions, il n'y a pas été procédé. Si, au contraire, les parties intéressées sont restées indifférentes sur l'apposition de ces paraphes, il est évident qu'ils n'étaient pas nécessaires à l'instruction.

Cependant, comme il serait dangereux de laisser les officiers ministériels juges de la convenance d'une formalité ordonnée comme souvent nécessaire, la loi qui vous est présentée condamne à des amendes les fonctionnaires qui remettront ou recevront, sans les parapher, les pièces arguées de faux et les pièces de comparaison.

Ces peines ont paru suffisantes pour disposer l'attention des fonctionnaires à remplir dans tous les cas la formalité du paraphe : si quelquefois elle ne l'est pas, et si les intéressés la jugent nécessaire, ils demanderont qu'elle soit observée : le refus de l'accorder opérera alors nullité. Vous

vous souvenez, Messieurs, que c'est l'une des dispositions de la quatrième loi que vous avez sanctionnée.

Ainsi, moins de nullités préjudiciables à l'expédition
des procès criminels, et néanmoins garantie suffisante des
droits de toutes les parties.

Quelques autres changements sur le point qui nous
occupe ont été apportés à la loi de brumaire.

Elle n'admet pas expressément la faculté de recevoir
pour pièces de comparaison les écritures privées, dans
l'usage, il est souvent impossible de s'en procurer d'autres. La loi proposée tranche la question ; les écrits sous
seing privé seront admis comme pièces de comparaison,
lorsque d'ailleurs ces écrits seront incontestables.

La loi de brumaire oblige par corps les officiers publics
à fournir les pièces de comparaison dont ils sont dépositaires. La loi proposée impose la même obligation aux
dépositaires privés, à moins qu'ils ne présentent aux
juges des raisons valables pour en être dispensés. En
effet, pourquoi, sans autre motif que leur caprice, les
personnes privées se refuseraient-elles à fournir aux tribunaux les moyens d'éclairer la justice ?

Lorsqu'il s'agit de dénonciations du crime de fausse
monnaie, ou de faux papiers qui ont le caractère de monnaie, la loi existante autorise tous les officiers de police,
sans distinction, à suivre la recherche du délit et du coupable, même hors de leur ressort. On vous propose,
Messieurs, de ne confier à l'avenir ce droit qu'aux magistrats : leur caractère garantit qu'ils n'abuseront pas de
cette faculté qui, même en leurs mains, serait exorbi-
tante si la considération de la fortune publique n'en ré-
clamait pas impérieusement l'usage.

Le chapitre II traite *des contumaces* ; il présente un
changement important.

La loi de brumaire veut que les accusés contumaces soient jugés sur déclarations du jury.

Il ne peut y avoir de débat, puisque l'accusé n'est pas présent : les témoins ne sont pas appelés, ils seraient vainement entendus ; les dépositions orales n'acquièrent de force que par la contradiction que peut leur opposer l'accusé.

On donne donc aux jurés lecture des plaintes, des procès-verbaux, des déclarations écrites des témoins : c'est d'après cette lecture que les jurés prononcent, c'est-à-dire, que leur décision se forme d'éléments absolument opposés à la nature de leur institution, qui réclame l'instruction orale.

Aussi l'espèce d'instruction faite devant les jurés, en matière de contumace, n'est en quelque sorte qu'une pure formalité. Fatigués par la lecture de longues procédures, leur attention se porte toute entière sur le réquisitoire du procureur général, ou sur le résumé du président, et en cela encore le but de l'institution n'est pas atteint.

Il est donc vrai qu'en matière de contumace, l'emploi des jurés est une erreur de la législation ; il est plus convenable, même à l'intérêt de l'accusé absent, de confier son sort à l'expérience des juges qui examineront les charges avec attention, que de l'abandonner à la conscience des jurés, pour laquelle il n'existe de vraie source de conviction que dans la chaleur et la contradiction d'un débat : c'est ce que la loi proposée prescrit.

Vous regarderez sans doute, Messieurs, ce changement comme une amélioration. Il ne comporte aucun inconvénient, puisqu'en supposant que la sévérité des juges leur fit rendre un arrêt trop rigoureux, l'accusé, en se représentant, fera tomber sa condamnation.

Le projet présente une autre amélioration favorable aux condamnés par contumace.

La loi de l'an 4 ordonne que, pendant la durée de leur absence, leurs biens seront séquestrés, et que les revenus en demeureront acquis au fisc. La loi proposée ne maintient point la dernière partie de cette disposition rigoureuse.

Sans doute il est juste de contraindre le contumax, par toutes les voies de la nécessité, à se représenter à la justice. S'il est coupable, la privation de la jouissance de ses revenus n'est pas encore une peine assez forte; s'il est innocent et qu'il n'ait différé de se représenter que parce qu'il aura douté de la justice et de la loyauté de ses juges, un tort de cette espèce doit-il être puni par la confiscation? L'accusé qui le répare en se représentant, doit-il perdre les revenus échus pendant son absence? La peine serait plus forte que la faute, ou plutôt elle se perpétuerait quand la faute serait effacée.

La loi qui vous est présentée ordonne que les revenus séquestrés de l'accusé absent, lui seront rendus lorsqu'il se présentera pour purger la contumace : s'il décède avant de s'être représenté, les régisseurs de ses biens rendront compte des revenus à ceux qui exerceront ses droits.

Vous approuverez, Messieurs, cette disposition; vous y verrez un des effets de ce retour aux idées libérales qui signalent le gouvernement de l'EMPEREUR, et vous vous honorerez de participer à une législation qui préfère l'équité à l'intérêt du fisc.

Le chapitre III *des crimes et délits commis par des juges hors de leurs fonctions et dans l'exercice de leurs fonctions*, apporte aux règles posées dans la loi de brumaire, des changements que réclamaient nos nouvelles institutions et la constitution actuelle de l'ordre judiciaire.

En l'an 4, le système de l'égalité absolue avait encore présidé à la formation de la loi; revenus à des idées plus saines, nous rendons aux anciens, aux vrais principes d'ordre public, leur faveur et leur force.

Sans doute, Messieurs, la loi dont vous vous occupez n'aura que de rares applications, d'après les soins du chef de l'Empire à composer de sujets dignes ses cours et tribunaux. Cependant, comme il est possible que des juges compromettent dans la société, et comme particuliers, la considération que toujours ils y doivent conserver; qu'il est même possible encore que quelques-uns d'entre eux, dans l'exercice de leurs fonctions, oublient que leur premier devoir est d'être désintéressés, impartiaux et justes; que peut être enfin (et cela est plus probable) quelques magistrats seront accusés en haine de leur rigide intégrité; la loi doit régler le jugement des plaintes qui pourraient être formées contre les juges; elle le doit faire par des dispositions spéciales et d'exception au droit commun, afin que ces plaintes soient examinées et jugées, sans acception de leurs personnes et de leurs offices.

Il y aurait double danger, soit de faveur, soit de rigueur, à ce que les plaintes qui seraient portées contre les membres des cours et tribunaux, fussent soumises à l'examen de leurs collègues, des juges de leur domicile.

C'est donc hors des lieux de leur résidence et de l'exercice de leurs fonctions, c'est devant des juges puissants et éloignés des intrigues que l'esprit de vengeance pourrait ourdir, que les magistrats accusés doivent être jugés. C'est ainsi qu'on peut être certain que le juge qui aura violé les lois n'échappera pas à la peine qui doit l'atteindre, et en même temps que le magistrat intègre et ferme qui, pour être fidèle à ses devoirs, aura bravé la haine, ne deviendra jamais victime d'un injuste ressentiment.

La loi qui vous est proposée atteindra ce but.

Les plaintes rendues contre les juges inférieurs, pour contraventions ou délits, seront examinées et jugées par la cour impériale.

La première instruction sur les plaintes des crimes qui seraient imputés à ces juges, est attribuée au procureur général et au premier président de la cour impériale, qui pourront déléguer ces fonctions. Une autre cour impériale admettra ou rejettera l'accusation.

Si le délit ou le crime est imputé à un membre d'une cour impériale, la plainte et les renseignements qui pourraient la justifier seront examinés par le grand-juge; les fonctions d'officier de police judiciaire et de juge d'instruction seront remplies par le procureur général et le premier président de la cour de cassation. L'une des sections de cette cour jugera s'il y a lieu à accusation. Si elle est admise, l'accusé sera renvoyé devant une cour d'assises indiquée par la cour de cassation.

Il a paru à la Commission de législation que toutes ces dispositions, en consacrant une hiérarchie convenable entre les divers tribunaux et leurs membres, mettaient la dignité des juges à l'abri des attaques iniques. Elles assurent aussi des jugements impartiaux et sévères sur les plaintes fondées que les justiciables se trouveraient forcés d'intenter contre leurs propres juges.

Le chapitre IV intitulé, *des délits contraires au respect dû aux autorités constituées*, renouvelle quelques dispositions de la loi de Brumaire; ce sont celles qui autorisent les magistrats de l'ordre judiciaire et ceux de l'ordre administratif à faire cesser les troubles apportés à leurs audiences, en ordonnant aux perturbateurs de se retirer ; et, s'ils s'y refusent, en les faisant conduire pour vingt-quatre heures dans la maison d'arrêt.

Les autres articles du projet contiennent de grandes améliorations.

Suivant la loi de brumaire, si le tumulte dans les audiences est accompagné de contraventions, de délits ou de crimes, le pouvoir des juges, quelle que soit leur dignité, se borne à constater le fait par procès-verbal ; ils doivent renvoyer le prévenu devant le juge ordinaire.

La punition ainsi suspendue perd beaucoup de l'effet salutaire que produit l'exemple ; d'ailleurs l'époque du jugement dépend de la célérité de l'instruction par l'officier de police ; et les considérations qui naissent presque toujours du flagrant délit, n'ont plus sur la décision des juges l'influence utile qu'elle doit en recevoir.

Le projet qui vous est soumis évite ces inconvénients.

Il a été impossible d'attribuer aux magistrats de l'ordre administratif des moyens de répression plus étendus que ceux qui leur ont été donnés par la loi de brumaire : ils feront arrêter les délinquants ; ils ne pourraient rendre contre eux de jugements, sans usurpation du pouvoir judiciaire.

Les juges de police, les tribunaux de première instance, les cours jugeront à l'avenir immédiatement, et suivant leurs compétences respectives, les délinquants surpris en flagrants délits pendant leurs audiences.

Les contraventions de police seront jugées, sans appel, par tous les juges inférieurs.

Les tribunaux de première instance prononceront, sauf l'appel, sur les délits correctionnels.

p

Les crimes commis pendant les audiences des juges et tribunaux, seront par eux constatés; ils seront jugés dans les formes ordinaires.

Les contraventions, les délits, les crimes commis pendant les audiences de la cour de cassation et des cours impériales, seront par elles jugées *sans désemparer*.

Ainsi l'énergie nécessaire est rendue aux corps judiciaires pour punir les délits qui, en leur présence, seraient commis au mépris de leur dignité; la crainte de leur pouvoir contiendra les perturbateurs, et le peuple reprendra l'habitude du respect qu'il est si nécessaire qu'il porte à ses juges.

Il ne me reste plus, Messieurs, à vous parler que du chapitre V, qui traite de la manière dont seront reçues, en matières criminelle, correctionnelle et de police, les dépositions des princes et de certains fonctionnaires de l'État.

L'application de cette partie de la loi sera rare; peu souvent, sans doute, les princes et les grands fonctionnaires de l'État seront appelés comme témoins dans les procès criminels : mais enfin leurs témoignages peuvent être demandés.

Il nous a paru que les dispositions qui, à ce sujet, vous sont proposées, concilient ce qui est dû à la nécessité d'éclairer la justice avec le respect exigé par la qualité éminente des princes : elles pourvoient avec prudence à ce que les personnes chargées de l'exécution des grands desseins de l'EMPEREUR ne soient pas sur de légers prétextes détournées de leurs fonctions importantes.

Ici se termine, Messieurs, le compte que nous avons à vous rendre du projet de loi soumis à votre examen.

Vous avez vu, dans chacune de ses parties, que les

exceptions qu'elles contiennent ont pour objet l'intérêt même de la justice.

En y donnant votre sanction, ainsi que j'ai l'honneur de vous le proposer au nom de la Commission de législation, vous ajouterez à l'œuvre déjà très avancé de la formation du Code de procédure criminelle, c'est-à-dire, de l'un des moyens les plus efficaces d'assurer la tranquillité publique.

MOTIFS

Du Livre II, Titre IV, Chapitre VI à VII,

PRÉSENTÉS PAR M. LE COMTE BERLIER,
Orateur du Gouvernement,

Séance du 2 décembre 1808.

MESSIEURS,

Les trois premiers titres du livre II du Code d'instruction criminelle, et les premiers chapitres du titre IV, formant ensemble cinq projets de loi, vous ont été successivement présentés, et vous en avez déja sanctionné deux par vos suffrages.

Nous venons aujourd'hui vous présenter le sixième projet qui complète le titre IV et règle la marche et les formes *de quelques procédures particulières,* notamment le mode de reconnaissance de l'identité des individus condamnés, évadés et repris.

Notre ancienne législation criminelle était muette sur la manière de reconnaître et de constater l'identité d'un individu présenté à la justice comme un coupable condamné, évadé et repris.

Cette lacune n'était rien moins qu'indifférente.

S'il importe à la société que le crime n'échappe pas à la peine que la loi inflige; s'il lui importe de ne pas voir rentrer dans son sein le scélérat qui l'a déja troublée et qui viendrait y apporter de nouveaux sujets d'alarmes, ou y consommer de nouveaux attentats; il n'importe pas moins à la sûreté individuelle, et à la tranquillité individuelle du citoyen, de pouvoir, dans le cas possible d'une arrestation qui pourrait n'être fondée que sur une méprise causée par une de ces décevantes ressemblances qui ont trop souvent égaré la justice, et lui ont préparé de si vifs et de si vains regrets ; de pouvoir, dis-je, trouver dans une procédure légale une ressource assurée contre le prestige qui aurait mis son honneur, sa vie ou sa fortune en danger.

Le besoin d'une telle procédure se fit sentir légalement vers la fin de l'an 8, et excita la sollicitude du tribunal criminel de l'Ardèche.

Un individu lui avait été amené comme ayant été de nouveau arrêté, après s'être soustrait par la suite à l'exécution d'un jugement qui l'avait condamné à mort.

Plusieurs questions s'élevèrent.

Et d'abord, était-ce bien là l'individu condamné ?

Comment constater l'identité de celui-ci avec l'individu arrêté ?

Le tribunal pourrait-il y procéder seul et se rendre, seul et sans assistance de jurés, juge d'une question si grave, roulant toute entière sur un seul et unique point de fait dont la loi semblait réserver la décision à un jury ?

Si un tribunal pouvait en connaître seul, était-ce à celui qui avait prononcé la condamnation à prononcer sur l'identité ?

L'individu amené pouvait-il être reçu à produire des témoins pour repousser la prétention d'identité ?

Enfin, le jugement serait-il susceptible de recours en cassation ?

Sur ces questions proposées le 4 frimaire an 8 au Corps Législatif par la commission consulaire exécutive, il fut rendu, le 22 du même mois, une loi qui lève tous les doutes qu'elles avaient fait naître, en statuant :

1° Que la reconnaissance de l'identité d'un individu

p.

condamné, évadé et repris, appartient au tribunal qui l'a jugé ;

2° Que cette reconnaissance doit être faite sans assistance de jurés, après que le tribunal a entendu les témoins appelés, tant à la requête du ministère public qu'à celle de l'individu arrêté, si ce dernier le juge nécessaire ;

3° Que tout doit être fait publiquement, en présence de l'individu arrêté, et sauf le recours au tribunal de cassation.

Les motifs de ces dispositions sont sensibles.

C'est devant le tribunal qui a prononcé la condamnation que l'identité sera discutée ; nul autre ne pourrait puiser dans son propre sein autant de lumières et de moyens de discerner la vérité.

Nulle nécessité d'appeler des jurés, parce qu'il s'agit bien moins d'un jugement à rendre, que de l'exécution d'un jugement déjà rendu avec des jurés ; qu'il n'y a plus, dès-lors, d'autre fait à constater que l'existence identique de l'individu amené avec l'individu condamné ; et que ce fait n'est pas un délit sur lequel des jurés, dont aucun d'eux pourrait n'avoir jamais connu l'individu condamné, pussent être tenus de prononcer.

Liberté entière laissée au prévenu dans ses moyens de défense. Il pourra faire entendre ses témoins, récuser, reprocher et combattre ceux qui lui seront opposés. Rien ne sera fait hors de sa présence ; l'audience sera publique, et enfin le recours sera ouvert contre l'arrêt qui interviendra.

Tout cela a paru plein de raison et de justice, et a été en conséquence adopté sans extension ni restriction. Nous y avons joint seulement une disposition relative aux condamnés à la déportation ou au bannissement, pour autoriter les juges à leur appliquer la peine attachée par la loi à l'infraction de leur ban, en prononçant l'identité. Ce délit particulier n'a besoin, en effet, d'aucune sorte d'instruction, lorsque l'identité est une fois légalement avérée.

La législation était encore restée muette sur la manière de procéder en cas de destruction ou d'enlèvement des pièces ou du jugement d'une affaire.

Le Code de brumaire an 4 s'en était occupé, et en avait fait la matière d'un titre particulier.

Nous en avons adopté les principaux articles, sauf quelques corrections de rédaction et d'appropriation à la procédure actuelle.

Ainsi, lorsque, par l'effet d'un incendie, d'une inondation ou d'une autre cause extraordinaire, des minutes d'arrêts rendus en matière criminelle ou correctionnelle, et non encore exécutés, ou des procédures encore indécises, auront été détruites, enlevées, ou se trouveront égarées, et qu'il n'aura pas été possible de les rétablir; ou il existera une expédition de l'arrêt, ou il n'existera que la déclaration du jury sur laquelle l'arrêt, qui ne se trouve plus, a été ou pu être rendu; ou enfin, la déclaration du jury n'existera pas, soit qu'elle ait disparu, soit que l'affaire ait été jugée sans jurés.

Au premier cas, c'est-à-dire, s'il existe une expédition ou copie authentique de l'arrêt, elle sera considérée comme minute, et en conséquence remise dans le dépôt destiné à la conservation des arrêts.

A cet effet, tout officier public, ou tout individu dépositaire d'une expédition ou d'une copie authentique de l'arrêt, sera tenu, sous peine d'y être contraint par corps, de la remettre au greffe de la cour qui l'a rendu, sur l'ordre qui lui en sera donné par le président de cette cour, et qui lui servira de décharge envers ceux qui auraient intérêt à la pièce.

Ici, Messieurs, votre commission législative, prévoyant le cas où ce dépositaire, après s'être dessaisi de l'expédition ou minute authentique qu'il avait en son pouvoir, pourrait en avoir besoin pour lui-même, a désiré qu'il pût avoir, en la remettant dans le dépôt public, la liberté de s'en faire délivrer une expédition sans frais; et ce vœu, plein de justice, a été rempli par une disposition ajoutée à l'article.

Au second cas, c'est-à-dire, lorsqu'il n'existera plus, en matière criminelle, d'expédition ni de copie authentique de l'arrêt, mais que la déclaration du jury existera encore en minute ou en copie authentique, on procédera, d'après cette déclaration, à un nouveau jugement.

Enfin la déclaration du jury ne pouvant plus être représentée, ou lorsque l'affaire aura été jugée sans jurés, et qu'il n'en existera aucun acte par écrit, l'instruction sera recommencée, à partir du point où les pièces se trouveront manquer, tant en minute qu'en expédition ou copie authentique.

Ces dispositions trouveront rarement, désormais, leur application, grâce aux précautions consignées dans le présent Code, pour la conservation des procédures et des jugements, pour le rassemblement et la transmission de tous les documents propres à éclairer sur la marche et la conclusion de chaque affaire jugée dans les tribunaux correctionnels et les cours d'assises et spéciales.

Telles sont, Messieurs, les dispositions des deux chapitres qui complettent le *Titre IV, relatif à quelques procédures particulières*, et sur lesquelles il serait superflu d'entrer dans de plus grands détails.

RAPPORT

Sur la suite du Titre IV du Livre II du Code d'Instruction criminelle,

Par M. Bruneau-Beaumez,
Membre de la commission de législation.

Séance du 13 décembre 1808.

MESSIEURS,

Vous avez converti en loi les dispositions du Code criminel relatives à la police judiciaire et aux officiers qui l'exercent.

Vous avez pareillement sanctionné les trois premiers titres et une partie du titre IV du livre I, concernant l'administration de la justice.

Votre Commission de législation civile et criminelle vous expose aujourd'hui ses observations sur la suite et le complément du titre IV, relatif à quelques procédures particulières et qui a pour objet :

1°. D'établir et de rendre immuables les formalités à observer pour reconnaître et constater l'identité des individus condamnés, évadés et repris ;

2°. De régler la manière de procéder légalement en cas de destruction ou d'enlèvement des pièces, ou du jugement d'une affaire.

L'intérêt de l'État, Messieurs, et la sûreté individuelle des membres qui le constituent, exigent que tout coupable condamné subisse en entier la peine due à son crime ; s'il parvient à s'y soustraire par la fuite, s'il ose rentrer dans le sein de la société avant l'expiration du terme fixé pour son châtiment, la force publique doit le saisir et l'amener aux pieds du tribunal qui a prononcé sa condamnation : lui seul est investi, par la loi, du droit de faire respecter ses jugements et d'en maintenir l'exécution.

Dans ce cas, l'assistance des jurés est expressément interdite ; ils ne peuvent être appelés aux débats et aux jugements, ni reconnaître l'identité.

La sagesse de cette prohibition se justifie d'elle-même.

En effet, Messieurs, il ne s'agit point, dans une procédure de cette espèce, d'interroger un prévenu sur les circonstances ignorées d'un crime dont il est soupçonné l'auteur ; de l'environner de jurés impartiaux, prompts à saisir, dans la simplicité et l'énergie de ses réponses, la preuve de son innocence calomniée, ou à surprendre au fond de sa conscience troublée le secret de ses remords ; mais seulement de vérifier si tel coupable, condamné, évadé et repris, est identique avec la personne arrêtée et remise sous la main de la justice. Il paraît évident que, pour établir et constater cette identité, il suffit de l'examen et de la conviction des juges. La cour, qui a prononcé la condamnation du coupable, entend publiquement ses témoins, et ceux appelés par le procureur général impérial. L'un et l'autre, néanmoins, peuvent se pourvoir en cassation contre l'arrêt rendu sur la poursuite en reconnaissance d'identité. Ce recours réciproque, à l'autorité du tribunal suprême de l'Empire, consacre les droits de l'accusé, sans amortir l'action non moins importante de la vindicte publique. La sagesse du législateur en maintiendra toujours la puissance conservatrice, puisqu'elle seule garantit et protège les éléments du pacte social, en présentant sans cesse aux violateurs des lois le pouvoir qui va les atteindre, et le glaive qui doit les frapper.

Avant la promulgation de l'ordonnance criminelle de 1670, les parlements et autres tribunaux d'appel procédaient à l'examen et au jugement des procès criminels, sur le vu des minutes des procédures instruites par les juges de première instance. Cet usage, qui s'est même maintenu dans plusieurs cours, depuis la publication de cette ordonnance, n'était pas sans motifs à une époque où les nombreux officiers chargés de rendre plainte et d'informer sur les crimes ou délits, étaient ou négligents ou inhabiles à remplir leurs fonctions. Il était naturel, il était juste alors que les cours refusassent leur confiance à des expéditions souvent altérées et tronquées, soit pour couvrir des nullités, soit pour atténuer ou aggraver les charges contre les accusés. La religieuse inquiétude des magistrats supérieurs, l'excès même de leur prudence, devenaient en quelque sorte la sauvegarde des prévenus, elle faisait leur sûreté; elle était enfin la seule égide qu'ils pussent opposer avec succès aux traits de la calomnie et de la prévention.

Cependant, Messieurs, cette circulation, ce transport perpétuel de minutes de procédures, en matière criminelle, présentaient, même dans ces temps reculés, de graves inconvénients. Trop souvent, l'infidélité, la ruse, et même la force ouverte, anéantissaient des actes dont la suppression entraînait l'impunité du crime, en soustrayant les coupables à des châtiments mérités. La disposition de l'ordonnance de 1670, qui avait défendu le déplacement des minutes d'instructions faites, et de jugements rendus, en matière criminelle, avait donc été reçue comme un bienfait. Néanmoins, cette prohibition n'a pas été et ne pouvait point être maintenue par les lois nouvelles.

L'adoption d'un mode différent d'instruction, les nullités restreintes à des cas rares et déterminés, le publicité prescrite pour les débats qui précèdent les jugements, et la diminution des écritures ont fait disparaître la plupart des inconvénients attachés au transport des minutes, pour n'en laisser apercevoir que les avantages. De là vient l'obligation imposée aux cours impériales et d'assises, d'envoyer les pièces originales des procédures dont elles ont commencé ou terminé l'instruction : de là vient l'usage adopté par la cour de cassation de ne rendre ses arrêts que sur le vu et d'après l'examen des minutes des procès soumis à ces jugements.

Le remplacement de minutes d'arrêts rendus en matière criminelle ou correctionnelle, et non encore exécutés, ou des procédures encore indécises, quoique moins important peut-être en ce moment qu'à l'époque où la France vivait sous l'empire de l'ordonnance de 1670, a dû cependant fixer l'attention du législateur, et donner naissance à des dispositions réglementaires. Ainsi, il est statué que dans le cas où, par l'effet d'un incendie, d'une inondation, ou de toute autre cause extraordinaire, des minutes auraient été détruites, enlevées, ou se trouveraient égarées, et qu'il n'aura pas été possible de les rétablir, l'expédition ou copie authentique de l'arrêt sera considérée comme minute ; de même, lorsqu'il n'existera plus, en matière criminelle, d'expédition ni de copie authentique de l'arrêt, si la déclaration du jury existe encore en minute, ou en copie authentique, on procédera, d'après cette déclaration, à un nouveau jugement.

Enfin, lorsque la déclaration du jury ne pourra plus être représentée, ou lorsque l'affaire aura été jugée sans jurés, et qu'il n'en existera aucun acte par écrit, l'instruction sera recommencée à partir du point où les pièces se trouveront manquer tant en minutes qu'en expéditions ou copies authentiques.

Votre Commission, Messieurs, a reconnu dans la série de ces dispositions la prévoyance du législateur, qui veut assurer la marche et le triomphe de la justice.

Elle a pensé que le projet de loi, soumis à votre sanction, servirait à consolider le repos des bons citoyens, en leur présentant une garantie nouvelle contre les attentats du crime.

Elle croit enfin que l'adoption de ce mode, régulier et constamment réparateur, portera l'effroi dans l'âme des coupables par la crainte toujours imminente des châtiments, et la certitude de ne pouvoir y échapper.

D'après ces motifs, Messieurs, votre Commission de législation civile et criminelle estime que le projet de loi qui vous est présenté, mérite d'être revêtu de votre assentiment.

9

MOTIFS

Du Livre II, Titre V, Chapitre I à II,

PRÉSENTÉS PAR M. ALBISSON,
Orateur du Gouvernement.

Séance du 3 décembre 1808.

MESSIEURS,

Le septième projet de loi du Code d'instruction criminelle, sur lequel vous êtes aujourd'hui appelés à fixer
votre attention, forme le titre V du livre II du Code.

Il se compose de deux chapitres qui statuent sur tout
ce qui a rapport au *règlement des juges et au renvoi
d'un tribunal à un autre*.

Les conflits de juridiction ont accusé long-temps en
France l'organisation de l'ordre judiciaire, et ce serait
aujourd'hui une occupation bien futile qu'un travail
même superficiel sur les vices de cette organisation, si
étrangement compliquée par les empiétements de la féo-
dalité et les besoins de la fiscalité.

Vous connaissez déja, Messieurs, la simplicité de l'organisation actuelle ; aussi la loi que nous sommes chargés
de vous proposer est-elle extrêmement simple, et n'en
est que plus complette dans les détails dont elle a dû
s'occuper. Il me suffira de les parcourir pour vous en
convaincre.

Elle établit d'abord qu'il n'y a vraiment de conflit, en
matière criminelle, correctionnelle ou de police, que
lorsque des cours, tribunaux ou juges d'instruction, ne
ressortissant point les uns aux autres, se trouvent saisis

du même délit, ou de délits connexes, ou de la même contravention, et elle a déja expliqué, dans le chapitre premier du titre II de ce livre, ce qu'il faut entendre par *délits connexes*.

Elle ajoute qu'il y a lieu également au règlement de juges, lorsqu'un tribunal militaire ou maritime, ou tout autre tribunal d'exception, se trouve saisi d'un même délit, concurremment avec une cour impériale, ou d'assises, ou spéciale, ou un tribunal correctionnel ou de police, ou un juge d'instruction.

Et dans tous ces cas, la cour de cassation peut seule juger le conflit.

Ce jugement sera provoqué par une requête sur laquelle la cour, en section criminelle, ou ordonnera que le tout soit communiqué aux parties, ou statuera définitivement, sauf l'opposition.

Si l'arrêt statue d'abord sur la simple requête, le procureur général de la cour de cassation est chargé de le notifier, par l'intermédiaire du grand-juge ministre de la justice, à l'officier chargé du ministère public près la cour, le tribunal ou le magistrat dessaisi.

La notification doit aussi en être faite au prévenu ou accusé, et à la partie civile, s'il y en a une.

Ainsi, de quelque manière que la cour de cassation prononce sur la requête, soit en ordonnant qu'elle soit communiquée, soit en y statuant de suite, tous les intéressés en auront une connaissance légale, et dans tous les cas, deux dispositions précises déclarent qu'il sera sursis de plein droit au jugement du procès.

D'autre part, la cour de cassation recueillera toutes les lumières nécessaires pour prononcer sur le conflit, en chargeant les officiers qui exercent le ministère public près les autorités concurremment saisies, de lui transmettre les pièces du procès; et leurs avis motivés sur le conflit.

La marche de l'affaire est ensuite réglée de manière à prévenir les lenteurs affectées.

La loi soumet le prévenu ou l'accusé, et la partie civile, pour la présentation de leurs moyens sur le conflit, aux formes déjà réglées pour le recours en cassation; elle fixe le délai dans lequel elles peuvent former leur opposition à l'arrêt rendu sur simple requête, et l'état dans lequel elles doivent s'être mises pour que leur opposition puisse être reçue.

Elle veut qu'en jugeant le conflit, la cour de cassation statue sur tous les actes qui pourraient avoir été faits par la cour, le tribunal ou le magistrat qu'elle ressaisira, et prévient par là tout prétexte de querelle sur ce qui aura précédé le jugement du conflit.

Mais ce conflit peut avoir été élevé de bonne foi. La loi ne punit donc pas indistinctement celui qui y succombe; elle permet seulement de le condamner à une amende qui, toutefois, n'excédera point la somme de trois cents francs, dont la moitié sera pour la partie.

Enfin, il est deux cas où la cour de cassation ne doit pas connaître d'un conflit; le premier, lorsqu'il se forme entre deux juges d'instruction ou deux tribunaux de première instance établis dans le ressort de la même cour impériale, auquel cas c'est à celle-ci à en connaître selon la forme qui vient d'être établie, et sauf le recours, s'il y a lieu, à la cour de cassation.

Le second, lorsque le conflit se forme entre deux tribunaux de police simple : dans ce cas, le règlement de juges est prononcé par le tribunal auquel ils ressortissent l'un et l'autre; et s'ils ressortissent à différents tribunaux, il est statué sur le règlement de juges par la

cour impériale, sauf le recours, s'il y a lieu, à la cour
de cassation.

Je finis sur ce chapitre par où j'aurais pu commencer,
par le premier article, qui porte que *toutes demandes en
règlement de juges seront instruites et jugées sommairement et sur simples mémoires.*

Mais, comme la même règle s'applique aux demandes
en renvoi d'un tribunal à un autre, auxquelles tous les
articles du chapitre des règlements de juges, relatifs à la
procédure, sont déclarés communs, il ne me restera sur
le chapitre du renvoi d'un tribunal à un autre, qu'à vous
présenter les dispositions particulières à la matière de ce
chapitre.

Quelque confiance que la loi professe pour les tribunaux, elle doit prévoir que, composés d'hommes sujets à
toutes les passions de l'humanité, ils peuvent se trouver
dans des circonstances capables d'inspirer quelque défiance de l'impartialité de leurs décisions.

Le Gouvernement peut éprouver ce sentiment dans sa
sollicitude pour la *sûreté publique;* les particuliers, par
des motifs personnels de *suspicion légitime.*

La loi, toujours sage, autorise donc le renvoi de la
connaissance d'une affaire d'un tribunal dans un autre,
pour cause de *sûreté publique* ou de *suspicion légitime.*

Mais dans ces deux cas la cour de cassation peut seule
connaître de la demande en renvoi, sur la réquisition du
procureur général près cette cour.

Si cette demande est formée pour cause de *sûreté publique,* elle ne peut l'être que par les officiers chargés du
ministère public, qui sont tenus pour lors d'adresser
leurs réclamations, leurs motifs et leurs pièces au grand-
juge ministre de la justice, qui les transmet, s'il y a lieu,
à la cour de cassation.

Sur le vu de la requête et des pièces, cette cour, section criminelle, statuera définitivement, sauf l'opposition, ou ordonnera que le tout soit communiqué, ou prononcera telle autre disposition préparatoire qu'elle jugera nécessaire.

Si la cour de cassation statue définitivement, son arrêt sera, à la diligence du procureur général près cette cour, et par l'intermédiaire du grand-juge ministre de la justice, notifié, soit à l'officier chargé du ministère public près la cour, le tribunal ou le juge d'instruction dessaisi, soit à la partie civile, au prévenu ou à l'accusé en personne, ou au domicile élu.

Cet arrêt sera susceptible d'opposition aux termes de la loi, mais l'opposition ne sera pas reçue, si elle n'est pas faite d'après les règles et dans le délai fixés au chapitre précédent; comme aussi l'opposition reçue emportera de plein droit sursis au jugement du procès.

Le renvoi peut aussi être demandé par les parties intéressées, pour cause de *suspicion légitime*; mais celle qui aurait procédé volontairement devant une cour, un tribunal ou un juge d'instruction, ne sera recevable à demander le renvoi qu'à raison des circonstances survenues depuis, lorsqu'elles seront de nature à faire naître une suspicion légitime.

Si le renvoi est demandé par le prévenu, l'accusé ou la partie civile, et que la cour n'ait pas jugé à propos d'accueillir ni de rejeter cette demande sur-le-champ, l'arrêt en ordonnera la communication à l'officier chargé du ministère public près la cour, le tribunal ou le juge d'instruction saisi de la connaissance du délit; il enjoindra à cet officier de transmettre les pièces avec son avis motivé sur la demande en renvoi, et ordonnera de plus s'il y a lieu, que la communication sera faite à l'autre partie.

Enfin, après le jugement et la réjection de la demande en renvoi, il pourra être survenu des faits qui auraient autorisé cette demande, s'ils avaient existé. La loi y a pourvu, en déclarant que l'arrêt qui aura rejeté une demande en renvoi, n'excluera pas une nouvelle demande en renvoi, fondée sur des faits survenus depuis; disposition qui concilie parfaitement le respect dû à la chose légitimement jugée, avec les égards que sollicite la justice pour des droits légitimement acquis depuis, et sur lesquels les juges n'ont pu prononcer.

Vous voyez, Messieurs, combien tout ce système est simple et complet, et combien il importe à la perfection du Code d'instruction criminelle, qu'il obtienne la sanction de vos suffrages.

RAPPORT

Sur le Titre V du Livre II du Code d'instruction criminelle,

PAR M. BRUNEAU-BEAUMEZ,
Membre de la commission de législation.

Séance du 14 décembre 1808.

MESSIEURS,

VOTRE Commission de législation civile et criminelle m'a chargé de vous présenter ses observations sur le septième projet de loi du Code d'Instruction criminelle, relatif aux règlements de juges, et aux renvois d'un tribunal à un autre tribunal.

La célérité dans l'instruction et le jugement des procès criminels (que l'on doit bien se garder de confondre avec la précipitation) est un devoir que le salut public impose aux magistrats. Il ne suffit pas que la main vengeresse de la justice pèse sans interruption et sans terme sur la tête du coupable, et rende certaine sa condamnation; il faut encore qu'elle soit prompte. Le supplice que la loi inflige, lorsque le crime est oublié, inspire plus de pitié que de terreur. Il est d'ailleurs perdu pour l'exemple, et la nécessité de l'exemple, toujours présente à l'esprit du législateur, après avoir motivé les dispositions rigoureuses du Code pénal, peut seule en justifier l'application.

Mais cette célérité désirable, Messieurs, et si nécessaire pour empêcher le dépérissement des preuves, rencontre souvent des obstacles qui entravent la marche des procédures ; le législateur a dû les prévoir dans sa sagesse, les faire connaître et donner les moyens de les surmonter.

Les tribunaux en France sont divisés en deux classes.

La première comprend les cours et les tribunaux ordinaires.

La seconde, les tribunaux d'exception.

Dans la seconde classe sont rangés les cours spéciales, les tribunaux militaires et maritimes.

Les compétences et les attributions particulières et relatives à tous et à chacun de ces tribunaux, sont clairement établies et spécifiées par les lois.

Néanmoins l'erreur des juges, et plus souvent l'intérêt mal entendu du prévenu, de l'accusé ou de la partie civile, élèvent des conflits qui nécessitent des demandes en règlement de juges.

Il n'est pas de plus grand défaut dans un juge, disait un célèbre magistrat (M. Pussort), que le défaut de la puissance; aussi est-il nécessaire d'établir préliminairement sa compétence, surtout en matière criminelle. Il est également indispensable d'éviter les longueurs qu'entraînent les conflits de juridiction, qui peuvent affaiblir, détruire même les preuves, et donner lieu à l'impunité des plus grands crimes.

Mus par cette double considération, les auteurs du projet de loi ont commencé par établir clairement et positivement le pouvoir du juge : ils ont voulu ensuite que toutes demandes en règlement de juges fussent jugées sommairement et sur simples mémoires.

Ces demandes, Messieurs, peuvent être faites par les juges, les prévenus, les accusés et les parties civiles, et adressées respectivement à la cour de cassation et aux cours impériales, dans les cas, suivant les formes et d'après la compétence déterminés par le projet de loi soumis à votre examen.

Le pourvoi en cassation contre les arrêts rendus en cette matière par les cours impériales est maintenu.

Sur le vu de la requête et des pièces, la cour de cassation ordonne que le tout soit communiqué aux parties, ou statue définitivement, sauf l'opposition.

L'arrêt rendu après un *soit communiqué*, dûment executé, interdit toute opposition ultérieure.

La notification de l'arrêt de *soit communiqué* aux parties, emporte de plein droit sursis au jugement du procès, et en matière criminelle, à la mise en accusation; il sursoit pareillement à la formation du jury dans les cours d'assises, et à l'examen dans les cours spéciales.

Les actes et les procédures conservatoires ou d'instruction sont continués nonobstant le sursis.

Les arrêts de la cour de cassation autres que ceux répondus d'un *soit communiqué*, sont sujets à l'opposition.

Cette opposition, si elle est formée régulièrement par le prévenu, l'accusé ou la partie civile, entraîne aussi de plein droit le sursis au jugement du procès.

La cour de cassation, en jugeant le conflit, statue sur tous les actes qui peuvent avoir été faits par la cour, le tribunal ou le magistrat qu'elle dessaisit.

Nul ne peut recourir à l'autorité de cette cour pour être réglé de juges, lorsque l'incompétence d'un tribunal de première instance, ou d'un juge d'instruction, aura été proposée, lorsque deux juges d'instruction, deux tribunaux de première instance ou deux tribunaux de police seront saisis de la connaissance d'un même délit, d'une même contravention, ou de délits et contraventions connexes.

Dans tous ces cas, il faut se pourvoir soit devant la cour impériale, sauf le recours, *s'il y a lieu*, à la cour de cassation, soit au tribunal auquel ressortissent les tribunaux de police.

Cette marche simple et régulière, Messieurs, tracée par la sagesse du législateur, s'explique et se justifie d'elle-même. Le projet de loi détermine, d'une manière précise, quels sont les actes de la procédure à l'égard desquels l'action de la justice peut être momentanément suspendue dans l'intérêt de l'accusé, et quels sont ceux où, dans l'intérêt de la vindicte publique, son cours imposant ne doit éprouver aucune interruption. Il maintient la cour de cassation dans la plénitude de ses hautes attributions; il consacre l'autorité dont cette cour est investie par la puissance souveraine, pour garantir l'honneur et la tranquillité des citoyens; il affermit et conserve l'ordre immuable des juridictions en fixant invariablement leurs limites, et en interdisant tout recours à l'autorité supérieure, dans les cas qu'elle prévoit et qu'elle détermine; il assure aux cours et aux tribunaux l'intégrité respective de leurs droits et leur réciproque indépendance; il présente enfin aux prévenus, aux accusés, et aux parties civiles, la garantie entière de leurs droits.

Cette sage et équitable prévoyance des auteurs du projet de loi a aussi pour objet, Messieurs, de faciliter et d'accélérer le jugement des procès criminels, et elle atteint ce but sans blesser les droits de la liberté individuelle, et ceux non moins sacrés de la société, auxquels ils sont et doivent être subordonnés.

Toutes ces mesures, dictées par l'amour de l'ordre et de l'humanité, assurent la marche de la justice; et cependant de puissantes considérations ont encore rendu nécessaires de nouvelles précautions, que la prudence du législateur s'est empressée d'adopter, et dont votre sagesse reconnaitra sans doute l'impérieuse obligation.

Telle est la disposition du projet de loi, qui veut que pour cause de sûreté publique ou de suspicion légitime, le procureur général près la cour de cassation puisse requérir le renvoi d'une affaire d'une cour impériale ou d'assises, ou spéciale, d'un tribunal correctionnel ou de police, à une autre cour, à un autre tribunal du même ordre, et d'un juge d'instruction à un autre juge d'instruction.

Cette faculté est aussi accordée aux parties intéressées, *mais seulement pour cause de suspicion légitime.*

Cette restriction est conforme aux principes.

En effet, Messieurs, l'action publique est essentiellement indivisible ; elle appartient toute entière aux magistrats investis par la loi du droit de l'exercer au nom du souverain. Les citoyens qu'elle protège et dont elle garantit les droits ne peuvent, en aucun cas, s'emparer de cette haute prérogative ; ils doivent se borner à en bénir l'existence, et à faire des vœux pour sa conservation.

En matière criminelle, correctionnelle et de police, la connaissance des affaires qui intéressent la sûreté publique doit donc être attribuée aux tribunaux désignés par la cour de cassation, dont l'autorité tutélaire plane sur tout l'Empire.

Cette cour prononce sur les renvois d'un tribunal à un autre tribunal, soit sur la réquisition du procureur général près de ladite cour, soit sur la transmission faite par le grand-juge ministre de la justice des demandes en renvoi, adressées à ce premier magistrat, par les officiers chargés du ministère public.

Sur le vu de la requête et des pièces, la cour de cassation statue définitivement sauf l'opposition, ou ordonne que le tout soit communiqué.

L'opposition n'est reçue qu'autant qu'elle est régulièrement formée.

L'opposition reçue emporte de plein droit sursis au jugement du procès.

Enfin, l'arrêt qui aura rejeté une demande en renvoi, n'excluera pas une nouvelle demande en renvoi fondée sur des faits survenus depuis.

Le nouveau Code criminel, Messieurs, a été l'objet des méditations du Héros-Législateur qui nous gouverne, et dont l'image révérée semble respirer dans cette enceinte. Toutes les lois qui le composent, toutes les dispositions que ces lois renferment ont été discutées en sa présence, et commandent également votre attention et votre examen ; elles offrent dans leur ensemble des améliorations importantes que les députés du peuple s'empresseront d'accueillir avec reconnaissance. Déja le droit d'accuser, ce pouvoir si formidable et si salutaire, est rétabli sur sa base antique, et confié à des magistrats choisis dans les cours impériales, pour remplir sous leur surveillance ce terrible ministère. Déja le jury a reçu dans son organisation et dans sa composition des changements réclamés par l'expérience, qui finit toujours par soumettre à ses lois les théories décevantes et les systèmes exagérés. Le projet de loi, présenté à votre approbation, a pour objet d'accélérer les procédures, en leur prescrivant des formes invariables, et d'en régulariser les actes jusqu'aux jugements définitifs. Sous ce double rapport, il a paru à votre Commission la suite nécessaire, et le complément indispensable des premières lois que vous

r

avez sanctionnées; en conséquence elle vous propose, Messieurs, d'en consacrer l'existence par votre assentiment,

———

MOTIFS

Du Livre II, Titre VI,

PRÉSENTÉS PAR M. LE COMTE RÉAL,

Orateur du Gouvernement,

Séance du 5 décembre 1808.

MESSIEURS,

Nous venons vous présenter le titre six du livre second du projet de *Code d'instruction criminelle*, celui qui établit les *cours spéciales*, fixe leur compétence et règle leur organisation.

La matière traitée dans cette loi ne le cède en importance à aucune des parties du même Code, déja soumises à votre sanction.

Sous les titres précédents, qui règlent le droit commun, il semble que la loi s'occupe plus particulièrement des intérêts privés et de la sûreté des *individus*.

Dans le sixième titre, qui établit l'exception, la loi s'occupe plus essentiellement de la société considérée en masse, en poursuivant par des moyens plus répressifs, soit certains crimes, quels qu'en soient les auteurs, parce que ces crimes, tels que la rébellion armée et la fausse monnaie, troublent et désorganisent l'ordre social, soit certaines classes d'individus, quels que soient leurs crimes, parce que les accusés, vagabonds ou déja repris de justice, sont en guerre ouverte avec la société, et devraient être traités par elle moins comme des criminels que comme des ennemis armés pour sa destruction.

L'expérience de tous les siècles et de tous les pays avait proclamé la nécessité de cette institution spéciale, parce que dans tous les temps et dans tous les pays il a existé des classes particulières composées de vagabonds et de brigands, malheureusement nés pour le mal, habitués au mal, gens sans propriété, sans patrie, dont la seule industrie est le crime, et dont la constante étude est dirigée vers le moyen de le commettre avec impunité.

Les lois établies pour maintenir dans le devoir les autres classes de la société seraient évidemment insuffisantes contre ces bandits; d'un autre côté, les lois que le besoin d'une légitime défense provoque contre eux, les lois assez fortes pour les comprimer, seraient trop pesantes pour les autres citoyens; il a donc fallu, précisément pour maintenir l'égalité devant la loi, que deux codes inégaux en force et en sévérité fussent établis.

Je n'examinerai pas ce que ces institutions particulières furent chez les Grecs et les Romains. Dans le système des lois civiles, les peuples que les temps, les climats, les habitudes et les idées religieuses ont le plus séparés les uns des autres, ont encore pu s'entr'aider de leurs intitutions; cet heureux échange devient presque nul lorsqu'il s'agit d'institution criminelle. De l'étude de la législation ancienne analogue à celle que nous traitons, tout ce qu'on peut recueillir, c'est que, pour comprimer les bandits de tous les pays, les peuples de tous les temps ont toujours créé des magistrats spéciaux, des institutions et des lois particulières; mais ces institutions, ces lois particulières, bonnes pour les époques et les pays qui les ont vues naître, sont presque toujours inapplicables à d'autres époques, à d'autres pays, et ne conviennent du moins ni à nos moyens, ni à nos mœurs, ni à nos opinions.

Les lois criminelles faites pour comprimer les passions des hommes, portent toujours, par cela même, l'empreinte des lieux et des époques qui les ont vus naître; c'est une des plantes qui, produisant sur le sol natal d'excellents fruits, ne peuvent se transplanter, ni s'acclimater, ni produire sur un sol étranger.

Par les mêmes motifs, je ne rechercherai point ce que fut en France cette institution sous des règnes et à des époques qui, plus rapprochés de nous par les dates, sont peut-être, par le changement des circonstances, encore plus éloignés de nos besoins, de nos habitudes et de nos mœurs.

Il suffira au besoin de la discussion de remarquer que, rétablie sur toutes les parties de la France par François Ier au commencement du seizième siècle, une institution spéciale, analogue à celle que nous proposons, fut reconnue, réclamée par les états généraux tenus à Orléans, à Moulins et à Blois, sanctionnée et réorganisée dans les célèbres ordonnances rendues sur les remontrances de ces états (en 1560, 1566 et 1572).

L'ordonnance de 1670 ne fit que recueillir et rapprocher, dans les articles relatifs aux *cas prévôtaux*, les dispositions anciennes éparses dans les diverses ordonnances, édits et déclarations sur cette matière : et soixante ans après, en 1731, à la suite d'une organisation nouvelle donnée aux officiers de la maréchaussée, parut le 5 février, la déclaration du roi, qui fixa d'une manière plus précise la *juridiction prévôtale*.

Tel était le dernier état des choses au moment où les notables furent convoqués.

L'ordonnance de 1670 et tout notre système criminel était depuis long-temps jugé par la nation. Cette instruction toute secrète, toute à charge, cet accusé sans défen-

r.

seur, cette question préparatoire, cette question préalable, avaient excité une réclamation universelle.

Les états généraux s'ouvrirent; toutes les députations
étaient chargées de demander la réforme du Code criminel; on reconnut que la réforme entière exigeait une mûre
et solennelle délibération; mais, dès le mois d'octobre
1789, un décret supprima les tortures, ordonna la publicité de l'instruction, et donna un défenseur à l'accusé.

Le dernier article de cette loi, en prononçant qu'au
surplus l'ordonnance de 1670 et les autres édits et déclarations concernant la matière criminelle continueraient
d'être observés, conserva implicitement dans leurs fonctions les prévôts des maréchaux, qui en effet continuèrent
d'exister jusqu'aux premiers mois de 1790. Mais le 6 mars,
dans une séance du soir, à l'occasion d'une plainte rendue
à la barre de l'assemblée, par la municipalité de Paris,
contre un prévôt de la maréchaussée du Limousin, un
membre de l'assemblée, par une motion incidente, dé-
manda que toutes les juridictions prévôtales fussent dès
à présent supprimées. Il est vrai que cette suppression fut
ajournée, mais il fut à l'instant décrété provisoirement
que toutes les procédures commencées par les prévôts seraient suspendues; ce singulier provisoire décidait la
question du fond, et équivalait par ses résultats à la suppression définitive des juridictions prévôtales, dont en
effet depuis on n'a plus entendu parler.

La grande question du jury fut soumise à l'assemblée,
enleva ses suffrages, et fut reçue de la nation entière avec
enthousiasme.

Occupés uniquement de cette grande et belle institution, dominés et pour ainsi dire subjugués par elle, les
grands hommes qui l'organisèrent avec tant de succès, ne

parlèrent d'aucune institution exceptionnelle. Peut-être n'en eurent-ils pas la pensée. A cette grande et heureuse époque, l'assemblée nationale réunissait à beaucoup d'enthousiasme un peu de cette inexpérience qui caractérise aussi bien la jeunesse des assemblées politiques que la jeunesse de l'homme. A cette époque brillante où toutes les idées philanthropiques étaient exaltées, le législateur, plongé dans le centre de l'exaltation, dans le moment même où, mûrissant les éléments du Code criminel, il s'occupait de comprimer les passions de l'homme, supposa que les hommes étaient ce qu'ils devraient être; et, dans son Code philanthropique, oubliant les hommes tels qu'ils sont, ce législateur fut bien éloigné de s'occuper de l'homme dépravé, plus méchant encore, du vagabond et du bandit. Chose étrange! il semblait que les vagabonds fussent alors moins à craindre que les *prévôts*; il semblait que les juridictions prévôtales fussent au nombre de ces priviléges anéantis dans la nuit mémorable du 4 août 1789; et que la nation entière dût en conséquence renoncer à l'honorable privilège qui la séparait des méchants,

Au moment où s'élaborait le nouveau Code criminel, les idées de ce style sévère et simple, que de grands talents avaient introduit dans les beaux arts, s'étaient emparées de tous les esprits; au même moment les principes de l'égalité marchaient avec quelque rapidité vers l'exagération; les législateurs ne purent entièrement se soustraire à l'influence de cette double impulsion, et, dans la construction du système criminel, ils sacrifièrent quelquefois la solidité à la régularité. Dans la réparation de cet antique édifice, la colonne qui en soutenait une partie essentielle, cette *juridiction spéciale*, dont on ne devinait ni la force ni l'importance, fut supprimée, parce qu'elle contrariait peut-être un peu la symmétrie des détails et l'unité du plan. Cette institution, semblable à quelques autres dont les bienfaits sont aujourd'hui si bien sentis, était alors peu populaire, parce que son heureuse influence était toute négative, parce que le bien produit par elle résultait seulement de ce qu'elle empêchait le mal : elle fut sacrifiée à une époque à laquelle il faut se replacer par la pensée, pour concevoir comment les grands hommes qui élevaient des constructions aussi évidemment utiles, en supprimaient de si évidemment nécessaires.

Il faut bien se rappeler qu'à cette époque l'expérience, les vieilles maximes et les faits même étaient quelquefois sacrifiés avec légèreté à la théorie la plus nouvelle, la plus hasardée, la plus étrange ; qu'à cette époque l'assemblée, toujours en défiance, toujours armée contre un pouvoir ennemi qu'elle avait détrôné, était dominée par une seule idée, celle d'affaiblir le pouvoir de cet ennemi, de relâcher tous les ressorts de la puissance, et de briser tous les instruments qui pouvaient la servir avec quelque énergie ; il faut se rappeler ces circonstances pour s'expliquer comment ce moment même fut choisi pour se priver du secours puissant qu'offrait dans l'organisation criminelle la conservation de cette institution spéciale dont l'expérience avait proclamé les bienfaits.

Alors tous les liens qui rattachent le peuple au devoir étaient brisés. Le désordre et le provisoire s'introduisaient dans toutes les administrations ; l'indiscipline désorganisait tous les corps ; des étrangers, des inconnus commençaient à souffler le feu de la sédition dans les villes, et des bandits errant dans les campagnes menaçaient les châteaux. Je sais bien qu'à la même époque l'enthousiasme national, l'orgueil de la liberté, la grandeur et la nouveauté des scènes qui se succédaient, je sais que la violence même du mouvement dans lequel nous étions tous lancés retardaient l'explosion, comme on voit ces vents impétueux, précurseurs des orages, en suspendre par leur violence même pendant quelques momens les coups ; mais il était impossible que l'homme de bonne foi, il était impossible que le législateur qui se trouvait au centre de toutes les agitations, qui devait en soupçonner les secrets moteurs, ne fût pas tourmenté d'une crainte prophétique ; et on ne peut lui pardonner d'avoir manqué de prévoyance au moment surtout où environné de pareilles circonstances, il s'occupait du Code criminel.

Eh ! c'était précisément au moment où un Code plus approprié aux mœurs, aux besoins, aux opinions de la nation et du siècle, et par conséquent plus doux et plus humain, allait remplacer le Code de 1670, qu'il fallait surtout conserver une *juridiction exceptionnelle*, quelle qu'elle fût, qui devait comprimer les brigands.

Comment en effet ne venait-il pas à la pensée de ces législateurs, que ce qui aurait été simplement utile sous le régime de 1670, devenait de nécessité absolue, indispensable sous le régime plus doux, plus humain qui allait le remplacer ?

Quoi ! sous ce régime de 1670, lorsque l'instruction était toute à charge, lorsque cette instruction était toujours secrète ; lorsque l'accusé, sans défenseur, chargé de fers, sur la sellette, sortant de *la question préparatoire*, pour arriver au jugement, voyait encore *la question préalable* entre la condamnation et l'exécution ; sous ce régime où la peine et quelquefois la mort, résultat possible de la première torture, pouvait précéder la condamnation ; sous ce régime où, dans d'horribles exécutions, livré à

des tourments horribles, le condamné appelait et rece-
vait la mort comme un bienfait; sous ce régime de fer,
qui était alors le *régime ordinaire*, l'expérience plus
forte que tous les raisonnements avait, depuis des siècles,
proclamé qu'il fallait encore contre une certaine classe de
criminels, et contre certains crimes, une instruction spéciale plus prompte, plus répressive que l'instruction ordinaire; et des hommes inexpérimentés, des hommes
animés d'une philantropie cruelle, ont pu penser que
les brigands que le régime ordinaire de 1670 ne pouvait
contenir, seraient bien comprimés par le régime plus
juste sans doute, mais beaucoup plus doux et par conséquent beaucoup moins fort et beaucoup moins répressif,
qui lui succédait!

Sans doute il fallait, même pour le vagabond, qu'à la
voix de l'humanité, qu'à la voix trop long-temps étouffée de la religion, les portes du temple de la justice vengeresse fussent ouvertes; sans doute il fallait que, même
pour le vagabond, à la nuit qui enveloppait l'instruction
et l'accusé, succédât la lumière de la discussion : il lui
fallait un défenseur; pour lui, comme pour les autres citoyens, la torture et la roue devaient disparaître; mais
fallait-il aller plus loin, et traiter cet ennemi déclaré, à
qui il faut rendre guerre pour guerre, comme un des enfants de la famille surpris dans une première faute?

Quels ont été les résultats de la fatale erreur dans laquelle une pitié cruelle, une fausse idée d'égalité firent
tomber alors le législateur?

L'édifice social a été ébranlé : les brigands se sont em-
parés des grandes routes; les bandes de chauffeurs, de
garotteurs, sont entrées dans les propriétés particulières;
le vol, le pillage, la mutilation ont répandu partout la
terreur, et pour voyager sur les belles routes de la

France, il a fallu un instant établir une garnison armée sur l'impériale de chaque voiture publique; et il ne fallut rien moins que la main puissante de l'Hercule qui arriva à notre secours pour exterminer les brigands et empêcher la ruine de l'édifice social que tant de secousses allaient renverser.

Tous ces maux sont présents à votre mémoire; et certes vous n'aurez pas oublié non plus les remèdes opposés aux désordres, remèdes souvent plus cruels que le mal; vous n'aurez point oublié toutes les institutions éphémères, plus sévères les unes que les autres; institutions que la nécessité, ce législateur impatient et inexorable, a improvisées pendant dix ans; ces tribunaux extraordinaires établis sur toute la surface de l'Empire, leur compétence embrassant tous les délits, toutes les personnes; cette procédure, simplifiée au point que, dans plusieurs circonstances, le jugement d'identité était le jugement du fond; cette loi des otages et autres antérieures au 18 brumaire, dont les créations successives ne servirent qu'à démontrer la nécessité d'une institution exceptionnelle, et l'imprévoyance de ceux qui avaient supprimé l'ancienne, sans s'occuper de la remplacer sur des bases avouées par la justice.

Les gouvernements qui se succédèrent alors et demandèrent ces lois furent accusés de cruauté, tandis qu'il ne fallait en accuser que les législateurs imprudents qui avaient oublié que la seule garantie contre la cruauté des lois de circonstance se trouve dans la force, je devrais dire la sévérité du Code ordinaire.

Je sais bien que cette institution isolée n'eût pas suffi seule pour arrêter l'effroyable débordement révolutionnaire qui a inondé et bouleversé la France; je sais bien que, si cette institution eût subsisté à l'époque de cette épouvantable tempête, elle eût, comme toutes les autres, été momentanément engloutie ; mais qui pourra nier que cette institution, appropriée au nouveau Code, rendue après la tempête à toute son énergie, n'eût purgé la France d'une grande partie des brigands dont les forfaits et les pillages ont si douloureusement prolongé les maux de la révolution ? Ce n'est pas ici, du moins, ce n'est pas devant vous, législateurs, qu'on pourrait nier les avantages de cette institution spéciale, vous dont la sagesse et l'humanité ont sanctionné la loi du 18 pluviose an 9, loi discutée avec tant de solennité, attaq   ec tant d'aigreur, tant calomniée avant sa publication, et qui cependant a concouru si efficacement à la prompte extermination des brigands, au retour de la sécurité publique ; loi dont le succès incontesté, répondant à toutes les théories, à toutes les déclamations, complète d'une manière si heureuse la série de preuves appuyées sur des faits qui démontrent à tous les hommes de bonne foi l'utilité, la nécessité d'une institution spéciale contre certains crimes et certaines classes de criminels.

Maintenant que l'expérience, cette grande raison du législateur, a prononcé sur la nécessité d'une institution particulière, occupons-nous des principes qui ont dû diriger son organisation.

Et d'abord il a fallu examiner si cette exception serait permanente et universelle, ou limitée à certains temps et à certains lieux ; car à la décision de cette question était naturellement subordonnée celle du plus ou moins d'étendue qui doit être donnée à la compétence, du plus ou moins de sévérité qui doit être donnée à l'instruction. En effet, dans une loi de circonstance faite pour comprimer un désordre grave, mais passager, dans une loi qui ne doit s'appliquer qu'à une partie bien circonscrite du territoire, le législateur peut, sans un grand danger, déployer plus de sévérité; mais la loi qui devra être permanente et universelle ne devra contenir que la dose de force et de sévérité que tous pourront en tout temps supporter; son organisation devra perdre en sévérité et même en force précisément en proportion de ce qu'elle gagnera en étendue et en durée.

Il a été bientôt reconnu que la loi devait être permanente et universelle. La même expérience qui avait prononcé sur la nécessité de son existence avait aussi prononcé sur la nécessité de sa permanence et de son universalité; et les célèbres ordonnances, les ordonnances vraiment populaires et nationales d'Orléans, de Moulins et de Blois, avaient décrété cette institution spéciale pour tous les temps, pour tous les lieux. Les commissaires qui rédigèrent l'ordonnance de 1670 avaient eu le bon esprit de placer l'exception à côté de la règle commune; et ce n'est que pendant la révolution qu'obligés de traduire chaque jour tous les actes d'administration en autant de lois, les législateurs, métamorphosés en gouvernants, donnèrent à presque toutes leurs lois ce caractère local et passager qui ne peut convenir qu'aux actes d'administration, et douze années d'abus avaient dépravé l'opinion à ce point, qu'au moment même où l'on revenait aux principes, un gouvernement instruit et fort, mais modéré et prudent, et qui ne voulait rien obtenir que de l'expérience et de la conviction, fut obligé de transiger avec cette opinion; et la loi du 18 pluviose an 9 reçut, non dans son universalité, puisque le gouvernement pouvait l'appliquer à tous les départements, mais dans sa durée, une limitation, puisqu'elle devait cesser d'exister deux ans après la paix.

Mais, s'il était de la sagesse d'un Gouvernement répa-

s

rateur de n'arriver à la permanence de l'institution qu'après avoir passé par l'épreuve de l'établissement momentané, ce Gouvernement devrait être accusé d'imprévoyance et de cruauté, si aujourd'hui, foulant aux pieds les leçons de l'expérience des siècles passés, l'expérience plus récente de nos derniers malheurs, l'expérience incontestée de l'efficacité du remède, il indiquait, en ne présentant qu'une institution passagère, une époque de malheurs et de désolation où la sécurité publique serait encore une fois livrée à la merci de tous les brigands.

Une institution provisoire sur cette matière, et dans les circonstances où nous nous trouvons, ne pourrait qu'encourager les méchants, et condamnerait le Gouvernement à des demandes en prorogation de délai qui accuseraient sa marche de faiblesse et sa législation d'instabilité.

Les lois de circonstances sont presque toujours des lois de colère, et ne peuvent convenir qu'à la multitude en révolution.

Les lois de circonstances que l'homme voit périr, renaître et périr encore, accoutument l'homme au mépris des lois; l'homme obéit sans doute avec plus de ponctualité aux lois nouvelles, mais il n'adore que les vieilles lois; et les lois de circonstances les empêchent de croître et les étouffent.

Les lois de circonstances, les lois provisoires, ne conviennent plus à la nation; elles conviennent encore moins à ce génie qui n'enfante que des projets séculaires, au héros qui fonde des empires et des dynasties; qui, après avoir long-temps mûri ses vastes conceptions, les grave sur le bronze et leur donne ce caractère d'éternité que les fondateurs de Rome avaient seuls jusqu'à ce jour imprimé à leurs lois, comme à leurs impérissables constructions.

Puisque l'institution doit être permanente et univer-selle, elle doit faire partie du Code général; elle doit, comme exception, se trouver à côté de la règle; parce qu'ici, l'exception est permanente et durable comme la règle elle-même.

Mais aussi, puisque l'institution est permanente et uni-verselle, sa compétence peut être plus circonscrite que celle des lois passagères; et vous reconnaîtrez, législa-teurs, que, dans le projet présenté, cette compétence est moins étendue que celle accordée, soit par l'ordonnance de 1670, soit par l'édit de 1731, qui étaient cependant des lois permanentes, et que cette compétence est par conséquent plus restreinte que celle accordée par la loi du 18 pluviose an 9.

La compétence de la juridiction prévôtale était, avant la révolution, fixée par l'édit du 5 février 1731, qui avait apporté aux dispositions de l'ordonnance de 1670 sur la matière, de notables changements, d'importantes modifi-cations: par l'édit du 5 février 1731, les cas déclarés prévôtaux par *la qualité des accusés*, étaient fixés à six, et consistaient dans tous les crimes commis, 1° par les vagabonds, gens sans aveu; 2° par les mendiants valides; 3° par les condamnés à peine corporelle, bannissement ou amende honorable; 4° par les infracteurs de ban; 5° par les gens de guerre; 6° par les déserteurs, leurs fauteurs et suborneurs.

Suivant la même loi, les cas déclarés prévôtaux *par la nature du crime*, étaient fixés à cinq; savoir: 1° le vol sur les grands chemins; 2° le vol avec effraction, port d'armes et violences publiques; 3° le sacrilège avec effraction; 4° les séditions et émotions populaires; 5° la fabrication, altération ou exposition de fausse monnaie.

Dans le dernier état des choses, la compétence des cours spéciales avait été fixée par la loi du 18 pluviose an 9.

Par cette loi, les crimes soumis à la juridiction des cours spéciales par *la qualité des personnes*, étaient, 1° les crimes et délits emportant peine afflictive ou infamante, commis par des vagabonds et gens sans aveu; 2° les mêmes crimes et délits commis par les condamnés à peines afflictives; 4° le vagabondage et l'évasion des condamnés.

Les crimes déclarés *spéciaux* par *la nature du crime*, sont, d'après la même loi, 1° les vols dans les campagnes et dans les habitations et bâtiments de campagne, dans les cas d'effraction, ou de port d'armes, ou de réunion; 2° l'assassinat prémédité, qui est aussi déclaré cas ordinaire; 3° l'incendie; 4° la fausse monnaie; 5° les assassinats préparés par des attroupements armés; 6° les menaces, excès et voies de fait contre les acquéreurs de biens nationaux à raison de leurs acquisitions; 7° le crime d'embauchage et de machinateur hors l'armée, et par des individus non militaires pour corrompre ou suborner les gens de guerre, les réquisitionnaires et conscrits; 8° les rassemblements séditieux à l'égard des personnes surprises en flagrant délit dans lesdits rassemblements.

A la compétence accordée par ces deux lois, que l'on compare celle établie par le projet de loi que nous présentons, et l'on sera étonné en voyant dans quel cercle relativement plus étroit nous proposons de la restreindre.

Nos constitutions, et des lois d'attributions consenties par elles, ont enlevé aux juridictions spéciales les délits militaires ou commis par des militaires: et la compétence des cours spéciales, en ce qui concerne les crimes déclarés *crimes spéciaux* par *la qualité des accusés*, se réduisent par le projet présenté *aux crimes commis par des vaga-bonds, gens sans aveu, et par des condamnés à des peines afflictives ou infamantes.*

Les crimes déclarés *spéciaux par la nature du crime,* seront, d'après le projet, restreints aux quatre espèces qui suivent, savoir :

1° Le crime de rébellion armée à la force armée ;

2° Celui de la contrebande armée ;

3° Le crime de fausse monnaie ;

Et 4° les assassinats, s'ils ont été préparés par des attroupements armés.

La compétence ainsi fixée se trouve restreinte aux seuls crimes qui (soit par la nature du crime, soit par la qualité des accusés) menacent la tranquillité publique, et tendent à désorganiser la société, parce que c'est seulement contre cette espèce de crimes et contre cette classe d'accusés qu'est établie une juridiction spécialement instituée pour la conservation de la société considérée en masse, et de la sécurité publique. Les autres crimes, les autres accusés qui attaquent plus particulièrement les individus que la société, et les propriétés particulières que la tranquillité de tous, sont du ressort du juge et des tribunaux ordinaires.

Sous ce point de vue, il était impossible de ne pas conserver dans les attributions des cours spéciales les vagabonds, les gens sans aveu et les condamnés qui récidivent, parce qu'ils se sont placés hors des lois sociales, parce que leur intérêt est toujours en guerre avec celui de la société, parce qu'ils se sont fait du crime une habitude, un besoin.

Sous ce point de vue, il était impossible de ne pas soumettre à la juridiction des *cours spéciales,* 1° celui qui fait rébellion armée à la force armée, parce qu'il est rebelle envers le prince dépositaire de la force publique, parce qu'opposant sa force à la force de la loi, sa volonté à la volonté de tous, il appelle la sédition, l'anarchie.

2° Celui qui se livre à la contrebande armée, parce que, destructeur de l'industrie nationale, il est toujours le stipendiaire, le correspondant et le complice de l'ennemi; parce que l'expérience a appris que tous les séditieux ont trouvé dans ces bandits des auxiliaires déja organisés, toujours prêts à commettre et à seconder les plus affreux désordres.

3° Le faux monnayeur, voleur public, qui, par son crime, discrédite souvent la véritable monnaie, inspire partout la défiance, et paralyse le commerce, en stérilisant le moyen unique des échanges.

4° Et enfin les assassinats, s'ils ont été préparés par des attroupements armés, parce que le crime commis par ce moyen répand une terreur générale, et détruit la sécurité publique.

Par ces motifs aussi, le vol sur les grands chemins, le vol avec effraction, le vol dans les campagnes, l'assassinat même prémédité, l'incendie, qui se trouvaient, par les lois précédentes, de la compétence de la juridiction spéciale, rentrent dans la compétence du tribunal ordinaire.

A plus forte raison a-t-on dû renvoyer devant les tribunaux ordinaires les crimes qui portaient atteinte à la sécurité des acquéreurs des biens nationaux. Les dispositions qui ont fait momentanément de ces acquéreurs une classe privilégiée, doivent tomber au moment où les motifs de ces dispositions ne subsistent plus. Cette sauvegarde particulière était bonne lorsque, sous un gouvernement naissant, sous un gouvernement dont la durée était incertaine, les restes de la chouannerie inspiraient

encore à certains individus l'affreux désir, l'horrible espoir de rentrer dans d'anciennes propriétés, par le retour
des troubles et du brigandage. Aujourd'hui tout espoir
de retour aux troubles est ravi; les principes qui garantissent aux acquéreurs des domaines nationaux leur propriété, consacrés par des lois fondamentales, ont été,
chaque jour depuis neuf ans, rappelés dans les nombreux
arrêtés du conseil d'État : la jurisprudence de ce conseil
sera celle des tribunaux civils; et au moment où ces
biens vont rentrer dans la masse des autres biens, vont
être soumis aux mêmes lois, confiés à la surveillance des
mêmes juges qui garantissent les autres possessions, au
moment où les propriétés qui font le motif de l'exception
rentrent dans l'ordre commun, il eût été contradictoire
que les *propriétaires* n'y rentrassent pas également. Le
maintien plus long-temps prolongé du privilège pour les
personnes et les biens, devenait une sorte d'inconvenance
publique, nuisait à la propriété même, que le privilège
frappait d'un discrédit sans compensation, calomniait en
quelque sorte l'esprit actuel de la nation, la force et la
bonté de son gouvernement.

Enfin, législateurs, et relativement à la fixation de la
compétence, vous remarquerez les dispositions de l'article 589 du projet : si par le résultat des débats devant
la cour spéciale, le fait dont l'accusé serait convaincu
était dépouillé des circonstances qui le rendaient justiciable de la cour spéciale, la cour doit alors renvoyer,
par un arrêt motivé, le procès et l'accusé devant la cour
d'assises qui prononcera, dit l'article, quel que soit ensuite le résultat des débats, c'est-à-dire, quand même les
débats devant la cour d'assises auraient rendu au délit
son caractère de *spécialité*; parce que, dans cette circonstance, qui d'ailleurs sera nécessairement rare, il vaut

mieux accorder au brigand une grâce que de courir le
risque de priver le citoyen d'un droit que la constitution
lui garantit.

De la comparaison que je viens d'établir, législateurs,
entre la compétence proposée par le projet, et la compétence fixée par la loi ancienne et par celle de l'an 9, s'il
pouvait encore résulter quelque crainte, elle ne pourrait
naître que de la restriction et du peu d'étendue que le
projet donne à cette compétence : mais, sur ce point,
comme sur tout le reste, le sage qui nous gouverne a cal-
culé avec précision ce que le besoin de l'institution exigeait, et ce qui suffisait à un Gouvernement fortement
constitué. Il sait que la sécurité publique se compose des
sacrifices individuels que chacun fait d'une portion de sa
liberté naturelle, comme les finances publiques se composent du sacrifice que chaque individu fait d'une partie
de son revenu ; et l'économie qui préside à la rédaction
du budjet, où il s'agit de la fortune du peuple, se trouve
toute entière dans la rédaction du Code criminel, parce
qu'on y détermine la portion de liberté dont chaque individu fait le sacrifice, dont chaque individu doit *la con-
tribution* au maintien de la sécurité de tous.

Je vais maintenant vous entretenir, législateurs, de
l'organisation particulière et de la composition de la cour
spéciale ; vous reconnaîtrez facilement que l'organisation
de l'institution devenue permanente, est aussi supérieure
à l'organisation consacrée par la loi du 18 pluviôse an 9,
que celle-ci était elle-même supérieure à l'organisation
des *juridictions prévôtales.* L'organisation des tribunaux spéciaux de pluviôse convenait à une institution
passagère et locale ; la loi que nous vous présentons,
faite pour tous les temps et pour tout l'Empire, devait
avoir une construction plus régulière, et prendre une

physionomie plus judiciaire, tout en conservant les traits qui la caractérisent *juridiction extraordinaire*.

La loi de pluviose demande huit ou six juges, mais de ces six ou huit juges, trois seulement doivent être pris dans les juges du tribunal criminel. Parmi les cinq juges restants, trois doivent être militaires; les deux autres doivent être des citoyens qui, sans être juges, ayent les qualités requises pour l'être.

Les succès étonnants et incontestables des cours spéciales pendant les huit années écoulées depuis leur création, placent leur organisation au-dessus de toute critique, et point de doute que, s'il s'agissait encore aujourd'hui d'élever contre un désordre passager une institution passagère et locale, un Gouvernement sage et prudent ne pourrait que vous présenter l'heureuse institution de pluviose; mais la loi devenue permanente et universelle exige quelques modifications essentielles. Ainsi, dans le projet, le nombre des juges est invariablement fixé à huit.

Ainsi, dans ces huit juges cinq devront être membres, soit de la cour impériale, soit du tribunal de première instance, et par conséquent, à la différence des cours de pluviose, la majorité du tribunal sera toujours composée de membres de l'ordre judiciaire dont l'inamovibilité constitue l'indépendance légale, et semble garantir plus particulièrement l'impartialité.

Trois militaires compléteront le nombre des huit juges. De tout temps leur présence a été jugée nécessaire dans cette institution. Ils y paraissaient comme partie principale dans le code de 1670. Le prévôt et son assesseur faisaient seuls toute l'instruction, et le jugement, quoique prononcé par le président de la juridiction ordinaire, était intitulé au nom du prévôt: Cette constitution, plus militaire que judiciaire, pouvait convenir aux mœurs, aux besoins du temps, et aux *juridictions prévôtales*, mais ne pouvait convenir ni à nos besoins ni à nos institutions.

Les militaires introduits dans le tribunal n'y paraissent plus ni comme *titulaires*, ni comme partie principale. Ils y arrivent comme auxiliaires, mais comme auxiliaires utiles, indispensables; et l'expérience nous a appris qu'à ce titre ils ont rendu tous les services que les fondateurs de l'institution en attendaient. Presque toujours ces utiles auxiliaires ont été choisis dans l'arme de la gendarmerie, parmi ces braves qui, toujours à cheval, semblent avoir établi leur domicile sur les grandes routes; qui, par leur adresse et leur patience, découvrent tous les projets des méchants; qui, dans les combats journaliers livrés par eux aux brigands armés, montrent tant de dévouement, et dont l'intrépidité inspire tant de terreur aux bandits, que l'uniforme du gendarme suffit souvent pour les faire reculer d'épouvante et d'effroi. Ces militaires connaissent toutes les habitudes, toutes les ruses de ces brigands, tous les signes et jusqu'au langage de convention adoptés par eux, et donnent aux juges des connaissances de détail et décisives que l'on chercherait vainement ailleurs.

Un autre bienfait, déjà remarqué, résulte de cet heureux amalgame. Tous les accusés ne sont pas coupables; et beaucoup d'individus très suspects, arrêtés sur des motifs graves par la gendarmerie, sont souvent *rendus à la liberté* par les tribunaux; ce résultat a pu décourager ces militaires, tant qu'ils ont pu penser que la peur ou d'autres considérations avaient dicté des décisions pusillanimes. Ils croiront avec plus de facilité à l'innocence des accusés absous, quand leurs frères d'armes auront concouru à la prononcer.

Dans l'institution projetée l'on ne peut craindre l'ascendant des militaires sur les juges civils. Cet ascendant ne s'est point fait remarquer sous l'influence de la loi de pluviôse qui les introduisait en nombre égal; comment pourrait-il se faire sentir dans un système où ils se trouvent toujours en minorité?

Mais le caractère principal de cette *institution spéciale*, celui qui la distingue de la *juridiction ordinaire*, c'est que les juges y sont en même temps appréciateurs du fait et applicateurs de la peine, c'est-à-dire, qu'ils prononcent sur les accusés sans le concours des jurés.

La force des choses le voulait ainsi; et les membres de la Constituante auraient dû prévoir que l'institution du jury, excellente pour prononcer sur les délits et contre des criminels ordinaires, serait insuffisante pour procurer la punition de certaines espèces de crimes, et pour comprimer certaines classes de criminels. Ils devaient bien prévoir que la terreur que ces bandes inspirent, que leurs menaces et les représailles de leurs complices paralyseraient le courage des jurés, et procureraient souvent aux brigands une scandaleuse et désastreuse impunité. Quinze ans d'une funeste expérience nous permettent aujourd'hui d'apprécier toutes ces théories générales et cette horreur de certains publicistes pour les exceptions. Le seul reproche, ou du moins le seul reproche bien fondé dirigé contre l'institution du jury, a été son insuffisance incontestable et constante contre les crimes et les criminels qui compromettent la sécurité publique; c'est l'impuissance de l'institution dans ces cas particuliers, qui a élevé contre l'institution elle-même un préjugé si défavorable dans l'esprit de quelques personnes, et mis dans les mains de ses ennemis des armes qui ont compromis son existence. Et je ne doute pas que même l'exécrable abus que des bêtes féroces, déguisées en hommes, ont fait pendant quelques mois de cette libérale institution, lui ait moins nui dans l'esprit des hommes qui savent calculer les effets des passions déchaînées par l'anarchie, que l'impunité scandaleuse des bandits, impunité procurée par l'impuissance relative de cette institution, à l'époque même où l'on voyait partout renaître l'ordre et l'empire des lois.

C'est donc servir l'institution du jury, c'est assurer et protéger sa durée, que cesser de l'employer dans des circonstances où son impuissance est incontestable, où, par l'impunité qu'elle a procurée, elle a si souvent compromis la sécurité publique.

J'arrive à la dernière partie du projet, à celle où le législateur, après avoir réglé la compétence et organisé le tribunal, fixe les époques et les lieux de ses sessions, traite de *la poursuite, de l'instruction, du jugement et de l'exécution.*

C'est surtout dans la comparaison que vous établirez, législateurs, entre cette partie de notre *Code spécial* et la partie analogue et correspondante du Code de 1670, que vous pourrez prononcer combien l'institution que nous vous présentons est, sous tous les points de vue, supérieure aux *juridictions prévôtales* de l'ancien système.

C'est surtout par la manière dont se faisait l'instruction que cette *juridiction* prévôtale était vue avec une défaveur marquée; c'était l'instruction déjà bien sévère de 1670, confiée au prévôt et à son assesseur. Ainsi le juge extraordinaire, le juge militaire seul, saisissant d'abord le prévenu, ne le quittait point pendant l'instruction; l'assesseur était le rapporteur du procès; et nous avons déjà eu occasion de remarquer que, si les juges ordinaires concouraient à la formation du jugement, la loi voulait qu'il ne pût être rendu qu'en présence du prévôt, et toujours intitulé de son nom. Qu'on ajoute à cette procédure, toute extraordinaire, la sévérité des formes, les deux questions, le perpétuel secret qu'elle empruntait à la procédure ordinaire de 1670; qu'on ajoute l'influence dangereuse, mais immanquable, que devait, dans cette institution toute écrite, exercer sur le juge ordinaire l'instruction faite uniquement par le prévôt, et l'on conviendra que les hommes même les plus prononcés pour la conservation d'une *juridiction spéciale*, ont pu regarder avec effroi les *juridictions prévôtales*, et l'on concevra comment, dans la séance du 16 mars 1790, sans qu'aucune voix osât les réclamer ou les défendre, elles furent subitement proscrites par un décret qui, si j'ose m'exprimer ainsi, présentait lui-même quelque chose de *prévôtal* dans la manière dont il fut proposé, rendu, et à l'heure même, séance tenante, exécuté.

Dans la loi que nous vous présentons, au contraire, le juge ordinaire instruit, dans les formes ordinaires, contre le crime ou le prévenu qui seront de la compétence de la cour spéciale; parce que cette première instruction, secrète et rapide, suffit pour les deux cas. Ainsi nous évitons, pour cette première partie de l'instruction, de sortir de l'ordre commun; nous évitons cette concurrence et ces conflits auxquels la théorie de 1670 donnait si souvent naissance, et qui, retardant toujours l'instruction dans le moment où elle doit être le plus rapide, laissaient périr des preuves et procuraient très souvent l'impunité.

Nous devons cet inappréciable avantage à la suppression des jurés d'accusation; nous le devons à cette belle théorie qui remet les fonctions exercées par les jurés entre les mains des magistrats des cours impériales qui, chargés par la loi nouvelle de remplacer le jury d'accusation, présentent dans leurs lumières et leur impartialité la plus grande garantie pour l'innocence, et la plus grande certitude que tous les crimes et tous les criminels seront poursuivis.

C'est au moment où cette cour impériale est saisie que la compétence est jugée, et jugée par elle.

Le jugement, notifié à l'accusé avec l'acte d'accusation, est soumis à la cour de cassation, qui prononcera en même temps sur les nullités qui pourraient se trouver dans l'*arrêt de renvoi*.

Sans attendre l'arrêt de cassation, l'instruction devra être continuée sans délai, mais *jusqu'à l'ouverture des débats exclusivement*, à la différence de la disposition analogue de la loi de pluviose, qui (article 27) ordonne que le recours en cassation ne peut suspendre ni l'examen, ni même le jugement définitif, mais seulement l'exécution.

Arrivé devant ses juges, l'accusé y trouve tous les moyens de défense que le tribunal ordinaire offre à l'innocence. Les débats sont publics, et l'accusé est auprès de son défenseur, les jurés seuls ne paraissent point ; mais sur tout le reste et dans tous les détails les règles qui dirigent l'instruction, les débats et le jugement à la *cour d'assises*, dirigent l'instruction, les débats et le jugement à la *cour spéciale*.

Mais le jugement prononcé par la cour spéciale n'est point susceptible de recours en cassation, et doit être exécuté dans les vingt-quatre heures.

Législateurs, la loi qui punit ne se venge pas : le supplice n'est établi que pour l'exemple. La loi qui institue les *juridictions spéciales* veut surtout que la punition du coupable soit prompte, et que le supplice rapproché le plus possible du crime comprime par cela même plus fortement, dans le cœur du méchant, le désir d'imiter le malfaiteur.

Tout le bienfait de l'institution, le triste et unique avantage du supplice sont perdus, si l'instruction est trop prolongée, si la peine n'arrive qu'au moment où le crime est oublié. L'expérience n'a même que trop appris que le supplice infligé long-temps après le crime, et lorsque l'indignation inspirée par le forfait était refroidie, produisait un effet tout-à-fait opposé à celui qu'en espérait le législateur; la peine présente semble alors effacer le forfait ancien, et la pitié pour le condamné a souvent étouffé l'indignation qu'avait inspirée le malfaiteur.

Il a donc fallu que dans l'institution *spéciale* la peine suivît de près le jugement

Il a donc fallu supprimer le *recours en cassation*, qui met un intervalle d'au moins deux mois entre le jugement et l'exécution.

Mais, pour que la rapidité ne pût enlever à l'innocence aucune de ses ressources, à l'accusé aucune de ses espérances et de ses légitimes consolations, il a fallu par des précautions préalables rendre ce recours en cassation inutile et surabondant, et c'est ce qui a été fait.

Nous avons vu que jusqu'au moment où le procès et l'accusation arrivent à la cour impériale, l'accusé d'un crime qui est de la compétence de la cour *spéciale*, court la même chance, exerce les mêmes droits que les accusés de crimes qui sont attribués aux *cours d'assises*. Nous avons vu que, même jusqu'au jugement qui, en fixant la compétence, prononce la mise en accusation, l'accusé qui doit être jugé par la *cour spéciale* jouit des mêmes droits que les accusés de crimes qui sont attribués aux *cours d'assises*. Nous avons vu que, même jusqu'au jugement qui, en fixant la compétence, prononce la mise en accusation, l'accusé qui doit être jugé par la *cour spéciale* est traité comme les accusés qui seront jugés par les *tribunaux ordinaires*. La loi n'a donc point dû jusque-là s'occuper de précautions particulières et spéciales, puisque l'un et l'autre accusés se trouvent jusque là dans la même situation.

Mais cette situation change au moment où le jugement de compétence est rendu, au moment où l'accusé est renvoyé à la *cour spéciale*; à ce moment aussi la loi s'occupe de toutes les précautions qui doivent garantir l'accusé du résultat de quelques erreurs.

A ce moment le jugement de compétence est soumis à la cour de cassation; à ce moment l'accusé peut présenter, à cette cour suprême, les seuls, les mêmes moyens de nullité que l'accusé renvoyé devant le *tribunal ordinaire* pourra présenter à la même cour après la condamnation.

Ces précautions suffisent.

En effet, la loi ne peut plus offrir d'autres recours, ou ne donnerait que des recours dont l'inutilité et la surabondance ont été reconnues.

Il faut écarter en effet les nullités qu'on supposerait pouvoir naître des débats; tout y est oral.

Il faut écarter toutes les nullités auxquelles peut donner ouverture l'intervention du jury, elles sont inapplicables à l'institution spéciale.

Prévoira-t-on qu'il peut y avoir un *mal jugé* parce que les preuves auront été mal appréciées? mais la cour de cassation ne peut jamais connaître du *mal jugé*

Restent donc les nullités qu'on supposerait devoir résulter de la fausse application de la peine.

Mais d'abord il est reconnu que même sous l'ancien système, et dans les jugements qui ont le plus soulevé

l'opinion, les reproches toujours établis sur le mal jugé
et sur une trop grande légèreté dans l'appréciation des
preuves, n'ont jamais porté sur la fausse application des
peines : c'est déja, ce nous semble, un puissant motif de
sécurité.

Mais ici la compétence est extrêmement restreinte ;
elle se trouve limitée à cinq espèces de délits bien précisés
et caractérisés, au point que l'erreur est impossible.

Il faut ajouter que le jugement de compétence n'est
plus prononcé par un tribunal inférieur, comme sous le
système de 1670, ni par le directeur du jury, comme le
permettait une loi postérieure, ni par le tribunal spécial
lui-même, comme le veut la loi de pluviôse an 9, mais
sera jugé par la cour impériale, composée des magistrats
les plus expérimentés, les plus éclairés.

Enfin ce jugement de compétence est soumis à un tribunal suprême, à la cour de cassation, sentinelle vigi-
lante, éclairée, gardien sévère et éprouvé des lois qui
garantissent à chaque citoyen la conservation de son
honneur, de sa vie et de sa fortune.

Comment pourra-t-il arriver qu'une erreur sur la
compétence échappe à tous ces yeux ouverts pour la découvrir ?

Or, une fois la compétence bien déterminée, le délit
est bien caractérisé, bien défini, et l'application de la
peine n'est plus qu'une opération presque mécanique,
d'une facilité telle, que pour imaginer qu'elle donnerait
ouverture à cassation, il faudrait supposer les juges tout-
à-fait aveugles ou atroces ; et Dieu nous garde de présenter des lois qui seraient établies sur d'aussi étranges
hypothèses !

En terminant, législateurs, je dois fixer vos regards
sur la disposition de l'article 595, *qui permet à la cour,*

pour des motifs graves, de recommander l'accusé à la commisération de Sa Majesté; et sur l'article 598 qui, dans ce cas seulement, permet le sursis à l'exécution.

Quelques personnes avaient pensé que cette disposition pouvait être commune et aux *cours d'assises* et aux *cours spéciales*; mais il fut bientôt reconnu que cette disposition, dangereuse et inutile en *cour d'assises* et devant les *jurés*, pouvait être utile, quelquefois nécessaire, et serait toujours sans aucun danger dans les *cours spéciales*.

Il eût été dangereux de confier à des jurés, juges passagers, l'exercice de ce droit dont ils auraient presque toujours abusé, en rejetant l'odieux de l'exécution sur le Gouvernement, qui ne doit jamais intervenir que pour faire grâce.

Il était sans danger, mais il était inutile de confier l'exercice de ce droit aux juges des *cours d'assises*, parce que leur jugement étant toujours soumis à la *cassation* les délais qu'exige l'instruction devant cette cour suprême mettent entre le jugement et l'exécution un intervalle pendant lequel l'accusé, ses parents, ses amis peuvent recourir à la *commisération de Sa Majesté*.

Mais l'accusé traduit devant la cour spéciale est privé de tous ces avantages; point de recours en cassation : l'arrêt doit s'exécuter dans les vingt-quatre heures.

Et cependant qui peut ignorer que parmi les coupables qui sont traduits devant ces cours, il s'en trouve que le hasard ou la complicité a rendus dépositaires de secrets horribles dont la manifestation peut intéresser la société? Tant qu'ils espèrent l'impunité, ils gardent un silence homicide; mais au moment où l'arrêt est prononcé, au moment où les exécuteurs s'approchent, au moment où ils voient le supplice et se trouvent aux prises avec la mort, ils cherchent à racheter leur vie par des révélations, et quelques-unes ont été grandement utiles; si la loi, que tous ces bandits connaissent bien, enlève au condamné tout espoir, il périra, et emportera avec lui le secret fatal dont la révélation eût intéressé la société toute entière.

D'un autre côté, ce n'est presque jamais que pendant les débats, souvent quelques instants avant la condamnation, que la cour a pu démêler parmi les accusés tel complice que des dépositions inattendues peuvent rendre dignes de la commisération de SA MAJESTÉ. Le juge sévère et probe, qui sait bien qu'à SA MAJESTÉ seule appartient le droit de faire grâce, prononcera la condamnation; mais dans quelle situation placez-vous ce même juge, ce juge bien humain, s'il est bien juste, si vous le supposez convaincu que cet homme qu'il va faire périr eût obtenu la vie par une *grâce* qu'il ne peut plus demander?

Ces grandes considérations ont dicté l'art. 595; les dispositions qu'il renferme nous laissent, législateurs, sur la consolante idée que les juges criminels, chargés de fonctions bien augustes, mais bien terribles, de fonctions qui doivent souvent briser leur âme, pourront quelquefois goûter le plaisir pur, le plaisir ineffable de porter aux pieds du trône les supplications des malheureux.

RAPPORT

Sur le Titre VI du Livre II du Code d'instruction criminelle,

PAR M. LOUVET (de la Somme),
Membre de la commission de législation.

Séance du 15 décembre 1808.

MESSIEURS,

Vous avez maintenant achevé tout ce qui concerne l'institution des jurés. Les lois que vous avez adoptées, les formes, les précautions dont vous avez sagement environné cet établissement, particulièrement la composition de notre nouveau jury, tout donne le plus juste espoir, que le jugement par jurés, que cette grande sauvegarde des innocents, que cet appui principal de la liberté civile, sera désormais à l'abri des attaques qu'il a si souvent essuyées, notamment dans ces derniers temps, et qu'ont motivées jusqu'à un certain point, il faut bien en convenir, les vices, en effet trop réels, de son organisation précédente.

Mais, Messieurs, quand vous avez consacré cette grande et tutélaire institution, que les hautes pensées qui nous gouvernent ont servi à raffermir et améliorer au milieu de nous, il n'est pas entré dans vos esprits, je crois pouvoir en être assuré, que tous les crimes, tous les délits, tous les genres d'accusation, seraient, pourraient être soumis au jugement par jurés.

Dans vos méditations, Messieurs, vous avez naturel-

lement séparé d'abord de cette institution les délits militaires et maritimes, qui, conformément aux anciennes
constitutions elles-mêmes, et à celles qui nous régissent à
present, appartiennent à des tribunaux particuliers, dont
les membres, au surplus, par leur qualité, leur mobilité,
ont quelque chose du caractère des jurés.

Ensuite, vous vous serez rappelé, Messieurs, cet article de l'acte des constitutions du 22 frimaire an 8, qui,
en cas de révolte armée sur quelques points du territoire
français, autorise le législateur à y changer l'ordre judiciaire et administratif. Vous vous serez rappelé en même
temps les bons effets qu'a produits, dans l'ouest, cette
mesure, non employée ailleurs, et mise cette seule fois
en usage, avec autant de bonheur que de sagesse, par le
Chef suprême de l'Empire, lorsqu'il ne portait encore
que le titre, si illustre par lui, de Premier Consul : et
vous aurez pensé que, si jamais le malheur des circonstances venait à exiger dans quelques-uns de nos départe-
mens la suspension des formes et des prérogatives cons-
titutionnelles, cette suspension, par une suite nécessaire,
devrait comprendre le jugement par jurés lui-même.

Mais ces deux exceptions, qui ne sont pas spécifiées
dans le nouveau Code criminel, parce que, de leur nature, elles tiennent à un autre ordre de choses, ces deux
exceptions, vous n'avez sûrement pas pensé, Messieurs,
qu'elles fussent les seules que le jugement par jurés dût
recevoir parmi nous.

Dans toute aggrégation politique, même dans celles
qui jouissent au plus haut degré des avantages de la civi-
lisation et d'une bonne administration publique, il est
malheureusement impossible qu'il ne se trouve pas, en
plus ou moins grand nombre, des vagabonds, des gens
sans aveu, des personnes déjà condamnées à des peines

afflictives ou infamantes. Ces individus, qui ne font véritablement pas partie de la société, ou plutôt qui n'y tiennent que pour en être le fléau, sont ceux qui portent le
plus souvent atteinte à l'ordre public, à la sûreté, à la
fortune des individus. Or peut-on, doit-on accorder
l'avantage, l'honneur du jugement par pairs ou par jurés,
à ces êtres dangereux, la plupart flétris, qui forment une
classe entièrement à part des citoyens ?

Ensuite, Messieurs, daignez prévoir les cas qui arrivent quelquefois, de rébellion armée à la force armée, de
contrebande armée, de fausse monnaie, d'assassinats
préparés par des attroupements armés. Daignez en même
temps réfléchir sur la nature de ces crimes, sur le caractère de violence des uns, le danger imminent de tous ;
sur le besoin de les poursuivre et punir sans délai ; et,
sans doute, vous sentirez aussitôt la nécessité de les soumettre toujours aussi à un tribunal particulier plus
prompt et autre que celui par jurés.

Déjà même, Messieurs, vous avez préjugé l'existence
de ce tribunal particulier et d'exception, en sanctionnant
la troisième loi : cette loi, en effet, parle, article 231, des
renvois à faire par les cours impériales, soit aux cours
d'assises, soit aux *cours spéciales.*

Il est vrai que jusqu'ici il n'a été question que d'un
principe ; car dans cette troisième loi, non plus que
dans les autres lois discutées jusqu'à ce jour, l'objet de
l'établissement des cours spéciales n'a pas été désigné ; ce
n'en était pas le lieu ; l'ordre des idées renvoyait cette désignation à un autre projet de loi ; mais on peut dire du
moins que le principe est reconnu.

Or, c'est cette désignation, ce sont les règles et les
formes applicables à la cour spéciale, si fréquemment
nommée dans les lois décrétées jusqu'à ce moment, qui

sont renfermées dans le projet sur lequel vous avez à présent à délibérer; et si vous adoptez ce projet, l'exception se trouvera à côté de la règle, et les cours spéciales dans le Code même qui constitue les tribunaux ordinaires : ce qui est et plus naturel, et moins sujet aux inconvénients qu'offrent toujours les lois détachées d'un système général.

Le premier point qu'il y avait à déterminer en rédigeant cette loi, c'était la compétence des cours spéciales ; et c'est, Messieurs, ce que vous aurez trouvé dans les trois premiers articles du projet.

Vous y avez vu que la juridiction des cours spéciales est restreinte, sous le rapport des personnes, aux accusations dirigées contre les vagabonds, les gens sans aveu et les personnes déjà condamnées à des peines afflictives ou infamantes ; et, quant aux crimes, vous avez remarqué que cette juridiction n'embrasse que la rébellion armée à la force armée, la contrebande armée, le crime de fausse monnaie, et les assassinats, mais seulement quand ils auront été préparés par des attroupements armés.

Et ici, Messieurs, votre Commission aura l'honneur de vous prévenir que, si vous désiriez une définition plus précise de ce qu'on entend par ces mots, *vagabonds, gens sans aveu, rébellion armée*, etc., expressions déjà consacrées dans notre jurisprudence criminelle, nous nous sommes assurés, dans nos rapports avec le Gouvernement, que cet objet de votre sollicitude, qui nous a également occupés, serait rempli, et que cette définition, vous la trouveriez dans le Code pénal qui vous sera soumis par la suite, et où sa place est plus naturellement marquée.

Que si vous pouviez craindre que des citoyens ordinaires, des domiciliés, se trouvant quelquefois impliqués dans des accusations intentées contre des vagabonds, gens sans aveu, et des repris de justice, ces citoyens ne fussent ainsi distraits de leurs juges naturels, et privés des avantages du jugement par jurés : le dernier article de cette première section, Messieurs, est là pour dissiper cette crainte : cet article en effet veut que, dans ce cas, le procès et les parties soient renvoyés devant les cours d'assises.

Les motifs exposés par messieurs les orateurs du Conseil d'État, les considérations que je viens moi-même de mettre sous vos yeux, et surtout vos propres méditations, m'assurent que la compétence donnée à la cour spéciale par le projet, vous paraîtra aussi convenable, aussi utile, aussi nécessaire, que le tribunal l'est lui-même, à raison de la nature des choses et de l'intérêt social, pour les personnes et les délits qu'embrasse cette compétence.

Messieurs les orateurs du Conseil d'État ont discuté devant vous la question de la permanence de la cour spéciale ; et les considérations qu'ils ont développées à cet égard, sont encore présentes à vos esprits. Je me permettrai d'y ajouter une seule réflexion, tirée des objets mêmes attribués à la connaissance de cette cour.

Pour fixer un terme à la durée de cette institution, il faudroit pouvoir se promettre qu'à une époque donnée, il n'y aura plus, ni rébellions, ni contrebande armée, ni crimes de fausse monnaie ; ni gens errants, sans domicile et sans aveu, ni repris de justice : tous délits et personnes que, par respect même pour l'institution du jury, vous reconnoîtrez ne devoir pas lui être soumis.

Or, comme un tel espoir n'est pas permis, vous en tirez de vous-mêmes cette induction, qu'on ne doit pas assigner de terme à la durée de la cour spéciale, et qu'il faut laisser au temps le soin de modifier, ou même peut-être de faire cesser cette institution, si les améliorations qui pourront survenir dans l'état des mœurs de la nation, en font un jour sentir la nécessité.

En s'occupant de procédures criminelles, il est consolant, on a besoin même de penser que les accusés ne seront pas toujours des coupables; et ainsi, lors même qu'on prend avec raison les précautions les plus propres à assurer la vengeance de la société, il ne faut jamais négliger non plus le soin, le grand soin de donner aussi à l'innocence tous les moyens de se faire reconnaître. A cet égard, Messieurs, votre Commission pense que devant le tribunal particulier qui est proposé, l'innocence n'aura absolument rien à redouter. C'est ce que vous aurez reconnu, du moins elle ose le penser, en méditant le projet avec l'attention que vous portez à tout ce qui vous est soumis.

Votre Commission ne se permettra pas d'entrer dans l'examen minutieux, soit de tous les articles du projet, soit des articles plus nombreux encore pris dans les lois décrétées les jours précédents, que le projet rappelle, et dont il fait l'application aux cours spéciales. La Commission, abandonnant avec confiance tous les détails à votre examen particulier et à vos lumières, se bornera, pour épargner vos moments, à avoir l'honneur de vous soumettre encore ici quelques aperçus généraux.

Et d'abord, Messieurs, quelle est la composition que le projet donne à la cour spéciale? C'est ce que vous aurez vu dans le premier paragraphe de la section première.

Ce tribunal, qui ne pourra jamais juger qu'au nombre de huit juges, sera composé d'abord du président de la cour d'assises; ensuite, des quatre juges formant avec le président, la cour d'assises elle-même: et enfin de trois militaires âgés d'au moins trente ans, et ayant au moins le grade de capitaine.

Il a semblé à votre Commission, Messieurs, qu'une telle composition était faite pour concilier une grande confiance à cette cour; puisque ce sont d'une part les membres mêmes de la cour d'assisses, et de l'autre trois militaires d'un âge et d'un grade propres à garantir leur instruction et leur expérience, et que ces trois militaires ne seront jamais nommés que pour un an, amovibilité utile, surtout en matière criminelle, qui en fera des espèces de jurés, dignes eux-mêmes de toute la confiance des accusés.

Que si l'on objectait que ces trois militaires pourront n'être pas assez initiés dans la connaissance des lois, vous feriez de vous-mêmes, Messieurs, la réponse à cette objection. Il s'agit ici du Code d'instruction criminelle, et dans cette matière c'est le fait, bien plus que l'application de la loi, qui est important. On ne peut point avoir d'inquiétudes sur cette application de la loi, au moyen des cinq juges qui formeront toujours la majorité dans la cour spéciale. Et quant à la déclaration du fait, les principes qui vous ont conduits à admettre le jury pour les affaires criminelles les plus nombreuses et les plus importantes, vous disent que les trois militaires dont il s'agit seront eux-mêmes très utiles dans la cour spéciale, et que leur admission dans ce tribunal est, sous ce point de vue, conforme à l'esprit général de notre législation criminelle. Vous songerez d'ailleurs, Messieurs, que la présence de ces trois militaires sera d'autant moins déplacée dans ce tribunal, que souvent, le plus souvent, les accusations seront relatives à des faits de violence armée, contre les agents de la force armée.

En parcourant les autres parties du projet, vous aurez rencontré partout, Messieurs, j'ose le croire, de nouveaux motifs de sécurité.

Le paragraphe II de la même section veut que la cour spéciale ne soit convoquée qu'après que l'instruction d'une affaire de sa compétence sera complétée : ainsi, Messieurs, ce n'est pas ici un tribunal permanent, ou du moins toujours en action, comme le sont nos tribunaux spéciaux actuels, dont j'aurai l'honneur de vous parler par la suite, et même comme le sont toutes nos cours criminelles, qui ont toutes, d'une manière permanente, sans aucune limitation de durée, des attributions spéciales très importantes. Et vous verrez bientôt ce que c'est que cette procédure dont l'instruction est mentionnée en cet endroit.

Du reste, c'est la cour impériale qui détermine le jour et le lieu où la session devra s'ouvrir ; et en appliquant aux cours spéciales divers articles précédemment décrétés pour les cours d'assises, on prend des précautions, d'un côté, pour que les membres de la cour impériale qui auront voté la mise en accusation, ne puissent dans la même affaire ni présider la cour spéciale, ni en être juges ; et de l'autre, pour que les accusés arrivés dans la maison de justice depuis l'ouverture de la session, ne puissent être jugés durant cette session, qu'autant qu'ils y auront consenti : ce qui les met à l'abri des dangers de la précipitation.

Les paragraphes III et IV règlent, l'un, les fonctions du président ; l'autre, celles du ministère public : et ici, Messieurs, sont encore rappelées les formes protectrices de l'innocence que vous avez précédemment sanctionnées, en approuvant ce qui est relatif à la tenue des cours d'assises.

La section II traite de l'instruction et de la procédure antérieures aux débats ; et c'est dans cette partie du projet, du moins votre Commission ose le penser ainsi, que vous puiserez, Messieurs, vos plus grands motifs de sécurité dans l'institution qui vous est proposée.

En effet, Messieurs; et vous en étiez déja avertis par les lois précédemment décrétées, et vous venez encore de le voir dans le second paragraphe de la première section, ce n'est pas de plein vol, si je puis m'exprimer ainsi, et sans formalités préalables, que les prévenus seront traduits devant la cour spéciale; ils ne pourront l'être que sur une accusation admise par la cour impériale elle-même; et cette mise en accusation par la cour impériale devra toujours être précédée de toutes les formalités prescrites pour la poursuite des crimes qui sont de la compétence des cours d'assises.

Ainsi, Messieurs, ce ne sera qu'après les procès-verbaux, informations et auditions de témoins, devant les officiers de police, devant le juge instructeur; après l'examen attentif de ce magistrat; après celui du procureur impérial; après celui encore du tribunal d'arrondissement lui-même : ce ne sera qu'après que le prévenu aura passé par ces divers genres d'épreuves, toutes établies autant en faveur de l'innocence, que pour convaincre le coupable, que ce même prévenu pourra être appelé à en subir une nouvelle devant la cour impériale : et enfin il ne pourra être présenté à la cour spéciale, qu'autant que le résultat de cette grande, solennelle et dernière épreuve préparatoire, aura été sa mise en accusation.

De plus, l'arrêt par lequel la cour impériale renverra un prévenu en état d'accusation devant une cour spéciale, sera nécessairement et toujours sujet à la révision de la cour de cassation, qui jugera si l'accusé, le délit sont en effet de la compétence de la cour spéciale, et prononcera en même temps sur la régularité de l'arrêt de renvoi.

Et dans cette même section, Messieurs, sont rappelées les dispositions salutaires que vous avez déja approuvées, en vous occupant des cours d'assises, pour assurer aussi aux accusés qui paraîtraient devant les cours spéciales, je ne dis pas cette publicité si importante, qui est maintenant tellement de l'essence de notre procédure criminelle, qu'elle est, en quelque sorte, identifiée à jamais avec elle ; mais pour assurer à ces accusés, des conseils, le droit de communiquer librement avec eux, celui de prendre ou faire prendre copie des procès-verbaux, déclarations de témoins et autres pièces, même celui de demander dans certains cas le renvoi de l'affaire à une autre session ; enfin, Messieurs, toute la latitude nécessaire à leur défense.

La section III concerne l'examen, et cet examen devant la cour spéciale, est le même que celui devant la cour d'assises, sauf la seule différence relative aux jurés ; c'est ce que vous aurez reconnu en lisant cette partie du projet ; et cette observation générale me dispense d'arrêter plus long-temps votre attention sur ce point. Il me suffira d'ajouter que vous serez tranquilles encore sur le sort des accusés dont il s'agit, puisque pour eux les formes du débat sont les mêmes que pour les accusés qui paraîtront devant les cours d'assises.

La section IV règle ce qui est relatif au jugement, à la position des questions, à la manière d'opiner et de recueillir les voix, à ce qui doit être fait quand l'accusé est reconnu innocent et quand il est déclaré coupable. Cette section se termine par un article qui porte que l'arrêt ne pourra être attaqué par la voie de cassation, article conforme à ce qui se pratique à présent, réclamé par le besoin d'un prompt exemple, et qui semble appartenir essentiellement aux tribunaux spéciaux.

Au surplus, Messieurs, vous remarquerez avec satisfaction dans cette partie du projet, et la disposition sui-

v.

vant laquelle la cour spéciale pourra, dans les cas prévus par la loi, déclarer l'accusé excusable, et celle qui ordonne qu'en cas d'égalité de voix l'avis favorable à l'accusé prévaudra : ce qui, dans un tribunal qui ne pourra juger qu'au nombre de huit, prononce impérieusement qu'il faudra toujours et nécessairement les cinq huitièmes de voix pour la condamnation.

Mais surtout, Messieurs, ce ne sera pas sans un mouvement de sensibilité, que vous trouverez dans cette même section, cette autre disposition remarquable, entièrement nouvelle dans notre système criminel, et qui n'est introduite dans le nouveau Code que pour les cours spéciales : je veux parler de l'article qui autorise ces cours à recommander, pour des motifs graves, l'accusé à la commisération de l'Empereur : disposition, Messieurs, qu'il me semble, je le répète, que vous aimerez à rencontrer ici, parce qu'au milieu d'une loi naturellement sévère, elle a quelque chose de consolant et d'adouci : et que peut-être aussi vous penserez qu'elle tempère jusqu'à un certain point celle dont j'avais à l'instant l'honneur de vous entretenir, suivant laquelle la voie de cassation, déniée au ministère public, l'est également à l'accusé. Le recours en grâce est sans doute ouvert aux accusés condamnés par les cours d'assises ; mais les délais qu'entraîne la voie de cassation dont les arrêts des cours d'assises sont susceptibles, donnent pour exercer le recours en grâce un temps que n'auraient pas les condamnés par les cours spéciales ; et c'est là un des motifs de la précieuse prérogative de recommander à la commisération de l'Empereur, accordée aux cours spéciales.

Enfin, Messieurs, quand il s'agit de procès criminels, s'il est doux, comme je l'observais plus haut, de penser que souvent ils se termineront par une absolution, il faut aussi, quoi qu'il puisse en coûter à la sensibilité, prévoir que leur résultat pourra être une condamnation. La dernière section du projet règle, pour ce dernier cas, ce qui concerne l'exécution de l'arrêt, et toutes les dispositions de cette section sont, hors une seule, entièrement conformes à celles que vous avez déjà approuvées à l'égard des arrêts de condamnation rendues par les cours d'assises ; cette seule disposition différente est celle qui, lorsque les juges auront usé de la belle prérogative de recommander à la commisération de l'EMPEREUR, prononce sagement que l'exécution sera suspendue jusqu'à la décision impériale.

Telle est, Messieurs, l'économie entière du projet que vous avez renvoyé à l'examen de la Commission, et sur lequel elle m'a chargé d'avoir l'honneur de vous soumettre ses réflexions.

Le tribunal qui vous est proposé est un tribunal d'exception ; sa compétence devait par conséquent être restreinte autant que l'intérêt social pouvait le permettre. Or, Messieurs, il a paru à votre Commission qu'un tel tribunal ne pourrait inspirer aucun ombrage, puisque sous le rapport des personnes, il ne sera compétent qu'à l'égard des vagabonds, gens sans aveu, et des individus déjà condamnés à des peines afflictives ou infamantes, et seulement encore, quand l'accusation ne comprendra que des personnes de cette classe ; et que, sous le rapport des crimes, il ne pourra connaître que des rébellions armées à la force armée, de la contrebande armée, de la fausse monnaie, et des assassinats quand ils auront été préparés par des attroupements armés.

Et vous observerez, Messieurs, que cette compétence est bien loin d'être aussi étendue, je ne dis pas que celle attribuée par les anciennes lois aux juges prévôtaux ; car celle-ci embrassait, en outre, les assemblées illicites avec port d'armes ; les vols faits sur les grands chemins; les vols avec effraction ; les ports d'armes et violences publiques, dans certains cas ; les sacrilèges avec effraction, etc.; mais je dis même que la juridiction des cours spéciales sera beaucoup moindre que celle dont sont à présent investis les tribunaux spéciaux établis en vertu de la la loi du 18 pluviose an 9; car ces tribunaux ont, de plus, la connaissance des vols faits sur les grandes routes; des vols dans les campagnes et dans les habitations et bâtiments de campagne, lorsqu'il y a effraction, ou certaines autres circonstances désignées dans la loi; des assassinats prémédités; des crimes d'incendie en général; des rassemblements séditieux, etc.

Enfin, Messieurs, toutes nos cours criminelles ordinaires elles-mêmes sont, par la loi du 23 floréal an 11, autorisées à juger sans jurés, et dans la forme spéciale, deux espèces de crimes non attribuées au tribunal dont vous vous occupez; je veux dire le crime de faux, dont malheureusement nous avons vu tant d'exemples, et le crime d'incendie de granges et dépôts de grains, qui s'est lui-même répété si souvent dans un grand nombre de nos départements. Elles jugent même, d'après une loi plus récente, et également dans la forme spéciale, des faits de rébellion contre les agents de la force publique : et vous n'oubliez pas que, sous ce rapport, elles sont non-seulement autant de cours spéciales, mais encore des cours spéciales *permanentes*.

Vous sentez, Messieurs, sans qu'il soit besoin de pousser plus loin l'analyse sur la compétence, combien d'améliorations la loi proposée renferme sur ce qui existe, et combien elle resserre le cercle des délits et des personnes qui seront désormais jugés sans l'intervention des jurés.

Si de la compétence vous passez aux formes que prescrit le projet, vous remarquerez Messieurs, une nouvelle amélioration également très importante : soit en comparant ces formes à celles observées par les anciennes juridictions prévôtales, où l'accusé, sans conseil, sans l'avantage de la publicité, était jugé et ordinairement frappé avec une rapidité effrayante, qui ôtait à la justice elle-même le temps de se reconnaître, et la mettait dans l'impossibilité de rien peser et presque de rien examiner : soit en comparant ces mêmes formes des cours spéciales à celles suivies dans nos tribunaux spéciaux actuellement existants; car ces tribunaux spéciaux, et les cours criminelles elles-mêmes, quand elles jugent dans la forme spéciale, ne sont pas saisies des affaires après les épreuves et avec la solennité consacrées par le projet qui vous est soumis.

Les premiers officiers de police sont bien, si l'on veut, chargés de recevoir les plaintes, les procès-verbaux, les déclarations des témoins; mais, Messieurs, le magistrat de sûreté, le procureur impérial, le tribunal d'arrondissement, étrangers en général à cette première procédure, le sont entièrement à la mise en accusation, laquelle se trouve confiée au seul officier chargé du ministère public près les tribunaux spéciaux; et les juges qui décident leur compétence, sont ceux mêmes qui prononcent souverainement sur le fond de l'accusation.

Tandis que dans le nouveau système, l'accusation, cet acte d'un intérêt si véritablement majeur, devra toujours être précédé de l'examen préalable du procureur impérial, du juge instructeur, et du tribunal d'arrondissement lui-même; ce ne sera qu'après ces épreuves successives, qu'il pourra être question d'examiner s'il y a lieu ou non à accusation. Et qui fera, Messieurs, cet examen? Ce sera la cour impériale elle-même par une section assez nombreuse de ses membres, qui se renouvelleront périodiquement; c'est-à-dire, que ce sera le corps de magistrature le plus imposant à la fois, et le plus digne de confiance.

D'un autre côté, le juge instructeur, les officiers chargés du ministère public, les membres de la cour impériale, qui auront pris part, soit aux premières procédures, soit à la décision de la compétence, soit à la mise en accusation, ne pourront jamais être ceux qui prononceront sur le fond de l'accusation.

Ainsi, Messieurs, et pour remettre en peu de mots, sous vos yeux, les avantages des cours spéciales, je ne dis pas sur les anciennes juridictions prévôtales, avec lesquelles elles n'ont absolument aucun point de comparaison; mais sur les tribunaux spéciaux actuels (qui, s'ils ne sont pas tous permanents par le droit, le sont du moins et le seraient par le fait et par la nécessité), d'un côté, la compétence de ces cours, beaucoup plus restreinte sous le rapport des personnes, le sera encore davantage quant aux crimes et délits; et de l'autre, ces cours seront infiniment plus favorables à l'accusé, par les précautions mêmes prises contre le coupable, par les procédures antérieures à l'accusation, par les formes, par la maturité, par la solennité de cette accusation; j'ajouterai même par celle du débat; et enfin, Messieurs, par cette auguste prérogative, qui sera toujours d'un effet à peu près assuré, accordé aux seules cours spéciales, de recommander dans certains cas le condamné a la commisération de l'EMPEREUR.

Telles sont les considérations que j'étais chargé d'avoir l'honneur de vous soumettre en faveur du projet de loi. Votre sagesse, Messieurs, les appréciera.

MOTIFS

Du Livre II, Titre VII, Chapitre I à V,

PRÉSENTÉS PAR M. LE COMTE RÉAL,
Orateur du Gouvernement.

Séance du 6 décembre 1808.

MESSIEURS,

Nous avons l'honneur de présenter à votre examen et à votre sanction la dernière partie du projet de Code d'*instruction criminelle*, celle qui, sous le titre 7, renferme dans cinq chapitres *divers objets d'intérêt public et de sûreté générale*.

Peu de mots suffiront pour démontrer l'utilité et la nécessité de ces diverses dispositions.

Le chapitre 1er est intitulé, *du dépôt général de la notice des jugements*.

Par l'article 1er de ce chapitre, formant l'article 600 du Code, les greffiers des tribunaux correctionnels et des cours d'assises et spéciales, seront tenus de consigner par ordre alphabétique, sur un registre particulier, les noms, prénoms, profession, âge et résidence de tous les individus condamnés à un emprisonnement correctionnel ou à une peine plus forte. Ce registre contiendra une notice sommaire de chaque affaire et de la condamnation.

Par l'article qui suit, tous les trois mois les greffiers enverront une copie de ces registres au grand-juge ministre de la justice, et une copie pareille au ministre de la police générale.

Enfin, d'après le dernier article, ces deux ministres feront tenir dans la même forme un registre général composé de ces diverses copies.

Il est facile de reconnaître tout ce que ces simples mesures d'ordre et de police doivent procurer d'avantages.

Comme la vertu, le crime a ses degrés; rarement un forfait atroce est un coup d'essai; presque toujours son auteur a été flétri de quelques précédentes condamnations. On désigne les mauvais sujets d'un canton aussi facilement qu'on en cite les honnêtes gens; et s'il est bon que le Gouvernement ait toujours dans la pensée les noms des bons citoyens qui peuvent lui être utiles, la justice, la police et les tribunaux ont besoin que des registres exactement tenus conservent les noms, les demeures, les habitudes des malfaiteurs, les noms et les signalements des complices que l'instruction découvre ou que les condamnés révèlent.

Qu'il se commette un crime dans un canton, il a presque toujours suffi à la gendarmerie de faire subir une espèce de revue à tous les mauvais sujets signalés, de se faire rendre compte de l'emploi de tous leurs moments, pour mettre la main sur le vrai coupable. La classe des malfaiteurs d'habitude, heureusement pour la nation, est la seule qui n'ait point renoncé à son privilège, à l'horrible privilège du crime. Le contrôle de ces bandits existera dans chaque chef-lieu du département, dans le greffe de chaque cour d'appel, pour la facilité des recherches.

Un contrôle général sera établi à Paris, et les deux ministères les plus intéressés à la poursuite et à la compression des méchants, la police qui les recherche et les arrête, la justice qui les frappe, trouveront dans une désolante biographie la statistique bien exacte de tous les crimes, et la statistique personnelle aussi exacte de tous les criminels.

L'expérience avait, au reste, depuis long-temps, conseillé ces mesures d'ordre et de police; le besoin avait déja fait dresser ces tables dans les deux ministères; leurs résultats et leurs succès étaient depuis long-temps incontestables: mais les dispositions qui en procuraient les éléments, étant plutôt de conseil que de précepte, ne s'exécutaient point partout avec la même sévérité; les trois articles proposés permettront de dresser ces listes avec plus de perfection, et d'en obtenir encore de plus grands succès. Eh! ne sera-ce pas déja un très moral résultat, que la crainte inspirée à l'homme sur le point de commettre une faute, de voir son nom figurer sur ces fastes de la honte et du crime? Cette peine d'infamie survivra à la flétrissure, et la réhabilitation seule pourra l'effacer.

Le chapitre qui suit traite *des prisons, maisons d'arrêt et de justice.*

Cette partie du Code est peut-être celle dont la sévère exécution exercera sur la morale publique une influence plus directe, plus prompte et plus marquée.

Ce n'est guère que depuis trente ans, ce n'est même que depuis la Constituante, que l'on a bien connu, bien établi les principes qui doivent diriger le législateur sur cette importante matière.

Les établissements de l'ancien régime, à quelques exceptions près, ne se prêtaient à aucune des améliorations et des changements qu'exigeaient le progrès des lumières et le triomphe des idées libérales. Les dispositions les plus sages, les vues les plus humaines se trouvaient cependant dans les ordonnances de nos rois, et surtout dans les arrêts de règlement des cours; la surveillance continuelle et sévère du ministère public, les visites et descentes fréquentes des premiers magistrats des cours, les visites moins solennelles, mais plus utiles encore aux détenus,

faites par des personnes charitables et pieuses, empê-
chaient beaucoup de vexations et portaient quelques consolations dans les prisons : mais la construction de ces
vieux bâtiments, l'impossibilité de diviser ces emplace-
ments trop resserrés, la difficulté d'y renouveler et d'y
purifier l'air, l'impossibilité d'y construire des ateliers;
d'un autre côté, les privilèges et les droits des hautes,
moyennes et basses justices seigneuriales, et d'autres
abus, ont rendu impuissantes les plus sages dispositions
et paralysé les plus philantropiques institutions. Croirait-
on qu'il fut un temps, et que ce temps est très-voisin de
nous, où le seigneur haut justicier donnait à bail les produits de la geole? Les baux des prisons royales avaient
aussi fait partie du domaine de nos rois. Ce n'est que
dans le dernier siècle que, par la déclaration du 11 juin
1726, Louis XV supprima cette redevance dans ses domaines : mais son exemple ne fut point imité, et au moment de la révolution beaucoup de hauts-justiciers af-
fermaient encore leurs geoles. Pouvait-on, législateurs,
espérer sur cette matière des améliorations prononcées et
surtout un système régénérateur sous un régime qui tolé-
rait ou qui se sentait dans l'impuissance de supprimer de
pareils abus?

Débarrassée de toute espèce d'entraves, la Constituante
put poser franchement les principes, et son Code les a
développés.

Il est évident que le citoyen simplement prévenu de
crime ne peut être traité avec la même sévérité que l'accusé décrété d'accusation. Comme aussi le prévenu, devenu accusé, ne peut pas être soumis au même régime,
placé sous les mêmes verroux que le condamné.

D'un autre côté, la loi, infligeant des peines plus graves les unes que les autres, ne peut pas permettre que

l'individu condamné à des peines légères, se trouve enfermé dans le même local que le criminel condamné à des peines plus graves.

La morale publique exige quelquefois une distinction motivée sur la différence d'âge, et la pudeur commande toujours la séparation des sexes.

Enfin, si la peine infligée par la loi a pour but principal la réparation du crime, elle veut aussi l'amendement du coupable, et ce double but se trouvera rempli, si le malfaiteur est arraché à cette oisivété funeste qui, l'ayant jeté dans la prison, viendrait l'y retrouver encore et s'en saisir pour le conduire au dernier degré de la dépravation.

Frappée de ces grandes considérations, la Constituante avait donc inséré dans le Code pénal de 1791, qu'il y aurait des maisons d'arrêt, pour y déposer le prévenu qui n'est point *décrété*;

Des maisons de justice pour recevoir le prévenu devenu accusé;

Enfin, des prisons pour renfermer les condamnés.

Elle décréta que dans toutes les hommes et les femmes seraient enfermés dans des maisons séparées.

Elle ordonna que les différentes peines seraient subies dans des prisons différentes.

Enfin, elle ordonna que tous seraient condamnés à un travail quelconque, dont le produit procurerait le triple résultat, 1° de régénérer le condamné par l'habitude de l'occupation, et souvent par l'apprentissage d'un métier;

2° De lui procurer quelques épargnes pour le moment de sa sortie, et pour adoucir les peines de sa captivité;

3° De diminuer les frais de prison, que la société, vengée par la condamnation du crime dont elle a souffert, ne devrait jamais supporter.

Toutes ces dispositions se trouvent dans le Code de 1791 ; mais, pour qu'elles pussent recevoir leur exécution, il fallait créer de grands établissements.

Par les articles 12, 18 et 27 du titre Ier de la première partie du Code pénal, la Constituante décida que, par des décrets ultérieurs, il serait statué dans quel nombre et dans quels lieux seraient formés les établissements des maisons de force, pour recevoir les condamnés *aux fers, à la gêne et à la détention.*

Elle légua ces travaux importants à l'assemblée législative qui lui succédait. Des bâtiments immenses, des couvents en grand nombre pouvaient alors, au moyen de quelques constructions nouvelles, remplir le but proposé ; des circonstances terribles enlevèrent cette assemblée à ces travaux de détail, et à la veille de l'époque où la France fut couverte de prisons *révolutionnaires*, l'établissement des prisons légales que le Code demandait fut oublié.

A chaque instant, cependant, l'état affreux des prisons anciennes, le besoin sans cesse senti des établissements que la loi demandait, provoquait les plaintes des tribunaux et des administrations.

A peine le Directoire fut-il installé que, par un message, il appela sur les prisons l'attention des conseils, et qu'il les conjura, 1° de fixer par une loi le nombre des maisons de détention et leur emplacement; 2° de donner enfin une législation complète sur cette partie de l'administration publique.

De temps en temps, à des intervalles assez éloignés les uns des autres, divers membres de ces assemblées, par des discours qui respirent la philantropie la plus éclairée, imploraient la pitié des divers législateurs qui se sont succédés.

Les plaintes des tribunaux et des administrations; les messages du Directoire, les diverses motions des membres des conseils ne produisirent d'autre résultat que la création de quelques commissions, et des rapports où l'excès du mal et la nécessité du remède sont peints avec autant d'humanité que d'éloquence; mais rien dans l'exécution : et si l'on en excepte quelques établissements particuliers que le besoin local a créés ou conservés, le système général de cette partie de l'administration publique n'avait, à l'époque du 18 brumaire, reçu aucune amélioration.

Depuis, et par suite de la régénération totale du système social, par suite de cette guerre à outrance déclarée à tous les abus, par suite de cette impulsion donnée à l'esprit public et de cet élan de la nation vers toutes les idées saines, justes et grandes, le nombre des ateliers de charité s'est augmenté; l'industrie et le travail sont entrés dans un plus grand nombre de prisons, et des modèles de perfection ont du moins été présentés à l'imitation, à l'émulation : mais la grande majorité des prisons était restée et se trouve encore hors d'état de remplir le vœu de la loi; et dans plusieurs parties de l'Empire, l'administration et les tribunaux se trouvent encore dans l'impossibilité de séparer non-seulement les uns des autres les condamnés à des peines différentes, mais même ceux qui sont simplement *accusés* de ceux qui sont *condamnés.*

A plus forte raison n'a-t-on pas pu, dans ces circonstances, établir des ateliers.

Et de ce mélange et de l'oisiveté résultent encore les plus graves inconvénients.

L'oisiveté, qui a conseillé le crime, en est devenue la récompense; les détenus, pour se distraire de ces longs jours, de ces longs ennuis qui les accablent, se racontent mutuellement leurs aventures, leurs fautes, leurs succès ; ils inventent des initiations, ils perfectionnent leur langage, ils se font des doctrines.

Ces horribles entretiens fortifient les forts, soutiennent les faibles, et font évanouir ce qui pourrait rester de crainte, de repentir, de pudeur dans l'âme des moins coupables.

Ainsi, l'individu qu'une faute légère fait condamner à une année de détention se corrompt rapidement à cette affreuse école, et il rentre dans la société scélérat consommé avec des théories toutes apprises et des projets tout formés.

Respirons, législateurs, en pensant que ce désordre va cesser. Le génie bienfaisant qui nous gouverne, dans ce voyage de plus de *mille lieues fait dans l'intérieur de son empire*, a vu le mal ; et le décret impérial, rendu à Bayonne le 16 juin, a sur-le-champ réalisé les vœux si inutilement formés pendant vingt ans.

Ce décret, en réunissant les divers départements qui doivent par arrondissement concourir à l'établissement des prisons centrales, ce décret, en fixant les lieux de quelques-uns de ces établissements, vous tranquillise, législateurs, sur le succès de la loi que nous présentons à votre sanction ; enfin, en l'adoptant, vous aurez l'intime conviction que cette loi n'aura pas le sort des théories de la Constituante, et que cette belle conception, en partie son ouvrage, améliorée par vous, sanctionnée par vous, recevra prochainement sa bienfaisante organisation.

Vous considérerez alors avec plus d'intérêt chacune de ces dispositions, qui ne se présenteront plus comme des théories brillantes qui n'étaient susceptibles d'aucune application.

Vous reconnaîtrez dans les articles que nous vous présentons tous les principes qui garantissent les distinctions, les séparations dont la nécessité vous a été démontrée; vous verrez dans les registres que doivent tenir les gardiens de ces divers établissements, dans les devoirs qui leur sont imposés, dans la responsabilité que la loi fait peser sur eux, l'absolue impossibilité qu'un citoyen puisse être victime d'une détention illégale; vous reconnaîtrez dans les visites multipliées que le projet commande, dans le nombre et la qualité des hauts fonctionnaires qu'il charge de ce triste, mais sacré ministère, avec quel intérêt, avec quelle tendre sollicitude le Gouvernement veille à ce que le détenu, qui malgré son crime ne cesse point d'être un homme, jouisse d'un air salubre et d'une nourriture saine.

Cette fois, le mode d'exécution de la loi ancienne, mis sous les yeux du législateur, détermine son opinion en faveur de la loi nouvelle, qui consacre les principes anciens, et lui permet d'espérer dans les règlements que ce mode d'exécution suppose, ce système complet de législation si instamment et si vainement sollicité depuis vingt ans.

Le chapitre III présente *les moyens d'assurer la liberté individuelle contre les détentions illégales ou d'autres actes arbitraires.*

Dans le chapitre qui précède, l'établissement des registres que doit tenir le gardien, les formalités exigées pour *l'écrou* du prisonnier, l'énumération des pièces qui doivent justifier l'emprisonnement aux yeux du gardien; enfin, la responsabilité qui pèse sur celui-ci, toutes ces précautions semblent être autant de garanties même contre la possibilité du crime *de détention illégale.* Les visites ordonnées par le même chapitre permettent de penser que, si ce crime pouvait se commettre, le gardien et ses complices ne resteraient pas long-temps impunis, et les dispositions que contient le chapitre III pourraient en conséquence paraître inutiles ou surabondantes; mais, d'une part, lorsqu'il s'agit de fournir aux citoyens les moyens d'empêcher qu'on ne puisse illégalement attenter à leur liberté, le législateur ne peut se montrer trop libéral; et il vaut mieux dans ce cas pécher par la surabondance que par l'économie; d'un autre côté, les moyens consignés dans le chapitre II ne sont pas dans la main des particuliers, et la loi qui, après avoir chargé les magistrats, les administrateurs de s'opposer d'office à cet attentat comme à tous les autres, s'en reposerait uniquement sur eux du soin de les réprimer, commettrait une injustice, et priverait chaque citoyen du plus beau de ses droits, affranchirait les enfants, les parents, les amis du détenu du devoir le plus doux, le plus sacré. Il a donc fallu, par quelques articles, mettre entre les mains des particuliers les moyens d'exécuter les articles constitutionnels sur cette matière, et de les garantir contre toute espèce de déni de justice.

Les quatre articles du chapitre III suffisent pour procurer ce résultat. Ils ne contiennent aucune théorie nouvelle; ce sont les principes et les droits consacrés par nos vieilles ordonnances, reproduits par la Constituante; et l'expérience a démontré que, s'ils étaient nécessaires, ils suffisaient et n'étaient susceptibles d'aucun abus.

Je passe au chapitre IV, intitulé *de la réhabilitation des condamnés.*

La réhabilitation dont il est question dans ce projet n'est point, vous le savez, législateurs, une théorie nouvelle. Ce système se retrouve en entier dans la théorie de notre ancienne législation. Il est reconnu et défini dans les articles 5, 6 et 7 du titre XVI de l'ordonnance de 1670: *c'est la réhabilitation du condamné en ses biens et bonne renommée, lorsque, disent les auteurs, il a satisfait à la peine, amende et intérêts civils, et que la tache et note d'infamie, et l'incapacité qui lui reste d'agir civilement, lui ôtent les moyens d'exister.*

La réhabilitation dans l'ordonnance de 1670, et dans notre ancienne jurisprudence criminelle, faisait partie d'un système plus étendu, et qui comprenait en même temps, 1° les lettres de justice, 2° les lettres de grâce.

Pour peu qu'on ait étudié la théorie de notre législation criminelle et de nos constitutions, on s'expliquera facilement pourquoi le projet actuel n'a emprunté à l'ancien système que la réhabilitation.

Le système de 1670 sur cette matière se divisait en deux parties principales; la première comprenait, ainsi que nous venons de le dire, les *lettres de justice*; la seconde traitait des *lettres de grâce.*

Les *lettres de justice* étaient ainsi appelées parce qu'elles s'accordaient pour des cas rémissibles, suivant les règles de l'exacte justice. Elles comprenaient les lettres de *rémission* et de *pardon.*

Les lettres de rémission s'accordaient *pour des homicides involontaires* où *pour ceux commis dans la nécessité d'une légitime défense* (1670, titre 16, art. 2.)

Les lettres de pardon s'accordaient pour les cas auxquels, dit l'ordonnance de 1670 (tit. 16, art. 3), *il n'échéait pas peine de mort, et qui néanmoins ne peuvent être excusés :* comme, par exemple, disaient les commentateurs, lorsqu'on s'est trouvé présent dans une occasion où il s'est commis un meurtre que l'on n'a point empêché, le pouvant faire.

Ces lettres étaient de pure forme, et s'obtenaient aux

chancelleries établies près les cours appelées petites chancelleries.

On voit par le simple énoncé des motifs qui les faisaient accorder, qu'elles rentraient dans le domaine de la justice, qu'elles ne participaient en rien au système des *lettres de grâce,* et l'on ne conçoit pas facilement par quel motif l'ancienne procédure criminelle était obligée de recourir à ce moyen extra-judiciaire pour rendre justice à l'accusé; à moins qu'on ne suppose que, dans cet ancien système, les tribunaux se regardaient, en ce cas, uniquement institués comme juges du *fait,* et dans l'incapacité absolue d'en juger la *moralité,* sans être autorisés par ces lettres que le prince était censé délivrer.

Quoi qu'il en soit, il est évident que, dans la théorie actuelle, le juge du fait étant le juge de la *moralité* de ce fait, et ne pouvant jamais condamner *l'auteur d'un fait,* mais seulement le *coupable d'un crime,* les hypothèses qui provoquaient les lettres de rémission et de pardon, ces *lettres de justice* que délivraient les *petites chancelleries,* rentrant dans le domaine des cours d'assises ou des cours spéciales, sont jugées par elles et ne devaient point reparaître dans ce chapitre.

Un autre motif devait en écarter également tout ce qui constituait la théorie des *lettres de grâce* ou lettres obtenues en *grande chancellerie,* telles que les lettres d'abolition, commutation de peines, etc., parce que cette matière a été réglée par le sénatus-consulte organique du 16 thermidor an 10, qui a statué sur *le droit de faire grâce.*

Mais une différence essentielle ne permettait pas que la réhabilitation, telle qu'elle est définie par le *projet,* fût confondue avec les cas purement *graciables.* Dans ceux-ci, il s'agit toujours ou d'abolir une peine ou de la commuer, et dans tous les cas de faire remise au condamné d'une partie des condamnations par lui méritées.

Dans la réhabilitation au contraire la peine est subie, l'amende et les frais sont soldés, et la partie civile est désintéressée ; l'accusé est quitte envers la loi, quitte envers le fisc, envers les particuliers.

Mais la tache d'infamie lui reste ; mais il est retenu dans les liens d'une incapacité dont la réhabilitation seule peut le débarrasser. Environné de toutes ces circonstances, si la réhabilitation n'est pas de droit, au moins faut-il convenir qu'elle est de toute équité. Il est évident qu'elle ne peut être confondue avec la remise ou la commutation de peine, et autres cas purement graciables ; mais elle s'y rattachait, parce que le prince seul pouvait effacer la tache d'infamie imprimée par la condamnation, et faire cesser les incapacités produites par le jugement.

D'un autre côté, puisqu'il n'est plus question du droit de grâce et de son application pure et simple, puisqu'il s'agissait aussi de la reconnaissance d'un droit acquis, les dispensateurs de la justice, les tribunaux ne pouvaient rester étrangers à l'instruction qui doit précéder le jugement ; il a donc fallu, dans cette matière, mixte de sa nature, admettre le concours des tribunaux, en ouvrant le recours au prince.

Les mêmes principes ont déterminé la nature et les formes de l'instruction qui doit procurer les lettres de réhabilitation.

La Constituante, qui avait anéanti le droit de faire grâce, avait substitué à la sanction du prince l'intervention des tribunaux ; mais le juge n'était appelé que pour donner une forme légale à l'avis de la municipalité par un entérinement qu'il ne pouvait refuser.

Cette procédure, où la municipalité prononçait véritablement le jugement, était inconvenante; le projet présenté n'a pu l'admettre : l'ancienne forme était également contre la nature des choses et répugnait d'ailleurs aux formes nouvelles, admises dans l'exercice du recours à la commisération de SA MAJESTÉ.

Le projet présente une instruction simple, où les municipalités jouent un rôle convenable.

Leur attestation nécessaire, indispensable, sera la base de la procédure.

Les tribunaux, après information prise, et dans délais raisonnables, donneront un avis motivé. Ces attestations, cet avis et le jugement de condamnation seront transmis au grand-juge ministre de la justice, et SA MAJESTÉ donnera, dans les formes prescrites par l'article 87 du sénatus-consulte organique du 16 thermidor an 10, les lettres de réhabilitation.

Jusqu'à ce jour, législateurs; peu de réhabilitations ont eu lieu, parce que, jusqu'à ce jour, le régime des prisons semblait s'opposer à toute espèce de régénération, parce que, jusqu'au décret du 16 juin dernier, rien n'avait été fait pour mettre à exécution le beau système de 1791 : grâces à ce décret, nous touchons au moment où, par des moyens doux, par un régime salutaire, on pourra espérer d'améliorer l'âme du malfaiteur, le rendre à l'habitude de l'ordre, du travail et de l'obéissance aux lois. Espérons que les théories qui ont obtenu quelques succès dans la Hollande, espérons que les institutions, plus heureuses encore, qui ont procuré en Pensylvanie de si miraculeux résultats, pourront être imitées en France, appropriées à nos usages, à nos mœurs, et nous procureront souvent le consolant spectacle du criminel rendu, par le travail et les mœurs, au bonheur et à la société.

y

Le chapitre cinq et dernier traite *de la prescription* en matière criminelle.

Cette partie de notre législation faisait désirer quelques réformes, et demandait quelques dispositions nouvelles : elle avait éprouvé beaucoup de variations qui ne l'avaient point améliorée.

Avant le Code de 1791, en général, les crimes et les peines dont ils doivent être punis, se prescrivaient par vingt ans, quand il n'y avait point eu de jugement. Quelquefois le jugement seul non suivi d'exécution, et toujours l'exécution *par effigie*, prorogeaient la prescription jusqu'à trente ans.

Lorsque la prescription était opposée à un jugement emportant mort civile, elle n'avait d'autre effet que de dérober l'accusé au supplice, et le laissait toujours en état de mort civile. L'infamie ne se prescrivait pas, elle était perpétuelle.

La prescription opérait la décharge de l'accusé, non seulement pour la peine prononcée par la loi, mais encore par rapport à la peine pécuniaire et aux réparations civiles; mais pour l'extinction de cette action, quelques parlements exigeaient trente ans. Le plus grand nombre se contentait de vingt ans.

La prescription de vingt ans se comptait du jour que le crime avait été commis.

Mais la prescription prorogée à trente ans pour un jugement exécuté par effigie, se comptait du jour de l'exécution.

La règle de vingt ans souffrait quelques exceptions; l'action pour le faux incident durait autant que l'action civile.

Le duel ne se prescrivait ni par vingt ans, ni par trente ans.

L'ancienne législation admettait encore d'autres prescriptions, par exemple, celle d'un an contre les injures verbales, celle de cinq ans contre l'adultère; etc.

Cette législation était susceptible de quelques améliorations : on les chercherait en vain dans les deux Codes de 1791 et de l'an 4.

La Constituante apposa la même prescription à toutes les espèces de délits.

Elle était de trois ans lorsqu'il n'y avait point eu de poursuite, et de six ans lorsque le crime, ayant été poursuivi, n'avait point été jugé.

Par une innovation remarquable, elle faisait courir le délai seulement du jour où le délit aurait été connu ou légalement constaté.

La prescription contre le jugement était de vingt ans, et les délais pour l'obtenir se comptaient de la date du jugement.

La Constituante laissait par conséquent indécise la question de savoir si l'action civile s'éteignait comme l'action criminelle.

La théorie du Code de brumaire an 4, sur la prescription criminelle, est renfermée dans quatre articles (1) de ce Code.

L'action publique et l'action civile résultant d'un délit sont, d'après ce dernier Code, éteintes par la prescription de trois ans, lorsqu'il n'y a point eu de poursuites.

Les poursuites portent, à six ans les délais qui se comptent, comme dans le Code de 1791, du jour où le délit a été connu ou légalement constaté.

Après ce terme (de six ans), dit l'article 10, nul ne peut être recherché, soit au criminel, soit au civil; si

_____

(1) Articles 9 et 10, 480, 481.

dans l'intervalle *il n'a pas été condamné par défaut ou contumace.*

La peine portée dans le jugement de condamnation par contumace est prescrite par vingt ans, à compter de la date du jugement.

Le projet que nous présentons offre un travail plus méthodique et plus complet sur cette importante partie de la législation.

Il crée différentes espèces de prescriptions, suivant qu'il s'agit d'un *crime*, d'un *délit*, ou d'une simple *contravention* de police.

Ainsi l'action publique et l'action civile, pour une *contravention* de police, seront prescrites après une année révolue, si dans cet intervalle il n'est point intervenu de condamnation.

La prescription de trois ans est exigée contre un *délit* de nature à être puni correctionnellement.

Dix ans sont nécessaires pour obtenir la prescription contre ces deux *actions*, lorsqu'il s'agit d'un crime de nature à entraîner la peine de mort ou des peines afflictives personnelles, ou de tout autre crime emportant peine afflictive ou infamante.

Lorsqu'il ne s'agit que d'une contravention de police, qu'il y ait eu ou non poursuite, s'il n'est point intervenu de jugement, le délai pour la prescription courra du jour où l'infraction aura été commise.

Dans les deux autres cas, s'il y a eu poursuite sans jugement, le délai pour la prescription courra à compter du dernier acte.

Est-il intervenu jugement, il prononce des condamnations civiles et des peines. Les condamnations civiles se prescriront d'après les règles établies par le Code Napoléon.

Les peines se prescriront, savoir : par vingt ans, s'il s'agit de *crimes*; par cinq ans, s'il s'agit de délits correctionnels; par deux ans, s'il s'agit de *contraventions de police* : les délais se comptent des dates des arrêts ou jugements.

En aucun cas, les condamnés par défaut ou par contumace, dont la peine est prescrite, ne pourront être admis à purger le défaut ou la contumace. La sagesse de cette ancienne disposition sera facilement sentie. S'il en était autrement, le contumax attendrait pour se présenter que les preuves du délit fussent effacées; que les témoins fussent morts ou éloignés.

Enfin, lorsque la prescription efface le crime et anéantit la peine, le législateur ne doit pas oublier que le forfait vit encore dans la mémoire de ceux qui en furent les victimes, et la prescription serait une institution barbare si son résultat pouvait être tel qu'à une époque quelconque le fils d'un homme assassiné dût voir s'établir à côté de lui le meurtrier de son père.

Une disposition de l'article 1er prononce que le condamné qui aura usé de la prescription ne pourra résider dans le département où demeureraient soit celui sur lequel ou contre la propriété duquel le crime aurait été commis, soit ses héritiers directs. Le Gouvernement pourra assigner au condamné le lieu de son domicile.

Ainsi améliorée, la prescription, exempte de tout abus, est rendue à toute sa bienfaisante influence. Elle assure l'état, l'honneur et la vie des hommes; elle arrache le condamné qui se cache, à des forfaits nouveaux, en lui inspirant l'espoir que le crime ancien pourra s'oublier; et cependant elle-même se charge de la punition de ce crime, par les délais qu'elle exige.

Peut-on en effet imaginer un supplice plus affreux que

y.

cette incertitude cruelle, que cette horrible crainte qui ravit au criminel la sécurité de chaque jour, le repos de chaque nuit? Vingt ans de terreur pendant le jour! une insomnie de vingt ans!

Le glaive de la loi suspendu pendant vingt ans sur la tête du coupable! Législateurs, ce supplice, plus cruel que la mort, n'a-t-il pas assez vengé le crime, et légitime la prescription?

RAPPORT

Sur le Titre VII du Livre II du Code d'Instruction criminelle,

Par M. Louvet (de la Somme),
Membre de la commission de législation.

Séance du 16 décembre 1808.

Messieurs,

Vous voici parvenus au neuvième projet du Code d'instruction criminelle.

Ce projet renferme cinq chapitres qui forment le titre 7 de la loi.

De ces cinq chapitres, le premier concerne le dépôt général de la notice des jugements.

Je n'aurai pas, Messieurs, à vous arrêter long-temps sur les articles de ce chapitre, qui sont tous des dispositions d'ordre pour la conservation sur un registre particulier des noms de tous les individus condamnés, soit à un emprisonnement correctionnel, soit à une peine plus forte, et pour l'envoi périodique de copies de ce registre au grand-juge ministre de la justice et au ministre de la police générale.

En lisant cette partie du projet, vous aurez senti, Messieurs, le but, la convenance, la nécessité de ces mesures. S'il importe, comme cela est évident, que le Gouvernement ait sans cesse l'œil ouvert sur tout ce qui regarde l'administration de la justice criminelle, qu'il puisse toujours vérifier en peu de temps ce que sont devenus les individus qui ont donné lieu à des poursuites contr'eux, il faut qu'il en ait les moyens, et cette partie du projet les lui donne.

Le chapitre II est relatif aux prisons, maison d'arrêt et de justice.

Vous aurez encore trouvé que les dispositions de ce chapitre, dont la plupart ne sont pas nouvelles, se justifient d'elles-mêmes. Vous approuverez que les simples prévenus ne soient pas confondus avec les individus déjà condamnés; que les préfets soient chargés de veiller à ce que les lieux de détention soient sûrs, propres et salubres; que les gardiens de ces établissements soient tenus d'avoir un registre en règle, pour l'inscription exacte de tous les individus qui entreront dans ces maisons ou qui en sortiront.

Vous approuverez aussi, Messieurs, la prohibition fortement imposée à ces gardiens, sous peine d'être poursuivis et punis comme coupables de détention arbitraire, de recevoir ni retenir aucune personne, si ce n'est en vertu d'un mandat d'arrêt ou jugement : et la satisfaction que vous aurez éprouvée en trouvant ici cette importante disposition, augmentera bientôt à la vue d'autres dispositions plus énergiques encore contre le danger des détentions arbitraires.

Enfin, Messieurs, au milieu des soins pris, répétés par la loi, et poussés plus loin qu'ils ne l'avaient été jusqu'ici pour assurer le bon état de ces maisons et une nourriture saine et suffisante aux détenus; parmi les visites imposées à cet effet aux maires, aux commissaires de police, aux préfets, aux juges instructeurs, vous remarquerez avec plaisir qu'au nombre des magistrats auxquels ces visites sont recommandées, le président de la cour d'assises lui-même n'est pas oublié; et vous le remarquerez avec d'autant plus de satisfaction, que c'est ici une disposition nouvelle; car, si jusqu'à présent les présidents entraient dans les prisons, c'était uniquement pour y donner des ordres relatifs à l'instruction.

Les soins multipliés pris ainsi, au nom de la loi, par les magistrats publics, pour que les détenus souffrent le moins possible dans ces asiles, présentent en général un grand intérêt : mais c'est surtout quand ils seront remplis par le président criminel lui-même qu'ils deviendront touchants et augustes. Un homme grave se présente, sans être attendu, dans une maison de justice : aux marques de sa dignité, au cortège qui l'accompagne, on le connaît promptement. Voilà, se disent aussitôt les prisonniers, voilà l'homme qui présidera à notre jugement. A son abord, des sentiments divers agitent le cœur des prévenus. Cependant sa physionomie n'a rien de sévère; et bientôt aux questions qu'il fait, on s'assure que sa venue n'aura rien de funeste à personne, pas même aux coupables, s'il s'en trouve dans la maison. On le voit, on le suit avec intérêt, s'enquérant avec soin de tout ce qui concerne la situation des prévenus, se faisant conduire dans les endroits où se préparent leurs aliments, dans ceux consacrés à leur repos, et où ils essaient de trouver un sommeil qu'interrompent souvent les tristes réflexions inspirées par leur position. On le voit examinant tout avec une scrupuleuse attention; entrant dans les plus petits détails; faisant des observations, quelquefois des réprimandes; prenant des notes; donnant des conseils, même des ordres, pour l'amélioration actuelle et future de leur sort : et au lieu de faire couler des larmes, il semble qu'il n'est venu que pour les essuyer; ou plutôt il en fait couler, mais c'est d'attendrissement et de reconnaissance. Le crime, la férocité elle-même éprouvent des émotions qui les étonnent; ils sentent intérieurement le besoin de se reprocher, et même, quelquefois peut-être, de ne plus taire leurs attentats contre une société dont le Gouvernement, tout en poursuivant leur punition, ne cesse pas néanmoins d'en faire l'objet de ses soins attentifs.

Mais l'innocent!..... Oh! Messieurs, combien la présence du chef de ses juges porte d'adoucissements à ses maux, à ses ennuis! avec quelle expression d'inquiétude et de sentiment il le considère et s'attache à démêler tous ses traits! quels heureux augures il en tire pour sa justification prochaine! et combien durant les longs jours, durant les nuits plus longues encore de sa captivité, il est désormais plus tranquille! Je ne sais, Messieurs, et peut-être aurai-je eu le bonheur de me rencontrer avec vous dans cette pensée, mais il me semble que ces apparitions des magistrats, et particulièrement des présidents criminels, dans les prisons, sont non seulement des devoirs remplis envers l'infortune, si bien nommée *res sacra*, mais encore des actes de haute morale publique.

Le chapitre III renferme ces mesures énergiques que j'avais, il y a quelques moments, l'honneur de vous annoncer, dont le but est de prévenir les détentions arbitraires.

Ce chapitre est intitulé: *Des moyens d'assurer la liberté individuelle contre les détentions illégales et d'autres actes arbitraires;* et vous allez voir que les dispositions qu'il contient répondent parfaitement à ce beau titre.

Le projet commence, en cet endroit, par rappeler six articles de l'acte des constitutions de l'Empire, du 22 frimaire an 8 : ce sont tous ceux qui, dans cet acte, posent les principes sur la garantie de la liberté individuelle.

Ensuite le projet, allant beaucoup plus loin que cet

acte des constitutions, prévoit d'abord le cas où, par l'effet, soit d'une violence privée, soit d'une violence exercée par un homme public ou une autorité quelconque, un individu seroit retenu dans un lieu autre que ceux de détention établis par la loi et soumis à l'inspection des magistrats: une première disposition veut que quiconque aura connaissance d'une telle détention, soit tenu d'en donner aussitôt avis au juge de paix, ou au procureur impérial, ou à son substitut, ou au juge instructeur, ou au procureur général près la cour impériale; et un second article porte que, dans ce cas, tout juge de paix, tout officier chargé du ministère public, tout juge d'instruction, sera tenu, soit d'office, soit sur l'avis qu'il en aura reçu, et sous peine d'être poursuivi comme complice de détention arbitraire, de se transporter au lieu de la détention, de faire mettre le détenu en liberté; ou, s'il est allégué quelque cause de détention, de le faire conduire sur-le-champ devant le magistrat compétent: en cas de résistance, il est même autorisé à appeler une force suffisante.

Ensuite le projet suppose un autre cas; c'est celui d'une détention dans un lieu avoué par la loi, mais sans avoir été précédée, accompagnée ni suivie des formes prescrites pour ces sortes d'actes; c'est-à-dire, sans mandat, sans inscription sur les registres, sans interrogatoire, etc., ce qui de cette détention, quoique dans un lieu public, fait une véritable détention privée.

Le projet, Messieurs, ne se contente pas des précautions prises dans l'article du précédent chapitre dont j'ai eu l'honneur de vous entretenir, qui, sous les peines attachées aux détentions arbitraires, enjoint aux gardiens de ces maisons de ne recevoir personne sans se faire représenter le mandat, et sans inscrire aussitôt le détenu sur leurs registres. Il dispose de plus, en cet endroit, que tout gardien qui aura refusé, ou de montrer au porteur de l'ordre de l'officier civil, soit la personne du détenu, soit l'ordre qui le lui défend, ou de faire au juge de paix l'exhibition de ses registres, ou de lui en laisser prendre telle copie que celui-ci jugera nécessaire, sera poursuivi comme coupable ou complice de détention arbitraire.

Concevez-vous, Messieurs, qu'après de telles dispositions, plus fortement combinées que celles établies jusqu'ici par nos lois; qu'après de telles dispositions, dis-je, de véritables dangers puissent jamais menacer la liberté individuelle; quand d'un côté les peines les plus graves sont prononcées contre le concierge ou le geôlier qui ouvrirait sa prison à tout autre qu'à des personnes légalement amenées, ou qui refuserait de représenter soit un détenu, soit l'ordre qui le lui défendrait; et que, d'un autre côté, dans le cas de chartre privée, quels qu'en soient la cause et le lieu, un appel est solennellement adressé à tous les citoyens et à chacun d'eux en particulier, de faire connaître cet attentat, aussitôt qu'ils en auront connaissance, aux magistrats qui, sous les peines les plus graves, sont chargés de le faire cesser à l'instant? Non seulement l'œil pénétrant des fonctionnaires des divers ordres, mais l'œil plus pénétrant encore peut-être du public, sont sans cesse tenus ouverts au nom de la loi elle-même, contre les violences publiques aussi bien que contre les violences privées; et la sûreté, la tranquillité, la liberté de chacun, sont ici efficacement placées sous la surveillance et la garantie de tous.

Quelquefois, Messieurs, en réfléchissant sur un grand nombre de points de la législation criminelle, soumise à votre sanction durant cette session, il m'est arrivé de

vous suivre de la pensée jusque dans vos domiciles; de
vous y voir reprenant souvent cette législation pour vous
en occuper dans le recueillement et d'une manière digne
d'elle et de vous; méditant avec attention sur ses diverses
parties; approuvant en général ses dispositions principales; trouvant peut-être sur quelques détails, des difficultés que souvent un examen plus attentif faisait disparaître : mais quand vous arrivez aux dispositions qu'elle
renferme en faveur de la liberté civile et de l'innocence,
à celles qui maintiennent et améliorent la belle institution
des jurés, à celles encore qui stipulent fortement pour la
liberté individuelle, ce premier besoin de l'homme en
société; à celles surtout qui, dans la partie du projet que
j'examine, prennent tant de soins pour la garantir de
toute atteinte publique ou privée, il me semblait, Messieurs, (qu'il me soit permis d'être ici l'interprète de vos
sentiments), il me semblait voir vos âmes se remplir d'une
émotion douce et prolongée, et entendre les purs et sin-
cères hommages que vous rendiez en secret au grand
prince que tant de gloire environne, et qui s'élève des
autels à jamais durables dans le cœur de ses peuples, par
cette même législation criminelle, monument éternel de
la touchante sollicitude avec laquelle, s'il ne peut pas
mettre l'innocence à l'abri d'une accusation, il fait du
moins que sa condamnation soit impossible; avec laquelle
encore il forme autour de la liberté du citoyen une bar-
rière inviolable contre les efforts des passions, les violences privées, et les coups d'autorité, même de ses
propres agents.

J'arrive maintenant, Messieurs, au chapitre IV; c'est
celui de la réhabilitation des condamnés.

Cette pensée de la réhabilitation des condamnés après
leur peine subie, et telle qu'elle vous est soumise, n'est

pas ancienne dans nos lois criminelles; elle est due à
l'Assemblée constituante; à cette Assemblée qui, malgré
les reproches qu'on lui a faits, sera à jamais mémorable
par les lumières et les hautes conceptions qu'elle a développées. Il a semblé à votre Commission que vous trouveriez bien que cette belle pensée fût conservée dans le
nouveau Code.

Il est fréquent, et trop fréquent peut-être, que l'âme
des condamnés soit fermée à tout retour vers la vertu,
même vers les idées d'ordre et de moralité. En général ils
étaient déja corrompus et dégradés quand ils se sont abandonnés au crime; et il arrive encore que leur dépravation
s'augmente dans les prisons qui les reçoivent avant leur
condamnation, et dans les lieux où ils sont envoyés pour
subir leur peine.

Mais, parmi les condamnés, n'est-il pas possible qu'il
s'en trouve pourtant qui, exempts d'une véritable per-
versité, aient commis des délits punissables, dans un moment d'égarement, et poussés par l'impulsion soudaine
d'une passion, même non criminelle en soi?

Si je parlais devant des hommes moins éclairés, il ne
me serait pas difficile d'appuyer mon assertion de nombreux exemples, tirés, soit des temps anciens, soit des
temps modernes.

S'il n'est pas impossible qu'un repentir véritable accompagne constamment certains condamnés avant, mais surtout après leur condamnation, pourquoi refuserait-on à
ces hommes, qui furent criminels un instant, l'extinction
totale de la tache qui leur fut imprimée, par suite d'un
égarement qu'ils ont tant expié par leurs remords,
par leur conduite postérieure, et par la peine qu'ils ont
subie?

Les fers, le séjour des prisons, la compagnie habituelle d'hommes flétris, et quelques-uns même corrompus pour toujours, ne sont pas faits, j'en conviens, pour améliorer ceux qui vivent au milieu d'eux. Ces derniers sont en grand danger, je ne puis le dissimuler, de perdre bientôt, et ce qui peut leur rester de moralité, et ces remords qui sont le tourment actuel, mais qui peuvent devenir la consolation des coupables, et le gage de leur retour à la vertu.

Mais, Messieurs, vous penserez, j'ose le croire, qu'il n'en serait pas ainsi, ou du moins que cela arriverait plus rarement, si quelque espoir de retour à l'estime des hommes était laissé aux condamnés.

Leur intérêt bien entendu même devrait suffire pour leur inspirer la résolution de commencer dès leur captivité à remplir tous leurs devoirs; car, si en général il n'est pas de bonheur sans la pratique de la vertu, on peut dire surtout que, pour l'homme tombé dans l'infortune, c'est le seul appui qui reste, et que le négliger, c'est se tout ôter soi-même.

Mais, si à cet intérêt on ajoute l'espérance donnée aux condamnés de pouvoir un jour, à l'ombre d'une conduite irréprochable, recouvrer leurs droits, reconquérir l'estime et la confiance de leurs concitoyens, satisfaire aux plus chers désirs de leur famille affligée, dernier motif qui ne sera pas non plus sans importance à leurs yeux, il ne nous a pas paru douteux que ce ne fût un moyen assuré non seulement de prévenir leur dégradation successive, mais même de préparer et opérer leur amélioration morale.

Oui, et j'en ai la conviction, cet intérêt, cette espérance se combinant, se fortifiant l'un par l'autre, il arrivera que beaucoup de condamnés seront ramenés à des principes d'ordre et de probité qui, utiles pour eux,

utiles par les leçons qui en résulteront dans les lieux de
détention pour leurs compagnons d'infortune, tourneront
au profit de la société elle-même, et formeront une instruction précieuse pour ses membres. On a vu, depuis
l'Assemblée constituante, des exemples de réhabilitation;
on en verra davantage à l'avenir : mais, quand, par impossible, l'espoir d'y être admis ne servirait qu'à rendre
meilleur un seul individu, la peine qu'aurait prise le.lé-
gislateur ne serait pas perdue.

Ce sont-là, Messieurs, les raisons qui ont fait concevoir le chapitre de la réhabilitation; de cette réhabilitation qui succède à tant de chapitres naturellement austères, et qui, après un si grand nombre de dispositions
menaçantes, présente à ceux qui ont pu se rendre coupables, une invitation à rentrer dans le chemin du devoir,
par l'espérance que la société voudra bien un jour ne
plus se ressouvenir de leurs fautes.

Votre Commission ose penser que vous approuverez
une telle vue, et qu'en même temps vous donnerez votre
assentiment aux précautions consacrées par le projet,
aux délais, aux épreuves qu'il prescrit, pour que la réhabilitation ne s'accorde jamais qu'en grande connaissance
de cause, et qu'après que le condamné aura donné toutes
les garanties de son entier et irrévocable retour aux devoirs et à la probité.

C'est pour obtenir ces garanties, que le projet veut,
entre autres choses :

Que la demande en réhabilitation ne soit formée que
cinq ans après l'expiration de la peine;

Qu'à la demande soient jointes les attestations de
bonne conduite, délivrées par les conseils municipaux et
les municipalités dans le ressort desquelles il aura résidé;

Que la demande et les pièces soient déposées au greffe de la cour impériale; qu'en tout état de cause de nouvelles informations puissent être ordonnées, et que l'avis de la cour ne soit donné que trois mois au moins après la présentation de la demande;

Que, si l'avis de la cour est contraire à la demande, le condamné ne puisse se présenter qu'après un nouveau délai de cinq ans.

Enfin, le projet porte que l'EMPEREUR seul pourra prononcer la réhabilitation, sur le rapport qui lui sera fait par le grand-juge dans un conseil privé.

Ces précautions vont beaucoup plus loin que celles prises par l'Assemblée constituante; mais, s'il était juste de laisser au condamné qui aura véritablement mérité sa réhabilitation, les moyens, l'assurance même de l'obtenir, vous trouverez aussi, Messieurs, qu'il fallait cette lenteur, ces formalités, ces épreuves, cette solennité, pour avoir la certitude qu'il n'y aura que celui-là qui pourra parvenir à obtenir cette faveur de la loi : et, en donnant votre suffrage à cette mesure, vous n'aurez point à craindre qu'elle devienne jamais abusive.

Enfin, Messieurs, nous arrivons au dernier chapitre du projet, et ce chapitre est celui de la prescription.

La législation et la morale réunissent leurs efforts pour prévenir et comprimer les vengeances privées. Elles montrent à l'offensé, celle-ci la satisfaction intérieure attachée au pardon des injures; et celle-là, le glaive de la loi poursuivant et presque toujours atteignant l'offenseur.

Mais cette poursuite publique établie pour faire cesser les vengeances individuelles, et tous les désordres qui en résulteraient, cette vengeance publique, Messieurs, doit-elle être sans terme elle-même?

z.

Il est dans la nature des choses que les haines publiques, aussi bien que les haines privées, s'apaisent, s'atténuent avec le temps, ce grand modérateur des choses humaines. Si le sacrifice des vengeances individuelles est exigé particulièrement pour prévenir les troubles qu'elles apporteraient à la paix sociale, cette même paix sociale semble demander à son tour que la vindicte publique ne demeure pas irrévocablement armée et agissante; qu'elle se calme et s'arrête aussi dans certains cas, et après un cours de temps plus ou moins long selon les circonstances.

De là vient, Messieurs, que les peuples les plus renommés par leur sagesse ont en général, et après un temps donné, consacré l'oubli des injures dont la répression appartient à la loi.

Notre ancienne jurisprudence criminelle elle-même admettait, sauf quelques exceptions, la prescription des peines et poursuites.

Indépendamment des vues morales et politiques que j'avais à l'instant l'honneur de vous exposer, qui ne sent que, durant le temps exigé pour la prescription, le coupable a été puni par les agitations, les troubles intérieurs de sa conscience, les tourments d'une vie incertaine et précaire, autant qu'il aurait pu l'être par la rigueur de la loi; et que si, après ce temps, il n'est pas entièrement délivré de cet état de tortures et d'angoisses intérieures, il mérite du moins d'être affranchi de la peine légale à laquelle il a été condamné; ou s'il n'y a pas eu de condamnation, d'être mis à l'abri de toutes poursuites criminelles?

Dans ce cas de non-condamnation, il y a une autre raison pour ne point agir contre lui; c'est qu'après un long laps de temps il n'est plus aussi facile, soit de constater le corps du délit, soit de se procurer des pièces de conviction, soit de trouver des témoins.

Votre Commission, Messieurs, se persuade que vous trouverez justes les règles que le projet assigne à la prescription admise dans ce dernier chapitre.

Suivant le premier article de ce chapitre, les peines portées par les jugements rendus en matière criminelle, seront prescrites après vingt années révolues, à partir de la date des jugements; à la charge par le condamné, de ne pouvoir résider dans le département où demeureraient l'offensé ou ses héritiers; à la charge aussi que le Gouvernement pourra lui désigner le lieu de son domicile.

Vous ne regarderez pas, Messieurs, comme trop court ce délai de vingt années, qui est un si long espace de la vie humaine : et vous approuverez l'utile restriction établie à l'égard de la résidence du condamné; il était convenable, sous tous les rapports, d'épargner son voisinage, et même sa rencontre et son aspect, aux victimes de ses excès.

L'article suivant veut que les peines portées par les jugements de police correctionnelle se prescrivent par cinq années révolues, à partir de la date des jugements; et vous sentez de suite, Messieurs, pourquoi le terme de la prescription est ici beaucoup plus rapproché. Dans le premier cas, il s'agit de crimes infiniment graves, auxquels la loi applique une peine afflictive ou infamante. Dans celui-ci, il est question de simples délits de police correctionnelle.

Un troisième article porte que l'action publique et l'action civile, résultant d'un crime de nature à entraîner la peine de mort, ou des peines afflictives perpétuelles, ou toute autre peine afflictive ou infamante, se prescriront après dix années révolues, à compter du jour où le

crime aura été commis, si dans cet intervalle il n'a été
fait aucune poursuite; et s'il a été fait des poursuites non
suivies de jugement, la prescription n'aura lieu qu'après
dix années révolues, à partir du dernier acte.

A la vue de cette disposition, plus encore qu'à celle
du premier article de ce chapitre, votre pensée se sera
portée sur les crimes atroces qui outragent, dans ce
qu'elles ont de plus sacré, les lois de la nature et celles
de la société; et vous aurèz peut-être éprouvé le désir
que la prescription ne puisse jamais s'appliquer à ces
grands attentats.

Votre Commission a été frappée d'abord de la même
idée; comme à vous, Messieurs, il lui a été pénible de
songer que la prescription pourrait profiter même à
celui qui, au mépris de tout ce qu'il y a de plus saint et
de plus auguste dans le monde, se serait souillé, par
exemple, du crime horrible que plusieurs peuples célèbres de l'antiquité avaient eu la haute sagesse de ne pas
nommer dans leurs lois : de ce crime pour lequel ils n'a-
vaient pas établi de peine, par cette pensée profonde ou
que la nature humaine n'en serait pas capable, ou du
moins qu'il importait de n'en pas présenter l'idée.

Mais ensuite, Messieurs, votre Commission a fait
cette première réflexion, que plus les crimes seraient
graves, et plus, soit les offensés, soit surtout les agents
du ministère public mettraient de zèle à en poursuivre la
recherche et la punition; et qu'il n'arriverait presque
jamais que l'action publique et l'action civile s'éteignis-
sent par la prescription pour être restées dans une complète inaction durant dix ans.

D'un autre côté, prévoyant le cas d'une inaction aussi
extraordinaire durant un si long temps, votre Commission s'est dit que cette inaction ne pourrait avoir lieu que

par l'impossibilité; je ne dis pas seulement de trouver des pièces et des preuves, mais même de simples indices sur les coupables; et qu'après dix ans, serait plus que décuplée la difficulté où, dans les temps voisins du crime, on se serait trouvé d'en suivre les traces, d'en constater le corps, et d'en retrouver les auteurs.

Voilà, Messieurs, les considérations qui ont porté votre Commission à approuver qu'on n'établit pour la prescription aucune distinction entre les crimes : les plus graves seront toujours poursuivis avec plus de soin et d'activité; et quand ils ne le se ont pas, c'est qu'il n'y aura pas moyen de le faire.

Ce chapitre renferme encore quelques dispositions de détail, qui n'ont pas paru à votre Commission mériter une discussion particulière; à leur seule lecture, vous en aurez reconnu la justice et la nécessité.

Ici, Messieurs, finit la tâche que j'avais à remplir.

J'ai eu l'honneur de vous exposer les motifs de la Commission en faveur du projet de loi : c'est à présent, Messieurs, à votre sagesse à prononcer.

TABLE
DES MOTIFS ET DES RAPPORTS.

———

FIN DE LA TABLE DES MOTIFS ET DES RAPPORTS.

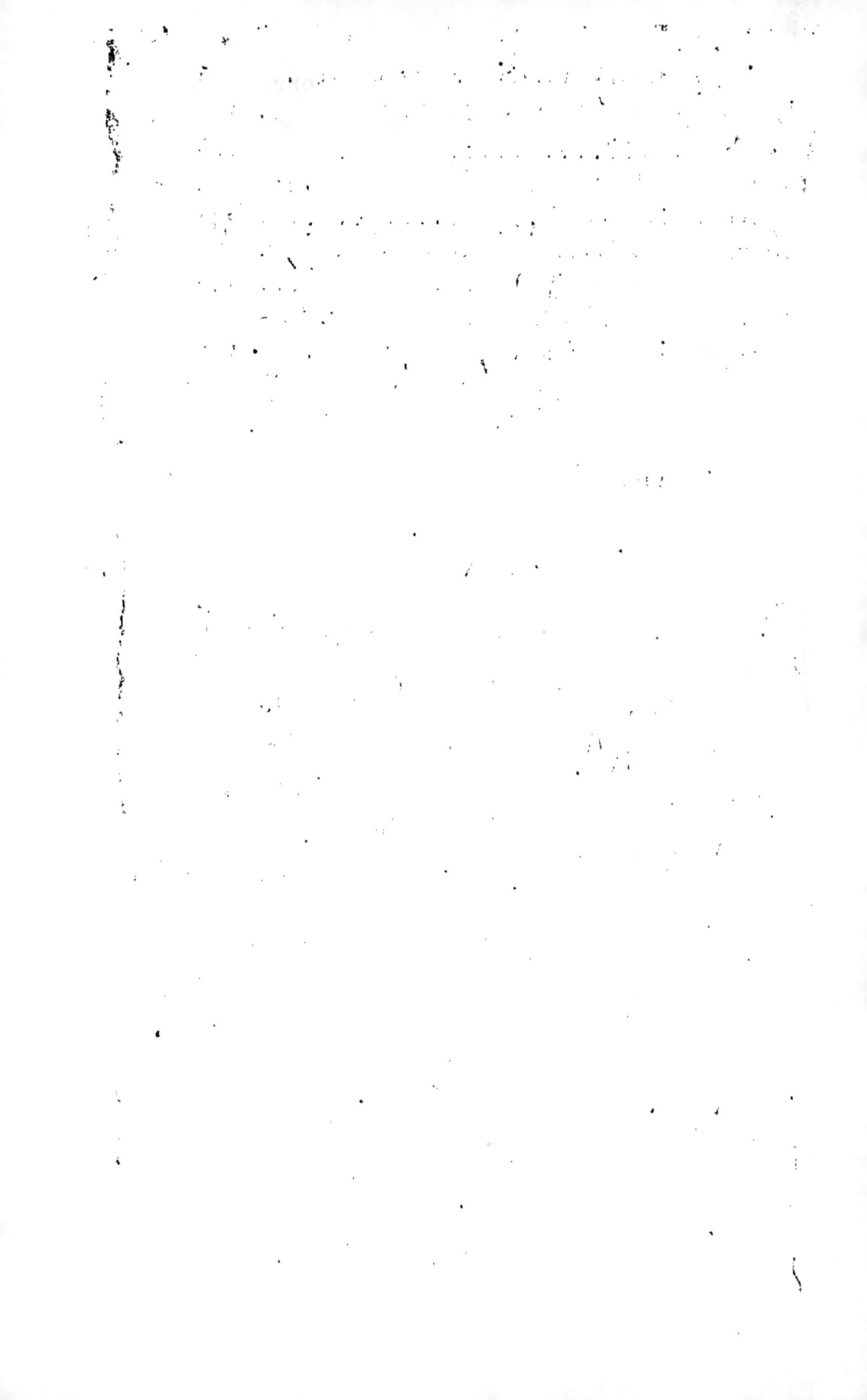

TABLE

ALPHABÉTIQUE ET RAISONNÉE

DES MATIÈRES.

Les chiffres renvoient aux articles.

A.

Accusé. Est le prévenu d'un crime contre lequel la cour impériale a prononcé l'accusation, et dont elle a ordonné le renvoi soit à la cour d'assises, soit à la cour spéciale, 231. — Comment il est procédé devant la cour d'assises, à l'instruction, à l'examen, au jugement et à l'exécution du jugement, à l'égard de l'accusé, 291 à 379, 394 à 406. — L'accusé qui est déclaré non coupable, est acquitté de l'accusation, 358. L'accusé est absous, si le fait dont il est déclaré coupable, n'est pas défendu par une loi pénale, 365. — Dans quels cas et comment l'accusé acquitté peut obtenir des dommages-intérêts contre ses dénonciateurs, que le procureur général est tenu de lui faire connaître, 358 et 359. — Dans quels cas et comment l'accusé, soit acquitté, soit absous, peut obtenir des dommages-intérêts contre la partie civile, 358, 359 et 366. — Dans quels cas et comment la partie civile peut obtenir des dommages-intérêts contre l'accusé ou condamné, 358, 359, 362 et 366. — Dans quels cas et comment les tiers qui n'ont pas été parties au procès, peuvent réclamer des dommages-intérêts contre le condamné, 359. — Comment et dans quel délai

I

même temps que l'action publique, ou séparément, 3.
— Lorsqu'elle est poursuivie séparément, son exercice
est suspendu, jusqu'à ce qu'il ait été prononcé définitivement sur l'action publique, *ibid.* — Comment elle
s'éteint, 2. — Par quel laps de temps et comment
elle se prescrit. Voyez *Prescription de l'action civile.*

ACTION PUBLIQUE. A pour objet l'application des peines,
1. — A qui elle appartient, *ibid.* — Son exercice n'est
arrêté ni suspendu par la renonciation à l'action civile,
4. — Comment elle s'éteint, 2. — Par quel laps de
temps et comment elle se prescrit. Voyez *Prescription
de l'action publique.*

ADJOINTS DES MAIRES. Voyez *Maires* et *Tribunaux de
police.*

AFFIRMATION. L'officier qui a reçu l'affirmation sur un
procès-verbal dressé par un garde forestier de l'administration, ou d'une commune, ou d'un établissement
public, est tenu, dans la huitaine, d'en donner avis
au procureur impérial; 18.

AMENDES. Amende de cinquante francs contre le greffier
qui ne remplit pas les formalités prescrites par les articles 74, 75, 76 et 78, pour les dépositions faites
par les témoins devant le juge d'instruction, 77. —
Amende contre le greffier, en cas d'inobservation des
formalités prescrites pour les mandats de comparution,
de dépôt, d'amener et d'arrêt, 112. — Amende contre
le greffier du tribunal de police, lorsque la minute du
jugement n'est pas signée, dans les vingt-quatre heures,
par le juge qui a tenu l'audience, 164. — Amende
contre le greffier du tribunal correctionnel, pour vice
de rédaction du jugement, 195. — Amende contre le
greffier de la cour d'assises et contre le greffier de la
cour spéciale, pour vice de rédaction de l'arrêt, ou

défaut de signature de la minute, 369, 370, 592 et 593. — Amende contre le greffier de la cour d'assises et contre le greffier de la cour spéciale, pour défaut de procès-verbal des débats, 372 et 596. — Amende contre le greffier de la cour d'assises et contre le greffier de la cour spéciale, pour défaut de procès-verbal de l'exécution de l'arrêt, et de la transcription de ce procès-verbal au pied de la minute de l'arrêt, 378 et 599. — Amende contre le juré qui, sans excuse valable et admise, ne s'est pas rendu à son poste, sur la citation qui lui a été notifiée, ou qui s'y étant rendu, s'est retiré avant l'expiration de ses fonctions, 396, 397 et 398. — Amende contre le juré qui sort de la chambre où délibère le jury, avant que la déclaration du jury ait été formée, 343. — Amende contre les greffiers qui, en cas de recours en cassation, ne rédigent pas, sans frais, un inventaire des pièces du procès, et ne le remettent pas au magistrat chargé du ministère public, 423. — Amendes en cas de recours en cassation, 419, 420, 436 et 437. — Amendes contre les greffiers, à défaut d'accomplissement des formalités prescrites pour le dépôt, les signatures et la remise des pièces arguées de faux, et des pièces de comparaison, 448, 449, 450, 453, 457 et 463. — Amende à laquelle peut être condamné le prévenu, ou l'accusé, ou la partie civile qui succombe dans une demande qu'il a introduite en règlement de juges, 541. — Amende à laquelle peut être condamné le prévenu, ou l'accusé, ou la partie civile, qui a succombé dans une demande qu'il a introduite en renvoi d'un tribunal, ou d'un juge, à un autre, 541 et 552. — Amendes contre les greffiers des tribunaux correctionnels, des cours impériales statuant sur appels de

B.

C.

COMMISSAIRES DE POLICE. Sont officiers de police judiciaire, 9. — Sont chargés de rechercher les contraventions de police, même celles qui sont sous la surveillance spéciale des gardes forestiers et champêtres, à l'égard desquels ils ont concurrence et même prévention, 11. — Reçoivent les rapports, dénonciations et plaintes relatifs à ces contraventions, *ibid.* — Ce qu'ils doivent consigner dans les procès-verbaux qu'ils rédigent, *ibid.* — Dans les communes divisées en plusieurs arrondissements, ils exercent ces fonctions dans toute l'étendue de la commune où ils sont établis, et non pas seulement dans l'arrondissement particulier auquel ils sont préposés, 12. — Celui qui se trouve légitimement empêché est suppléé par le commissaire de police de l'arrondissement voisin, 13. — Dans les communes où il n'y a qu'un commissaire de police, s'il se trouve légitimement empêché, il est suppléé par le maire, ou, à défaut de celui-ci, par l'adjoint du maire, 14. — Outre les fonctions ci-dessus, uniquement relatives aux contraventions de police, les commissaires de police reçoivent les dénonciations et les plaintes relatives aux crimes ou délits commis dans les lieux où ils exercent leurs fonctions, et les envoient sans délai au procureur impérial, 50, 54 et 64. — Ils ont, en outre, dans les cas de flagrant délit, et dans les cas de réquisition de la part d'un chef de maison, le droit de dresser les procès-verbaux, de recevoir les déclarations des témoins, et de faire les visites et les autres actes qui sont, auxdits cas, de la compétence des procureurs impériaux, 49. — Lorsqu'ils se trouvent en concurrence avec le procureur impérial, celui-ci fait les actes attribués à la police judiciaire : s'il a été prévenu, il peut continuer la

ont reçues, de crimes ou de délits qu'ils ne sont pas chargés directement de constater, 54. — Ils renvoient pareillement au procureur impérial les plaintes qui leur ont été présentées, 64. Dans les cas de flagrant délit, ou dans les cas de réquisition de la part d'un chef de maison, ils dressent les procès-verbaux, reçoivent les déclarations des témoins, font les visites et les autres actes qui sont, auxdits cas, de la compétence des procureurs impériaux, 49. — Lorsqu'ils se trouvent en concurrence avec le procureur impérial, celui-ci fait les actes attribués à la police judiciaire. S'il a été prévenu, il peut continuer la procédure, ou autoriser le commissaire général à la suivre, 51. — Les commissaires généraux de police peuvent être chargés par le procureur impérial, de partie des actes de sa compétence en police judiciaire, 52. — Dans les cas de leur compétence, ils renvoient, sans délai, au procureur impérial les dénonciations qu'ils ont reçues, ensemble les procès-verbaux et autres actes qu'ils ont faits, 53. — Comment ils exercent la police du lieu où ils font publiquement quelques actes de leur ministère, 509. — Dans les communes où il y a plusieurs maires, les commissaires généraux de police sont tenus de faire, au moins une fois par mois, la visite des prisons, de la maison de justice et des maisons d'arrêt, 612 et 613. — La police de ces maisons leur appartient, 613.

COMPÉTENCE. Compétence des tribunaux de police, 137 et 138. — Compétence des juges de paix, comme juges de police, 139 et 140. — Compétence des maires, comme juges de police, 166. — Compétence des tribunaux correctionnels. Voyez *Tribunaux correctionnels*. — Le procureur impérial du lieu où a été commis le crime ou délit, celui de la résidence du prévenu, et celui du lieu où le prévenu pourra être trouvé, sont également compétents pour remplir les fonctions relatives à la police judiciaire, 23. — Dans les cas énoncés aux articles 5, 6 et 7 du Code, le procureur impérial du lieu où le prévenu pourra être trouvé, et celui de la dernière résidence connue du prévenu, sont également compétents, 24. — Quelles sont les fonctions qui sont de la compétence des procureurs impériaux. Voyez *Procureur impérial.* — Le juge d'instruction du lieu où a été commis le crime ou délit, celui de la résidence du prévenu, et celui du lieu où le prévenu pourra être trouvé, sont également compétents pour remplir les fonctions relatives à la police judiciaire, 69. — Quelles sont les fonctions qui sont de la compétence des juges d'instruction. Voyez *Juges d'instruction.* — Compétence de la cour impériale en matière de police simple, en matière correctionnelle et en matière criminelle, 133, 135, 201, 235, 248, 250, 444, 479, 483, 539, 540, 542. — Compétence de la cour d'assises, 251, 500 et 589. — La cour d'assises prononce la peine établie par la loi, même dans le cas où, d'après les débats, le fait dont l'accusé est déclaré coupable, ne se trouverait plus être de la compétence de la cour d'assises, 365 et 589. — Compétence de la cour spéciale, 553, 554 et 555. — Compétence de la cour de cassation. Voyez *Cour de cassation.*

CONDAMNÉ. Voyez *Accusé.* — Le condamné par arrêt ou jugement en dernier ressort, rendu en matière criminelle, correctionnelle ou de police, a le droit de se pourvoir en cassation, sauf néanmoins contre l'arrêt de la cour spéciale, 177, 216, 373 et 597. — Lors-

statue sur toutes les dénonciations, qui lui sont faites d'office par son procureur général, de tout arrêt ou jugement en dernier ressort, rendu par une cour impériale ou d'assises, ou par un tribunal correctionnel et de police, et qui est sujet à cassation, lors même qu'aucune des parties n'aurait réclamé dans le délai déterminé, 442. — 8° Elle connaît des demandes en révision d'arrêts qui ont prononcé des condamnations pour crimes, 443, 444 et 445. — 9° La cour de cassation connaît de tout délit, ou crime, qu'un membre de cour impériale, ou un officier exerçant près de la cour impériale le ministère public, est prévenu d'avoir commis hors de ses fonctions, 481 et 482. — 10° La cour de cassation instruit et prononce à l'égard de tout crime, commis dans l'exercice des fonctions, et emportant la peine de forfaiture ou autre plus grave, qui est imputé, soit à un tribunal entier de commerce, correctionnel ou de première instance, soit individuellement à un ou plusieurs membres des cours impériales, et aux procureurs généraux et substituts près ces cours, 485 et 500. — 11° Elle statue sur les recours en cassation contre les arrêts rendus sur la poursuite et reconnaissance des individus qui s'étaient évadés après une condamnation, et qui ont été repris, 520. — 12° Connaît des demandes en règlement de juges, et dans quels cas, 526 et 527. — 13° Statue sur les recours en cassation contre les arrêts et jugements en dernier ressort, rendus sur les demandes en règlement de juges, sur les incompétences et les déclinatoires en matière criminelle, correctionnelle et de police, 539 et 540. — 14° Connaît des demandes en renvoi d'un tribunal ou d'un juge à un autre pour cause de sûreté publique ou de

par les premiers juges, ordonner d'office, ou sur
la réquisition du procureur général, des poursuites
contre les inculpés, se faire apporter les pièces, informer ou faire informer, et statuer ensuite ce qu'il appartiendra, 235 et 250. — Comment, en ce cas, elle
procède et statue, 236 à 240, et 250. — La cour
impériale, saisie d'une affaire, soit par renvoi, soit
par opposition à l'élargissement du prévenu, dans le
cas de l'article 135, soit d'office ou sur la réquisition
du procureur général, ordonne la mise en liberté du
prévenu, ou prononce contre lui l'accusation, ou le
renvoie soit à la haute cour impériale ou à la cour de
cassation, soit au tribunal de simple police ou au tribunal de police correctionnelle, suivant la nature du
fait, 220, 229, 230 et 231. — Dans tous les cas, la
cour impériale statue, par un seul et même arrêt, sur
les délits connexes dont les pièces se trouvent en même
temps produites devant elle, 226 et 227. — Comment elle procède et statue, en cas de charges nouvelles survenues contre le prévenu à l'égard duquel elle
avait décidé qu'il n'y avait pas lieu à renvoi devant la
cour d'assises ou la cour spéciale, 246, 247 et 248.
— Comment les arrêts de la cour impériale doivent
être signés et rédigés, 234. — L'accusé et le procureur général peuvent respectivement former demande
en nullité contre l'arrêt de renvoi à la cour d'assises, 299. — Dans quels cas cette demande peut
être formée, *ibid.* — Dans quels délais et dans
quelle forme elle doit être formée, 296 à 300. —
Elle est jugée par la cour de cassation, 300. —
Elle n'empêche pas que l'instruction du procès criminel ne soit continuée jusqu'aux débats exclusivement,
301. — Dans quels cas le procureur général et l'accusé

sont considérés comme ayant renoncé à la faculté de se pourvoir en nullité contre l'arrêt de la cour impériale, 261. — L'arrêt de la cour impériale, qui renvoie devant la cour spéciale, peut être également, dans les cas prévus par l'article 299, annullé par la cour de cassation, 570. — En cas de révision d'un arrêt portant condamnation pour homicide, une cour impériale peut être désignée par la cour de cassation, pour reconnaître et constater l'existence et l'identité de la personne dont la mort supposée a donné lieu à la condamnation, 444. — La cour impériale prononce, sans appel, sur tout délit emportant peine correctionnelle, qu'un juge de paix, un membre du tribunal correctionnel ou de première instance, ou un officier chargé du ministère public près de ces tribunaux, est prévenu d'avoir commis hors de ses fonctions, 479 — Elle prononce, également sans appel, sur tout délit emportant peine correctionnelle, qu'un juge de paix ou de police, ou un juge faisant partie d'un tribunal de commerce, un officier de police judiciaire, un membre du tribunal correctionnel ou de première instance, ou un officier chargé du ministère public près l'un de ces juges ou tribunaux, est prévenu d'avoir commis dans l'exercice de ses fonctions, 483. — Dans quels cas et comment elle statue sur les demandes en règlement de juges, sur les incompétences et sur les déclinatoires. Voyez *Règlement de juges*. — Dans quels cas et comment la cour impériale connaît des demandes en réhabilitation. Voyez *Réhabilitation*.

Cour spéciale. Quels sont les crimes qui sont de la compétence de la cour spéciale, 553, 554 et 555. — Si parmi les prévenus de crimes qui sont, par la simple qualité des personnes, attribués à la cour spéciale, il s'en trouve qui ne soient point, par ladite qualité, justiciables de cette cour, le procès et les parties sont renvoyés devant la cour d'assises, 555. — Elle n'en connaît que d'après le renvoi qui lui a été fait des affaires et des accusés; soit par la cour impériale, soit par la cour de cassation, 231, 429 et 452. — Quels sont les membres qui la composent, 556 à 559, et 562. — Elle ne peut juger qu'au nombre de huit juges, dont cinq pris dans l'ordre judiciaire, et trois militaires, ayant au moins le grade de capitaine, âgés d'au moins trente ans, et nommés, chaque année, par Sa Majesté, 556 et 559. — Quand est convoquée la cour spéciale, 560. — Où et à quelle époque s'ouvre la session, 561. — Quand doit être terminée la session, *ibid.* — Comment il est procédé à l'instruction des affaires qui sont de la compétence de la cour spéciale, 566. — La cour spéciale ne peut procéder à l'examen et au jugement de l'affaire qui lui a été renvoyée par arrêt d'une cour impériale, avant qu'il ait été prononcé sur sa compétence par la cour de cassation, qui statue, en même temps, sur les nullités qui pourraient se trouver dans l'arrêt de renvoi, 567 à 570. — Néanmoins l'instruction est continuée jusqu'à l'examen, ou ouverture des débats, 571. — Comment se fait la procédure antérieure à l'examen, 572. — De l'examen de l'affaire devant la cour spéciale, 573 à 579. — Du jugement et de l'exécution, 580 à 599. — Si, par le résultat des débats, le fait dont l'accusé est convaincu, se trouve dépouillé des circonstances qui le rendaient justiciable de la cour spéciale, et si néanmoins il est de nature à entraîner peine afflictive ou infamante, la cour spéciale renvoie devant la cour

D.

Voyez *Tribunaux en matière correctionnelle.* — Comment sont jugés les délits correctionnels qui se commettent dans l'enceinte et pendant la durée des audiences, ou en tout autre lieu où se fait publiquement une instruction judiciaire, 181, 504 et 505. — Comment il est procédé à la poursuite et à l'instruction contre des juges et des officiers chargés du ministère public, pour délits par eux commis hors de leurs fonctions, 479 à 482. — Comment il est procédé à la poursuite et instruction pour délits relatifs à leurs fonctions, 483 à 503. — Comment sont instruits et jugés les délits contraires au respect dû aux autorités constituées, 181, 504 et 505.

DÉLITS CONNEXES. Dans quels cas les délits sont connexes, 227. — La cour impériale statue, par un seul et même arrêt, sur les délits connexes dont les pièces se trouvent en même temps produites devant elle, 226. — Lorsque l'acte d'accusation contient plusieurs délits non connexes, le procureur général peut requérir que les accusés ne soient mis en jugement, quant à présent, que sur l'un ou quelques-uns de ces délits, et le président peut l'ordonner d'office, 308. — Il y a lieu à être réglé de juges, lorsqu'en matière criminelle, correctionnelle ou de police, des cours, des tribunaux, ou des juges d'instruction, différents, se trouvent saisis, en même temps, de la connaissance du même délit, ou de délits connexes, 526, 527, et 540.

DÉLITS FORESTIERS. Comment et par qui s'exerce la police judiciaire à l'égard des délits forestiers, 16, 18, 19, 22, 32, 48, 49, 50. — La connaissance de tous les délits forestiers poursuivis à la requête de l'administration, appartient aux tribunaux correctionnels,

E.

F.

G.

tenu par le gardien, la date de la sortie du prisonnier, et l'acte en vertu duquel a lieu la sortie, 610. — Quelles sont les mesures de répression à l'égard du prisonnier qui use de menaces, injures ou violence, soit à l'égard du gardien ou de ses préposés, soit à l'égard des autres prisonniers, 614. — Comment doit être poursuivi le gardien qui a refusé ou de montrer au porteur de l'ordre de l'officier civil ayant la police de la maison d'arrêt, de justice ou de prison, la personne du détenu, sur la réquisition qui lui en a été faite, ou de montrer l'ordre qui le lui défend, ou de faire au juge de paix l'exhibition de ses registres, ou de lui laisser prendre telle copie que celui-ci croira nécessaire de partie de ses registres, 618.

GREFFIERS DES COURS D'ASSISES. Quels sont les greffiers des cours d'assises, 252 et 253. — Reçoivent les déclarations de demandes en nullité contre l'arrêt de la cour impériale, portant renvoi à la cour d'assises, 300. — Amendes prononcées contre eux pour vice de rédaction des arrêts, ou défaut de signature des minutes, ou défaut de procès-verbal des débats, 369, 370 et 372. — Amendes prononcées contre eux pour défaut de procès-verbal de l'exécution de l'arrêt, et de la transcription de ce procès-verbal au pied de la minute de l'arrêt, 378. — Leurs fonctions relativement aux déclarations de recours en cassation faites par le condamné, ou par le ministère public, ou par une partie civile, 417 et 418. — Leurs fonctions relativement au dépôt de la requête contenant les moyens de cassation, 422. — En cas de recours en cassation, sont tenus, sous peine de cent francs d'amende, de rédiger, sans frais, un inventaire des pièces du procès, et de le remettre au magistrat chargé du ministère public, 423. — Formalités qu'ils sont tenus de remplir, à peine d'amendes, pour le dépôt, les signatures et la remise des pièces arguées de faux et des pièces de comparaison, 448 à 450, 453, 457 et 463. — Doivent, à peine d'amendes, consigner dans des registres particuliers la notice des arrêts qui condamnent à un emprisonnement correctionnel, ou à une plus forte peine, et envoyer, tous les trois mois, des copies de ces registres au grand-juge ministre de la justice, et au ministre de la police générale, 600 et 601.

GREFFIERS DES COURS IMPÉRIALES. Lorsque les cours impériales statuent sur des appels des jugements correctionnels, les greffiers de ces cours ont les mêmes fonctions et sont soumis aux mêmes obligations que les greffiers des tribunaux correctionnels, 211. Voyez *Greffiers des Tribunaux correctionnels.* — Formalités qu'ils sont tenus de remplir, à peine d'amendes, pour le dépôt, les signatures et la remise des pièces arguées de faux, et des pièces de comparaison, 448, 449, 450, 453, 457 et 463. — Doivent, à peine d'amende, consigner dans des registres la notice des arrêts rendus sur appel qui condamnent à un emprisonnement correctionnel, ou à une plus forte peine, et envoyer, tous les trois mois, des copies de ces registres au grand-juge ministre de la justice et au ministre de la police générale, 600 et 601.

GREFFIERS DES COURS SPÉCIALES. Amendes prononcées contre eux pour vice de rédaction des arrêts, ou défaut de signature des minutes, 369, 370, 592 et 593. — Amendes prononcées contre eux pour défaut de procès-verbal de l'exécution de l'arrêt, et de la transcription de ce procès-verbal au pied de la minute de l'arrêt, 378 et 599. — Formalités qu'ils sont tenus de remplir, à peine d'amendes, pour le dépôt, les signatures et la remise des pièces arguées de faux et des pièces de comparaison, 448, 449, 450, 453, 457 et 463. — Ils doivent, à peine d'amende, consigner, dans des registres particuliers, la notice des arrêts qui condamnent à un emprisonnement correctionnel ou à une plus forte peine, et envoyer, tous les trois mois, des copies de ces registres au grand-juge ministre de la justice et au ministre de la police générale, 600 et 601.

GREFFIERS DES TRIBUNAUX CORRECTIONNELS. Dans quels cas il y a lieu à amende contre eux à raison de la rédaction des jugements, 195 et 211. — Seront poursuivis comme *faussaires*, les greffiers qui délivreront expédition du jugement d'un tribunal correctionnel, avant qu'il ait été signé, 196 et 211. — Leurs fonctions relativement aux déclarations de recours en cassation faites par le condamné, ou par le ministère public, ou par une partie civile, 417 et 418. — Leurs fonctions relativement au dépôt de la requête contenant les moyens de cassation, 422. — Sont tenus, sous peine de cent francs d'amende, de rédiger, sans frais, un inventaire des pièces du procès, et de le remettre au magistrat chargé du ministère public, dans le cas où il y a recours en cassation, 423. — Formalités qu'ils sont tenus de remplir, à peine d'amende, pour le dépôt, les signatures et la remise des pièces arguées de faux et des pièces de comparaison, 448, 449, 450, 453, 457 et 463. — Doivent, à peine d'amende, consigner dans des registres particuliers la notice des jugements qui condamnent à un emprisonnement correctionnel, ou à une plus forte peine, et envoyer, tous les trois mois, des copies de ces registres

H.

I.

cas de leur compétence, qui sont déterminés par l'article 49; et, en conséquence, ils sont tenus de transmettre, sans délai, au procureur impérial, les dénonciations, qu'ils ont reçues, de crimes ou de délits qu'ils ne sont pas chargés directement de constater, 54. — Néanmoins ils peuvent être commis par le juge d'instruction, pour recevoir les dépositions des témoins domiciliés dans leur canton, et qui sont dans l'impossibilité d'aller déposer devant le juge : dans ce cas, ils envoient les dépositions closes et cachetées, au juge d'instruction du tribunal saisi de l'affaire, 83, 84 et 85. — Dans les cas de flagrant délit, ou dans les cas de réquisition de la part d'un chef de maison, ils dressent les procès-verbaux, reçoivent les déclarations des témoins, font les visites et les autres actes qui sont, auxdits cas, de la compétence des procureurs impériaux, 49. — Lorsqu'ils se trouvent en concurrence avec le procureur impérial, celui-ci fait les actes attribués à la police judiciaire. S'il a été prévenu, il peut continuer la procédure, ou autoriser le juge de paix qui l'a commencée à la suivre, 51. — Les juges de paix peuvent être chargés, par le procureur impérial, de partie des actes de sa compétence en police judiciaire, 52. — Dans les cas de leur compétence, ils renvoient, sans délai, au procureur impérial, les dénonciations qu'ils ont reçues, ensemble les procès-verbaux et autres actes qu'ils ont faits, 53. — Les juges de paix sont juges de police, et, en cette qualité, connaissent des contraventions de police simple (Sur leurs attributions, leurs fonctions et leurs obligations dans cette partie, voyez *Tribunaux de police*, §. I.) — Ils envoient au commencement de chaque trimestre, au procureur impérial, l'extrait des jugements qu'ils

L.

M.

l'adjoint, qui l'a commencée, à la suivre; 51. — Les maires et adjoints peuvent être chargés par le procureur impérial de partie des actes de sa compétence eu police judiciaire, 52. — Ils renvoient, sans délai, au procureur impérial les dénonciations, procès-verbaux et autres actes par eux faits dans les cas de leur compétence, déterminés par l'article 49, 53. — Peuvent être requis par le procureur impérial pour assister aux procès-verbaux qu'il fait dans les cas de flagrant délit, 42. — Les maires des communes non chefs-lieux de cantons sont juges de police, et, en cette qualité, connaissent des contraventions de police simple. (Sur leurs attributions, leurs fonctions et leurs obligations dans cette partie, voyez *Tribunaux de police*, §. 2.) Ils envoient, au commencement de chaque trimestre, au procureur impérial, l'extrait des jugements qu'ils ont rendus dans le trimestre précédent, et qui ont prononcé la peine d'emprisonnement, 178. — Dans les affaires qui sont portées devant le juge de paix, comme juge de police, les fonctions du ministère public sont remplies par le maire de la commune où siège le tribunal, s'il n'y a pas de commissaire de police dans cette commune, ou si le commissaire est empêché, 144. — Dans le cas ci-dessus, le maire peut se faire remplacer par son adjoint. *ibid.* — Quelles sont les fonctions du maire, ou de son adjoint, exerçant le ministère public au tribunal de police devant le juge de paix, 145, 146, 148, 153, 156, 157, 158 et 165. — Dans les affaires qui sont portées devant le maire, comme juge de police, le ministère public est exercé par l'adjoint, 167. — En l'absence de l'adjoint, ou lorsque l'adjoint remplace le maire comme juge de police, le ministère public est exercé par un membre du conseil municipal, désigné à cet effet par le procureur impérial pour une année entière, 167. — Les fonctions du ministère public au tribunal de police devant le maire sont les mêmes que celles du ministère public au tribunal de police devant le juge paix, 171. — Comment le maire exerce la police de son audience, et du lieu où il fait publiquement une instruction judiciaire, ou tout autre acte de son ministère, soit comme administrateur, soit comme officier de police, 504 et 509. — Comment il procède sur les contraventions, délits ou crimes qui ont été commis à son audience, 504, 505 et 506. — Le maire de chaque commune est tenu de faire, au moins une fois par mois, la visite des prisons et maisons de justice et d'arrêt qui sont situées dans la commune, 612 et 613.

— La police de ces maisons lui appartient dans les communes où il n'y a pas plusieurs maires, 613.

Maisons d'arrêt. Il y a, dans chaque arrondissement, près du tribunal de première instance, une maison d'arrêt, pour y retenir les prévenus, 603. — Elle doit être entièrement distincte des prisons établies pour peines, 604. — De son régime, de son administration et de la surveillance, 605, 606, 611 à 614, Voy. Gardiens.

Maisons de justice. Il y a près de chaque cour d'assises une maison de justice, pour y retenir les individus contre lesquels il a été rendu une ordonnance de prise de corps, 603. — Elle doit être entièrement distincte des prisons établies pour peines, 604. — De son régime, de son administration et de la surveillance, 605, 606, 611 à 614. Voyez Gardiens.

Mandat d'amener. Est une ordonnance à l'effet de faire comparaître le prévenu qui est contraint et amené, s'il

N.

ou les contraventions, jusqu'à inscription de faux, 154, 171, 176, 189 et 211. — Devant les mêmes tribunaux, les témoins doivent prêter serment à l'audience, à peine de nullité, 155, 171, 176, 189 et 211. — Devant les mêmes tribunaux y a-t-il lieu à nullité, lorsque des personnes qui ne doivent être appelées ni reçues en témoignage, ont été entendues comme témoins? 156, 171, 176, 189 et 211. — Tout jugement de condamnation, rendu par un tribunal de police, doit être motivé, et les termes de la loi appliquée doivent y être inscrits, à peine de nullité, 163, 171 et 176. — Quels sont les moyens de nullité contre les arrêts de la cour impériale, lorsqu'elle statue dans les cas prévus par le chapitre des mises en accusation, 234, 299 et 570. — Les membres de la cour impériale qui ont voté sur la mise en accusation, ne peuvent, dans la même affaire, ni présider les assises, ni assister le président, à peine de nullité. Il en est de même à l'égard du juge d'instruction, 257. — Le procureur général ne peut, à peine de nullité, porter à la cour d'assises aucune accusation qui n'a pas été prononcée par la cour impériale, 271. — Quand il y a lieu à nullité, lorsque l'accusé n'est pas interpellé de déclarer le choix qu'il a fait d'un conseil, 294. Quand il y a lieu à nullité, lorsque les personnes dont les dépositions ne doivent pas être reçues, ont été entendues comme témoins, dans l'examen de l'affaire devant la cour d'assises, 322. — Quand il y a lieu à nullité, à défaut ou pour cause de la nomination d'un interprète, 332 et 333. — La décision du jury se forme pour ou contre l'accusé, à la majorité, à peine de nullité, 347. — Nul ne peut remplir les fonctions de jury, s'il n'a trente ans accomplis, et s'il

4.

ne jouit des droits politiques et civils, à peine de nullité, 381. — Nul ne peut être juré dans la même affaire où il aura été officier de police judiciaire, témoin, interprète, expert, ou partie, à peine de nullité, 383. — La notification de la liste des jurés est nulle, ainsi que tout ce qui a suivi, si elle est faite à l'accusé plus tôt ou plus tard que la veille du jour déterminé pour la formation du tableau, 397. — Lorsque l'examen d'une affaire est renvoyé à une autre session, il doit être procédé, à peine de nullité, à de nouvelles récusations et à la formation d'un nouveau tableau de jurés, d'après les règles prescrites, 406. — Quand il y a lieu à nullité d'un arrêt rendu sur la poursuite en reconnaissance d'identité d'un individu qui s'était évadé après une condamnation, et qui a été repris, 519. — §. 2. Des voies d'annullation qui peuvent être ouvertes contre l'instruction et les jugements, et par qui elles peuvent être exercées, 407. — 1° En matières criminelles. Lorsque l'accusé a subi une condamnation, 408. — Lorsque l'arrêt a prononcé une peine autre que celle appliquée par la loi à la nature du crime, 410. — Lorsqu'il y a eu seulement erreur dans l'arrêt, quant à la citation de la loi qui prononce la peine, 411. — Lorsque l'accusé a été acquitté ou absous, 409, 410 et 412. — 2° En matières correctionnelles et de police, 413 et 414. — §. 3. Comment on doit se pourvoir, en matière criminelle, correctionnelle ou de police, pour faire prononcer l'annullation. Voyez *Recours en Cassation.* — §. 4. Dans quels cas les frais de la procédure à recommencer, sont à la charge de l'officier ou juge instructeur qui a commis la nullité, 415.

O.

tions sous l'autorité des cours impériales, 9. — Ont, dans l'exercice de leurs fonctions, le droit de requérir directement la force publique, 25. — Sont soumis à la surveillance du procureur général, 279. — Dans quels cas et comment s'exerce cette surveillance, 280, 281 et 282. — La preuve par témoins peut être admise jusqu'à inscription de faux, outre ou contre le contenu aux procès-verbaux ou rapports des officiers de police ayant reçu de la loi le pouvoir de constater les délits ou les contraventions, 154.

OFFICIERS DE SANTÉ. Peines contre les officiers de santé qui, pour dispenser des personnes citées en témoignage, de se transporter devant le juge d'instruction saisi de l'affaire, constatent par des certificats faux que ces personnes sont dans l'impossibilité de se présenter, 86.

ORDONNANCE DE PRISE DE CORPS. Dans quels cas et comment elle est décernée contre le prévenu par le tribunal d'arrondissement communal, 133 et 134. — Dans quels cas et comment elle est décernée par la cour impériale, 231, 232 et 239.

P.

PAPIERS NATIONAUX. Le crime de contrefaction de papiers nationaux, commis par des Français ou par des étrangers hors du territoire de France, comment peut être poursuivi, jugé et puni en France, 5 et 6.

PARTIE CIVILE. Voyez *Plaintes*. Toute partie a le droit de poursuivre directement devant les tribunaux de police, ou les tribunaux correctionnels, les prévenus des contraventions et délits qui leur font préjudice, 145 et 182. Voyez *Tribunaux de police* et *Tribunaux correctionnels*. — La partie civile a le droit

prescrivent les peines portées par les arrêts ou jugements pour contraventions de police, 639.

128. — Mais elle ne peut, en aucun cas, condamner le prévenu pour contravention de police ou pour délit: elle est tenue de le renvoyer devant les tribunaux compétents, 129 et 130. — Dans quel délai le prévenu acquitté par jugement en premier ressort d'un tribunal correctionnel doit être mis en liberté, 203 et 206. — Où et comment doit être transféré le prévenu en état d'arrestation, qui est condamné à un emprisonnement par jugement d'un tribunal correctionnel en premier ressort, 207. — Dans quels cas et comment un prévenu doit être mis en liberté par la chambre du conseil du tribunal d'arrondissement communal, 127, 128, 129 et 131. — Dans quels cas et comment le procureur impérial et la partie civile peuvent s'opposer à l'élargissement du prévenu, 135. — Comment il est procédé et statué sur cette opposition, 217 à 248. — Dans quels cas la chambre du conseil du tribunal d'arrondissement communal doit renvoyer l'affaire à la cour impériale, et décerner une ordonnance de prise de corps contre le prévenu, 133 et 134. — Comment il est procédé et statué sur le renvoi à la cour impériale, 217 à 248. — Dans quels cas la cour impériale peut d'office, ou sur la réquisition du procureur général, ordonner des poursuites contre un prévenu, se faire apporter les pièces, informer ou faire informer, et statuer ensuite ce qu'il appartiendra, 235 et 250. — Dans ces cas, comment il est procédé, 236 à 240, et 250. — La cour impériale saisie d'une affaire, soit par renvoi, soit par opposition à l'élargissement du prévenu, dans le cas de l'article 135, soit d'office. ou sur la réquisition du procureur général, ordonne la mise en liberté du prévenu, ou prononce contre lui l'accusation, ou le ren-

voïe, soit à la haute cour impériale ou à la cour de cassation, soit au tribunal de simple police ou au tribunal de police correctionnelle, suivant la nature du fait, 220, 229, 230 et 231. — Le prévenu mis en accusation est renvoyé en état de prise de corps, soit à une cour d'assises, soit à une cour spéciale, suivant la nature du crime, 231. — Dans les vingt-quatre heures de la signification qui lui est faite de l'acte d'accusation, il est tranféré dans la maison de justice établie près la cour où il doit être jugé, 243. — Le prévenu à l'égard duquel la cour impériale a décidé qu'il n'y a pas lieu au renvoi à la cour d'assises ou à la cour spéciale, ne peut plus y être traduit pour le même fait, à moins qu'il ne survienne de nouvelles charges, 246. — Quelles sont les charges qui doivent être considérées comme nouvelles, 247. — Comment il est procédé en cas de nouvelles charges, 248. — Le prévenu, en matière criminelle, correctionnelle ou de police, a le droit de se pourvoir en règlement de juges, en incompétence et par voie de déclinatoire, 539 et 541. — Peut être condamné en une amende, s'il succombe dans la demande qu'il a introduite en règlement de juges, 541. — Dans quels cas il peut se pourvoir en renvoi d'un tribunal ou d'un juge à un autre, 542 et 543. — Peut être condamné à l'amende, s'il succombe dans sa demande, 541 et 552

PRISE A PARTIE. Peut avoir lieu contre le juge d'instruction, lorsque les dépositions de témoins, faites devant lui, ne sont pas revêtues des formalités que les articles 74 à 78 ont prescrites, 77. — Peut avoir lieu contre le procureur impérial et contre le juge d'instruction, en cas d'inobservation des formalités prescrites pour les mandats de comparution, de dépôt, d'amener et

officiers auxquels la loi n'a pas accordé le droit d'en être crus jusqu'à l'inscription de faux, peuvent-ils être débattus par des preuves contraires, soit écrites, soit testimoniales ? *ibid.*

Mode de procéder du procureur impérial dans l'exercice de ses fonctions en police judiciaire, 29 à 47. — Dans le cas de concurrence entre les procureurs impériaux et les juges de paix, ou officiers de gendarmerie, ou commissaires généraux de police, ou les maires, ou adjoints de maires, ou commissaires de police, pour les fonctions énoncées dans les articles 48 et 49, le procureur impérial fait les actes attribués à la police judiciaire : s'il a été prévenu, il peut continuer la procédure, ou autoriser l'officier qui l'aura commencée à la suivre, 51. — Dans quels cas il peut, s'il le juge utile et nécessaire, charger un de ces officiers de police judiciaire, de partie des actes de sa compétence, 52. — Comment et à qui le procureur impérial doit remettre les dénonciations reçues et les procès-verbaux et autres actes faits par les officiers de police judiciaire, 53 et 54. — Doit transmettre, avec son réquisitoire, au juge d'instruction, les plaintes qui lui ont été adressées, et celles qui lui ont été envoyées par les officiers de police judiciaire, 64. — Fonctions du procureur impérial dans les cas de mise en liberté provisoire du prévenu, 114, 117, 121, 122 et 123. — Fonctions du procureur impérial dans tous les cas de renvoi de l'affaire, soit à la police municipale, soit à la police correctionnelle, soit à la cour impériale, 132 et 133. — Dans quel cas et comment le procureur impérial peut s'opposer à l'exécution de la mise en liberté prononcée par le tribunal d'arrondissement, 135. — Comment il exerce la police du lieu où il remplit publiquement quelques actes de son ministère, 509. — Fait citer devant le tribunal correctionnel les prévenus de délits même forestiers, 182. — Quelles sont ses fonctions dans les affaires instruites et jugées

R.

tribunal de première instance, ou d'un juge d'instruction, ou proposé un déclinatoire, soit que l'exception ait été admise ou rejetée, il n'y a pas lieu à recours immédiat en cassation pour règlement de juges, mais à se pourvoir devant la cour impériale contre la décision portée par le tribunal de première instance ou le juge d'instruction, 539. — Il y a lieu à recours en cassation contre les arrêts ou jugements en dernier ressort, rendus par les cours impériales ou les tribunaux correctionnels, sur les règlements de juges, les incompétences et les déclinatoires, 539 et 540. — La partie civile, le prévenu ou l'accusé qui succombe dans la demande qu'il a introduite en règlement de juges, peut être condamné à une amende qui n'excède pas trois cents francs, 541.

Réhabilitation du condamné. Tout condamné à une peine afflictive ou infamante, qui a subi sa peine, peut être réhabilité, 619. — Quels sont les délais nécessaires avant que les condamnés aux travaux forcés à temps, ou à la réclusion, ou à la peine du carcan, puissent se pourvoir en réhabilitation, ibid. — Quelles sont les conditions nécessaires pour être admis à demander la réhabilitation, 620. — Comment et devant quelle cour il doit être procédé sur la demande en réhabilitation, 621 à 627. — Lorsque la cour impériale a été d'avis que la demande ne pouvait être admise, après quel délai une nouvelle demande peut être formée, 628. — Lorsque la cour impériale a été d'avis de l'admission, comment cet avis et les pièces sont transmis, et comment il en est fait rapport à sa Majesté, 629 et 630. — Comment la réhabilitation est prononcée et exécutée, 631 et 632. — Quels sont les effets de la réhabilitation, 633. — Le condamné pour récidive n'est jamais admis à la réhabilitation, 634.

RENVOI D'UN TRIBUNAL OU D'UN JUGE A UN AUTRE. En matière criminelle, correctionnelle et de police, la cour de cassation peut renvoyer la connaissance d'une affaire, d'une cour impériale, ou d'assises, ou spéciale, à une autre, d'un tribunal correctionnel ou de police à un autre tribunal de même qualité, d'un juge d'instruction à un autre juge d'instruction, 542. — Elle n'ordonne ce renvoi que sur la réquisition du procureur général près cette cour, ou sur la réquisition des parties intéressées, *ibid.* — Le procureur général peut requérir le renvoi pour cause de sûreté publique ou de suspicion légitime, *ibid.* — Les parties intéressées ne peuvent requérir que pour cause de suspicion légitime, *ibid.* — Dans quels cas les parties intéressées sont non recevables à requérir le renvoi, 543. — Comment et dans quelle forme les officiers chargés du ministère public doivent se pourvoir pour demander le renvoi, 544. — Comment il est procédé à l'instruction et au jugement des demandes en renvoi, 545 à 552.

RÉVISION. La révision est un moyen de se pourvoir contre un arrêt qui a prononcé une condamnation contre un accusé. Elle a lieu, quoique la demande en cassation ait été déjà rejetée, 1° Lorsqu'un accusé ayant été condamné pour un crime, et un autre accusé ayant aussi été condamné par un autre arrêt comme auteur du même crime, les deux arrêts ne peuvent se concilier, et sont la preuve de l'innocence de l'un ou de l'autre condamné. Comment il est procédé dans ce cas, 443. — 2° Lorsqu'après une condamnation pour homicide, il est représenté des pièces propres à faire naître de suffisants indices sur l'existence de la personne dont la mort supposée a donné lieu à la condamnation. Comment il est procédé dans ce cas, 444. — 3° Lorsqu'après une condamnation contre un accusé, l'un ou plusieurs des témoins qui avaient déposé à charge contre lui, sont poursuivis pour avoir porté un faux témoignage dans le procès, et que l'accusation en faux témoignage est admise contre eux, ou même s'il est décerné contre eux des mandats d'arrêt. Comment il est procédé dans ce cas, 445 et 446. — Comment il est procédé, lorsque la révision a lieu pour la cause exprimée en l'article 444, si l'individu condamné est mort depuis la condamnation, 447.

S.

Sceau de l'État. Le crime de contrefaction du sceau de de l'État, commis par des Français ou par des étrangers, hors du territoire de la France, comment peut être poursuivi, jugé et puni en France, 5 et 6.

Substituts. Voyez *Procureur général impérial*, *Procureur impérial* et *Procureur impérial criminel*.

Sûreté de l'État. Crimes attentatoires à la sûreté de l'État, commis par des Français ou par des étrangers, hors du territoire de la France, comment peuvent être poursuivis, jugés et punis en France, 5 et 6.

Sous-inspecteur des eaux et forêts. Est tenu de faire citer devant le tribunal correctionnel les prévenus de délits forestiers, ou les personnes civilement responsables, 19 et 182. — Comment il est entendu à l'audience sur ces délits, 190.

T.

6.

se pourvoir, en matière correctionnelle, pour faire prononcer l'annullation après des jugements en dernier ressort, Voyez *Recours en cassation.*

V.

VISITES EN MATIÈRE DE POLICE JUDICIAIRE. Voyez *Perquisition.*

FIN DE LA TABLE DES MATIÈRES.

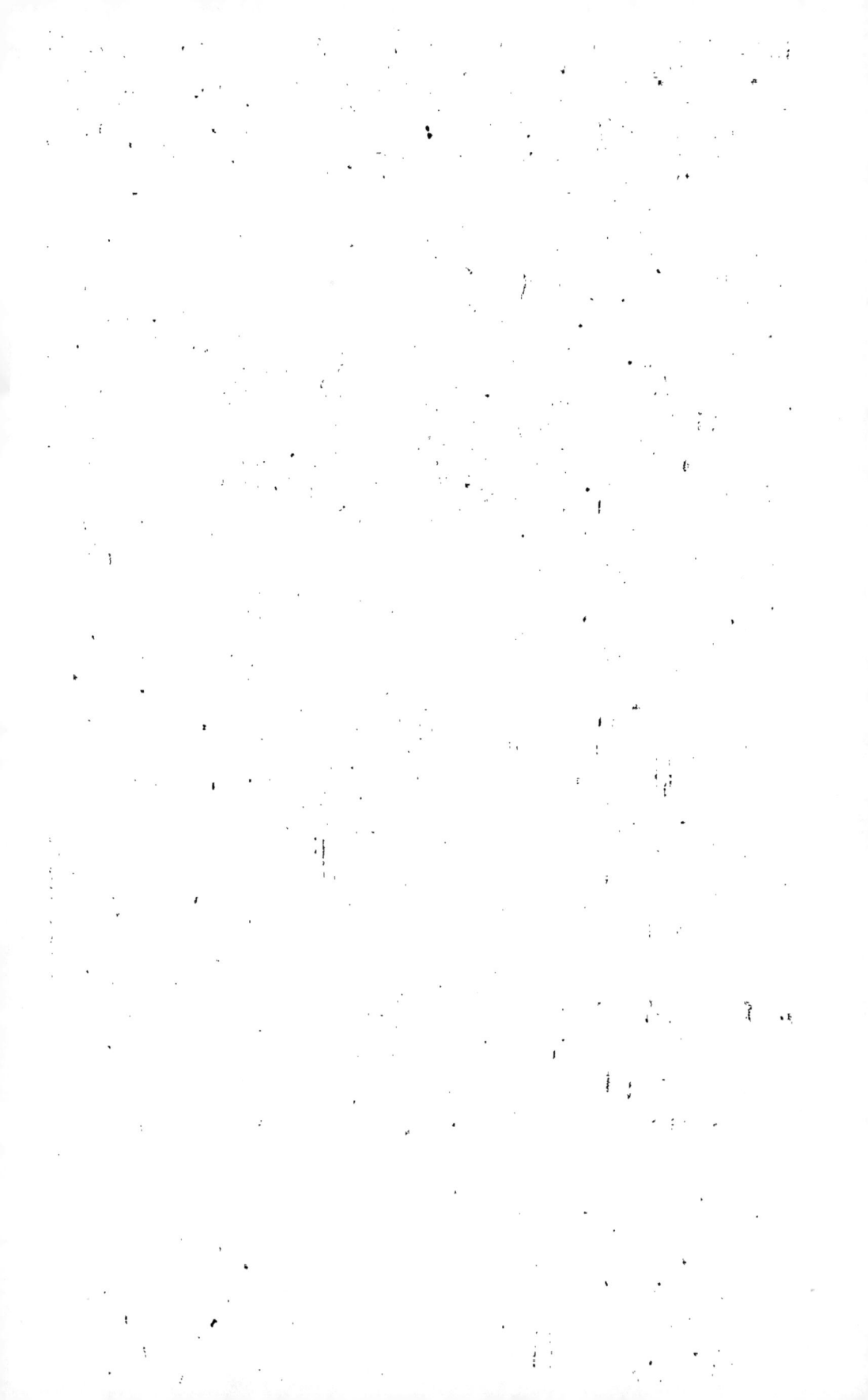